本研究成果得到国家社会科学基金重大项目“加快公共文化立法，提高文化建设法制化水平研究”（项目批准号：12&ZD032）资助

“公共文化服务保障法”立法支撑研究

陆晓曦 著

國家圖書館出版社
National Library of China Publishing House

图书在版编目(CIP)数据

“公共文化服务保障法”立法支撑研究/陆晓曦著. --北京:国家图书馆出版社,2016.1

ISBN 978-7-5013-5769-7

Ⅰ.①公… Ⅱ.①陆… Ⅲ.①公共管理—文化工作—立法—研究—中国 Ⅳ.①D922.164

中国版本图书馆 CIP 数据核字(2015)第 300076 号

书　　名 “公共文化服务保障法”立法支撑研究
著　　者 陆晓曦　著
责任编辑 金丽萍　唐　澈

出　　版 国家图书馆出版社(100034　北京市西城区文津街 7 号)
(原书目文献出版社　北京图书馆出版社)
发　　行 010-66114536　66126153　66151313　66175620
66121706(传真),66126156(门市部)
E-mail nlcpress@ nlc. cn(邮购)
Website www. nlcpress. com ——→投稿中心
经　　销 新华书店
印　　装 北京科信印刷有限公司
版　　次 2016 年 1 月第 1 版　2016 年 1 月第 1 次印刷

开　　本 787×1092(毫米)　1/16
印　　张 13.25
字　　数 295千字

书　　号 ISBN 978-7-5013-5769-7
定　　价 60.00元

目　　录

引　言……………………………………………………………………………………（ 1 ）

第一章　“公共文化服务保障法”立法的必要性与可行性 ……………………（ 3 ）

第一节　相关概念与现状…………………………………………………………（ 3 ）
第二节　“公共文化服务保障法”立法的必要性 …………………………………（10）
第三节　“公共文化服务保障法”的性质及其地位 ………………………………（15）
第四节　“公共文化服务保障法”的立法宗旨与原则 ……………………………（17）
第五节　“公共文化服务保障法”立法的现实基础 ………………………………（18）
第六节　“公共文化服务保障法”立法的可行性 …………………………………（30）
第七节　立法支撑研究的内涵与原则……………………………………………（32）

第二章　国内外公共文化服务管理体制与政策法规保障体系研究……………（34）

第一节　我国公共文化服务保障性法律法规、政策规范现状 …………………（34）
第二节　美国公共文化服务管理体制、政策与立法概况 ………………………（45）
第三节　英国公共文化服务管理体制、政策与立法概况 ………………………（51）
第四节　法国公共文化服务管理体制、政策与立法概况 ………………………（56）
第五节　其他国家公共文化服务政策与立法概况………………………………（61）
第六节　国外公共文化保障性政策制定与立法的理论基础与特点……………（71）

第三章　公共文化服务设施保障研究……………………………………………（74）

第一节　公共文化服务设施的网点布局…………………………………………（74）
第二节　公共文化服务单体设施建设……………………………………………（88）
第三节　公共文化服务设施建设的统筹与协调…………………………………（95）

第四章　公共文化服务供给保障研究……………………………………………（101）

第一节　公共文化产品服务供给主体、方式与渠道 ……………………………（101）
第二节　基本公共文化服务的标准化与均等化…………………………………（104）
第三节　政府购买与公共文化服务社会化………………………………………（111）
第四节　公益性事业单位的免费开放……………………………………………（118）
第五节　公共数字文化服务………………………………………………………（125）

第五章　公共文化服务经费保障研究……………………………………………（127）

第一节　各级政府事权责任与支出责任…………………………………………（127）
第二节　经费的来源与构成………………………………………………………（135）
第三节　经费的总量与增幅………………………………………………………（138）

第六章　公共文化服务人才保障研究 …………………………………………（142）

第一节　人才培养与队伍结构 ……………………………………………………（142）

第二节　文化志愿者服务机制 ……………………………………………………（145）

第三节　关于职业资格准入制度的探讨 …………………………………………（149）

第七章　公共文化服务组织支撑与绩效评估保障研究 ……………………………（153）

第一节　组织协调机制的建立 ……………………………………………………（153）

第二节　法人治理结构 ……………………………………………………………（155）

第三节　文化非营利组织及其培育 ………………………………………………（168）

第四节　公共文化领域的行业组织 ………………………………………………（175）

第五节　公共文化服务的绩效评估 ………………………………………………（186）

参考文献 ……………………………………………………………………………（196）

附录:英文缩略语表 …………………………………………………………………（205）

后　记 ………………………………………………………………………………（206）

引　言

自 2007 年中央提出公共文化服务的战略以来，近年来我国公共文化服务体系建设取得重大进展，覆盖城乡的公共文化服务体系框架初步建立，人民群众的基本文化权益得到更好的保障。但是在发展过程中，我们过多地依赖行政手段，从政策、项目、工程等方面加以推动，文化法制建设相对滞后。而文化建设是中国特色社会主义现代化事业“五位一体”总体布局的重要组成部分，文化法律制度是中国特色社会主义法律体系不可或缺的重要内容。没有完善的文化法律法规，就不可能形成完备的中国特色社会主义法律体系，依法治国的基本方略也不可能得到全面贯彻落实。因此，构建现代公共文化服务体系，推动公共文化服务体系的可持续发展，就必须通过立法将党和政府关于公共文化工作的路线、方针、政策固定下来，建设完善的公共文化法律体系。

党的十八届四中全会开启了全面推进依法治国的新征程，提出“依法保障公民权利，加快完善体现权利公平、机会公平、规则公平的法律制度，保障公民人身权、财产权、基本政治权利等各项权利不受侵犯，保障公民经济、文化、社会等各方面权利得到落实，实现公民权利保障法治化”。在文化领域，全会对文化立法的相对滞后有着清醒的判断，并将文化立法列入重点领域立法范畴，提出了“制定公共文化服务保障法，促进基本公共文化服务标准化、均等化”这一明确要求。

2014 年 3 月，按照党中央的统一部署，由文化部牵头，其他 24 个部委共同参与的公共文化服务协调机制正式建立，国家公共文化服务体系建设协调组成立。通过制定关于加快构建现代公共文化服务体系的意见和国家基本公共文化服务保障标准，协调机制发挥着越来越重要的作用，将原来的“九龙治水”进行有效整合，为向全国人大提出立法建议提供了有力的组织保障。

当前，制定“公共文化服务保障法”既符合我国社会主义法治建设的需要，也符合新时期我国构建现代公共文化服务体系的需要，立法时机已基本成熟。具体体现在以下五个方面：

第一，公共文化服务是政府的重要职责之一，通过法制的手段能为公共文化服务提供刚性的保障。依法建立完善的公共文化服务体系，满足公民的基本公共文化需求，是实现公民文化权利的必要和主要途径。打造公共服务型政府是当前及今后行政管理体制改革的重要目标，而建立完善的公共文化服务体系是公共服务型政府建设的重要内容，依法保障公共文化服务体系建设是建立法治和服务型政府的必然要求。

第二，21 世纪以来，党和政府对公共文化的认识跃上了新高度，十七届六中全会提出了明确的文化立法要求，且 2005 年以来，在实践中已经形成了一系列有关公共文化服务体系建设的稳定的方针政策，已有的相关法律法规已经对公共文化的某些方面和问题做出了基本规范。这些都为公共文化服务保障法的制定奠定了基础。

第三，地方性公共文化服务专项法律规范的制定已经起步。目前，部分省份已开始地方性公共文化服务立法的实践工作，如《广东省公共文化服务促进条例》于 2012 年 1 月 1 日起实施。地方性立法亟待上位法的支持和指导，各地期盼全国公共文化服务建设和国家层面的公共文化立法提速。

第四,加快我国公共文化服务立法在技术上已具备可操作性。公共文化服务体系的构建无论是实践上还是理论上都已经较为成熟,是时候可以将公共文化服务作为一个有机整体来考虑,把各地现有政策中的共性规定进行归纳并上升到法规层面予以确认和保障。各地的法规和政策既是制定公共文化服务综合性法规的合法性来源,也是公共文化服务保障立法的重要依据。

第五,已有足够的理论和实践支撑助力。自中央提出公共文化服务的战略以来,经过十几年时间的积累,公共文化领域的政策、文件日趋成熟,经费保障、人才培训等工作机制日趋完善,地方公共文化服务创新意识日趋增强,重大工程项目的引领带动作用日趋明显,这些都为公共文化立法提供了宝贵的经验。特别是最近几年来,高等院校、科研机构也越来越关注公共文化服务研究,专家论证机制和文化立法专家库初具规模,为公共文化立法提供了有力的智力支持。

2015 年 1 月,中共中央办公厅、国务院办公厅《关于加快构建现代公共文化服务体系的意见》顺利出台,随后,"公共文化服务保障法"被列入全国人大 2015 年立法日程。可以说,我国"公共文化服务保障法"的立法已经启动并在稳步推进。"公共文化服务保障法"是我国公共文化服务领域依法治国的"根本大法",也将是首部出台的专门法,它的制定与出台将从根本上使得公共文化服务体系建设有法可依,进而有力地推动现代公共文化服务体系建设的不断深入。然而目前,国内对于国外公共文化服务保障立法知之甚少,对国内公共文化服务保障立法的相关研究也比较薄弱,研究系统性缺乏且难以为实践领域提供强大的理论支撑。因此,本书希望通过对国内公共文化服务保障立法的成果进行较全面梳理,对国外公共文化服务保障立法的相关做法及法律条文进行较深入研究,厘清中国公共文化服务保障立法过程中的关键问题,同时欲以国内外较为先进的立法或制度成果为他山之石,为我国公共文化服务保障立法研究带来有益的启示。

总体来说,"公共文化服务保障法"作为公共文化领域第一部,也是整个文化领域第一部着眼于解决宏观问题和泛在矛盾的文化基本法,对进一步推动构建现代公共文化服务体系有着至关重要的意义。然而,作为整个公共文化领域的基本法,"公共文化服务保障法"不可能也不必要对公共文化领域的诸多具体问题做事无巨细的规定,而是针对整体矛盾与问题做出高屋建瓴的上层制度设计。因此,解决公共文化领域的具体问题还需要多部下位法律、法规和规章制度的配套协作,这也正是构建公共文化服务法律保障体系的原因和重要性所在。同时,有了国家、各级政府对于文化民生的高度重视,有了不断反复强调的公共文化服务标准化与均等化的理念和要求,有理由相信,即将出台的"公共文化服务保障法"将不仅仅是文化领域的"大法",也会是保障每位社会成员都能够分享到文化建设与改革成果的"善法"。

第一章 “公共文化服务保障法”立法的必要性与可行性

第一节 相关概念与现状

一、相关概念界定

1. 公共文化

在我国,所谓“公共文化”,是由“群众文化”“社会文化”等概念演变而来的,指的是除了职业之外的,自我参与、自我娱乐、自我开发的社会性文化。公共文化的主要内容与核心原则是要保障人民群众看电视、听广播、读书看报、进行公共文化鉴赏、参与公共文化活动等基本文化权益。公共文化建设应当是以保障公民基本文化权益、满足公民的基本文化需求、提升公民文化艺术素养为目标的文化建设。

进入21世纪以来,公共文化的概念在内涵和外延上都得到了深入发展,2004年,上海率先明确提出“公共文化服务体系”建设目标,并付诸和推进相关实践,赋予了“公共文化”这一概念在中国语境中的新内涵①,其含义扩展为由政府主导、社会参与形成的普及文化知识、传播先进文化、提供精神食粮,满足人民群众文化需求,保障人民群众基本文化权益的各种公益性文化机构和服务的总和。这其中所包含的“公共文化”,不仅指物质层面的社会公益性文化设施和机构,更包括了公众共同的文化自觉与文化认同,是一种兼具普遍性与差异性的群体认知②。

公共文化与文化产业既相互区别,又相互联系、相互依赖。首先,作为中国特色社会主义文化建设的重要组成部分与实现形式,二者在主体性质、职能、资金来源、运营机制和调控方式等方面都是相互区别的。公共文化的主体是公益性文化机构,其职能是为社会公众提供公共文化产品和服务;经费由国家或社会资助;一般不以市场方式运行和管理,而是由政府兴办并确保其运营;对其的调控通过政府行政直接实现。文化产业则属于经营性行业,其主体是文化企业法人;其职能在于实现文化的经济价值和产业功能,以经济效益为直接目标;依靠市场和商业运作创造利润,并按照法人治理结构的要求自主决策、自主经营、自负盈亏;并主要通过供需、价格杠杆等市场化方式手段进行调控和引导。其次,公共文化和文化产业虽然有各自不同的角色定位和功能,但二者是相互依赖、相互渗透和相互配合的。公共文化与文化产业本质上都是精神文化产品,都以满足人民群众的文化需求为目标,但如广播电视等一些文化行业和领域也具有产业属性,而公益性文化事业也需要并鼓励社会力量的参与,部分领域更是允许资本介入和尝试市场化运作。随着社会经济的发展和人们消费水平的提升,公共文化可以向产业化方向发展,而产业也可以为公共文化服务,并转化为公共

① 荣跃明.公共文化的概念、形态和特征[J].毛泽东邓小平理论研究,2011(3):38—45.

② 吴九思,张乾瑾.论构建公共文化服务体系中的公民参与[J].中国经贸导刊,2012(2):52—53.

文化事业的一部分①。在文化改革发展建设的总体格局中，公共文化和文化产业相互依赖、相互促进、双轮驱动，共同促进社会主义文化的发展与繁荣。

2. 公共文化服务

公共文化服务与教育、医疗卫生服务等一样，是社会性公共服务的一种，也属于现代公共服务的范畴。所谓“公共文化服务”（Public Culture Service），就是为了保障人民群众的基本文化权益，满足人民群众的基本文化需求，由政府主导、社会力量参与提供的各种公共文化设施、产品、活动和服务的总和，如公共图书馆及其服务、公共博物馆及其服务、社区文化服务、各类公共文化信息平台、各类文化艺术演出等。

公共文化服务的内涵主要包括六个要素：①公共文化服务的责任主体是政府；②公共文化服务的对象客体是全体公民；③公共文化服务的目的是满足公民文化生活需求，实现文化权利；④公共文化服务是不以营利为目的的公益性服务；⑤公共文化服务以公共财政为主要经费支撑；⑥公共文化服务需要引导和鼓励社会力量参与。另外，依据公共文化服务对于保障公众基本文化权益的重要性、与经济社会发展水平的适应性、公共财政支撑能力的可及性等因素，可将其分为基本公共文化服务和非基本公共文化服务，即广义的公共文化服务和狭义的公共文化服务。

基本公共文化服务的突出特点是遵循“四性”原则，即公益性、基本性、均等性和便利性，其中均等是核心，公益是保障；基本是公益的尺度，便利是均等的前提②。“四性”是一个有机整体，从总体上概括了基本公共文化服务的内容、范围和提供方式。

3. 公共文化服务体系

建立健全公共文化服务体系，是21世纪以来我国文化体制改革的重要内容和文化建设的重要目标。公共文化服务体系建设既是国家文化建设的重要组成部分，同时也是国家基本公共服务（包括教育、医疗卫生、社会保障、环境等）的一个重要方面。2005年10月，十六届五中全会首次提出逐步形成覆盖全社会的比较完备的公共文化服务体系，拉开了我国新时期构建公共文化服务体系的序幕。2007年8月，中共中央办公厅、国务院办公厅下发了指导我国公共文化服务体系建设的纲领性文件——《关于加强公共文化服务体系建设的若干意见》，提出“按照结构合理、发展平衡、网络健全、运行有效、惠及全民的原则，建设覆盖全社会的公共文化服务体系”。2010年年底，文化部、财政部联合主导公共文化服务体系建设，下发了《文化部财政部关于开展国家公共文化服务体系示范区（项目）创建工作的通知》，并于2011年年初实施。目前全国各地公共文化服务体系创建工作及其制度设计研究正在全面深入展开。2011年10月，党的十七届六中全会专题研究文化改革和发展，全会通过的《中共中央关于深化文化体制改革推动社会主义文化大发展大繁荣若干重大问题的决定》中明确指出，“要以公共财政为支撑，以公益性文化单位为骨干，以全体人民为服务对象，以保障人民群众看电视、听广播、读书看报、进行公共文化鉴赏、参与公共文化活动等基本文化权益为主要内容，完善覆盖城乡、结构合理、功能健全、实用高效的公共文化服务体系”。《国家“十二五”时期文化改革发展规划纲要》也明确提出了“十二五”时期公共文化服务体系建设的目标：覆盖全社会的公共文化服务体系基本建立，城乡居民能够较为便捷地享受公共文化

① 周正刚. 文化事业与文化产业关系辩证[J]. 东岳论丛，2010(11)：140—142.

② 于群，李国新. 中国公共文化服务发展报告(2012)[M]. 北京：社会科学文献出版社，2012：2.

服务，基本文化权益得到更好保障。2013年11月，党的十八届三中全会通过了《中共中央关于全面深化改革若干重大问题的决定》，其中明确提出“构建现代公共文化服务体系”。由此，公共文化服务体系建设已经成为经济社会“四位一体”全面发展的重要内容之一，成为各级政府推动文化繁荣发展的首要任务。

所谓公共文化服务体系，是以保障人民群众基本文化权益、满足人民群众基本文化需求为目的，以政府为主导，以公共财政为支撑，以公益性文化单位为骨干，向全社会提供公共文化设施、产品、服务的总和。其中，实现方式是政府主导，公共财政支撑，公益性文化单位为骨干；服务对象是全体人民。

实际上，公共文化服务体系可以理解为公共文化产品、理念思想、组织体制、运行机制、政策制度体系、服务系统、传播方式等各方面的总和与统称，包括设施网络覆盖体系，产品和服务供给体系，人才、资金和技术保障体系，组织支撑体系，以及评估体系五个基本的子系统。五个子系统相互联系，密切配合，共同构成我国公共文化服务体系的基本框架，支撑起公共文化服务体系的整体运作和功能发挥①。

公共文化服务体系建设的目标是构建起“覆盖城乡、结构合理、功能健全、实用高效”的公共文化设施、产品与服务网络体系，让人民群众享有免费或优惠的基本公共文化服务，以实现保障人民基本文化权益、满足人民基本文化需求的目标②。

4. 公共文化服务法律保障体系

法律保障包括宪法保障、立法保障与司法保障。立法保障是法律对某种权利以法律的形式予以保护，是一种立法行为，即通过立法将权利规定下来，不规定则不为权。公共文化服务法律保障体系的建立即为立法保障。

本书界定的公共文化服务法律保障体系，是指以为了保障公共文化服务的公益性、基本性、均等性和便利性等特征为核心目的建立起来的一种法律、法规的体系，通过这种体系的运行，如执法和法律普及等，对法律、法规的制定产生积极的影响，使得公共文化服务在社会范围内有法可依、管理法治化水平提高，为公共文化服务的开展创造较为可靠的法治环境。其含义包括三个方面：

首先，公共文化服务法律保障体系是一个全面的保障体系。它对公共文化服务的各构成要素，包括公共文化服务设施、产品、服务、人财物管理等进行连续、全程的保护。可以说，法律应当涉及公共文化服务过程中的各个要素，以及每个人的直接或间接行为，并对其具有约束力，这是仅仅通过技术或管理手段所不能保障的。

其次，公共文化服务法律保障体系是一个动态的保障体系。其对公共文化服务各要素的保障程度和水平应当与经济社会的发展水平相适应。

再次，公共文化服务的法律保障体系是一个由法律、法规、标准规范、政策文件等构成的成龙配套、相辅相成的体系，而不仅仅是一部“公共文化服务保障法”或类似名称的专门法律。在这个保障网络中，既有国家立法，又有部门法、部委规章，还有各地方的立法和规章，最终形成一个多层级、多维度的全方位公共文化服务法律保障体系。这个体系不仅直接影响着公共文化服务领域的行政执法以及法律普及等工作，同时也通过这些运行过程不断地

① 于群，李国新. 中国公共文化服务发展报告(2012)[M]. 北京：社会科学文献出版社，2012：5.

② 于群，李国新. 中国公共文化服务发展报告(2012)[M]. 北京：社会科学文献出版社，2012：2—3.

发展与完善自身建设。

具体来说，公共文化服务法律保障体系与教育法律保障体系相类似，也应是一个全面系统的法律法规保障体系，由五个层级的法律、法规和规章共同组成。如图1－1所示：

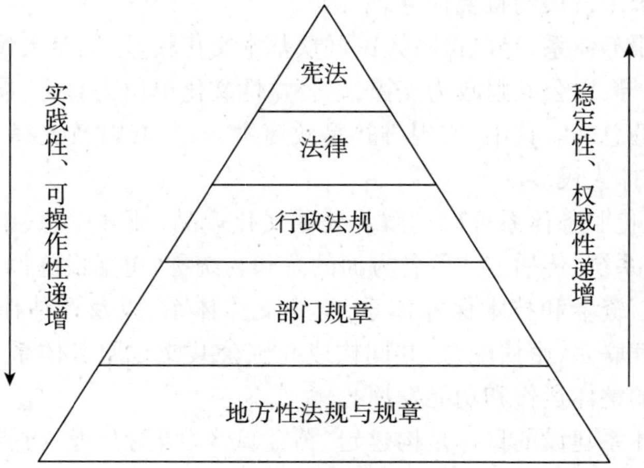

图1－1　法律保障体系结构图

(1)宪法。宪法具有最高法律效力，一切法律、行政法规、地方性法规、自治条例和单行条例、规章都不得同宪法相抵触。公共文化服务法律保障体系中的各部法律、法规、条例、规章及其具体规定均应建立在宪法基础之上，并服从宪法中的相关规定和精神。

(2)法律。根据《中华人民共和国立法法》中的定义，保障体系中的法律指的是由全国人大及其常务委员会通过的法律，是反映国家意志的法律保障体系的主体。公共文化服务基本法律仅次于宪法，具有较强的针对性、规范性和可操作性，对公共文化服务所提供的保障也是根本性的。

(3)行政法规。行政法规是指国家最高行政机关国务院根据宪法和法律指定的调整国家行政管理关系的，并不得与宪法、法律相抵触的行政法律规范，是保障体系的有力补充，主要包括一些条例、办法等。与基本层面的法律相比较，虽然在法律效力和权威上有所减弱，但是在实际工作中更具有可操作性，为规范依法开展工作提供了有力支撑。

(4)部门规章。部门规章是指国务院各部委和具有行政管理职能的直属机构，根据法律和国务院的行政法规、决定、命令，在本部门的权限范围内制定的规范性文件，不须经国务院批准，所涉及的范围更具局限性，可能仅限于某一地区或某一行业内，然而正是由于这一特点，使得部门规章制定需要考虑的因素不如前二者多，制定起来也较为方便。同时，这些部门的行政规章在实施获得一定成效之后，还能为法律、行政法规的制定积累经验、提供成熟的参考模板。

(5)地方性法规和规章。地方性法规的制定机关有两类，一是省、自治区、直辖市的人大和人大常委会；二是省会所在地的市以及国务院批准的较大市一级人大及其常委会。后者同时应报省一级人大常委会批准，还要报全国人大常委会备案。地方性法规一般称为“条例”，其效力高于本级和下级地方政府规章。拥有立法权的地方政府在本地区开展公共文化服务立法工作，由于涉及范围相对较小，对区内社会经济状况把握较准确，立法往往针对性较强，施行起来较为容易，且试点成功后能为在全国推广起到模范带头作用和借鉴意义，是其他法律法规和规章的有效补充。地方性政府规章是由省、自治区和直辖市人民政府,省级人民政府所在地的市一级人民政府,以及国务院批准的较大市一级人民政府制定的规范性文件,一般称为“管理办法”。地方政府部门规章是地方政府各部门依据国家和地方法律法规,在本部门权限范围内制定的行政管理规范性文件。地方性政府规章和部门规章除了服从宪法、法律和行政法规外,还要服从地方性法规。

对公共文化事业的发展来说,立法保障绝不仅仅是制定一两部专门性法律法规。公共文化服务法治建设的最终目标,是形成公共文化事业发展的法律保障体系,营造公共文化事业发展的法治环境。目前阶段,公共文化事业的建设和发展更多地是以政府规范性、指导性文件为依据,因此在整个政策法规体系中占据重要地位。

二、研究现状梳理

笔者以中国知网(CNKI)网络期刊总库、优秀硕博士学位论文库与中国重要会议论文全文数据库作为文献源,为了使检索结果更为准确,检索方式主要采用题名和主题字段进行普查性检索,同时采用文献计量学的分析方法,对检索到的相关文献进行去重筛选,进而综述我国公共文化服务保障立法相关主题文献的研究进展及发展现状。

数据库返回的检索结果显示,第一篇以公共文化服务体系建设为题,并明确提出应“加强公共文化服务政策法规和维权机制建设”的论文是2006年王京生发表在《特区实践与理论》上的专稿《构建公共文化服务体系,实现公民基本文化权利》。由此可知,我国公共文化服务保障立法的相关研究起步较晚,但自2010年开始,特别是十七届六中全会后发展势头迅猛,这一特点突出表现在相关主题文献的发表数量上,2006—2014年关于公共文化服务保障立法相关主题的论文数量呈逐年增长的态势,这反映出我国学界对文化法制建设及公共文化服务保障立法问题的关注和研究不断加强,成果也不断涌现。

通过对检索得到的相关主题文献进行主题分析,可以将相关文献论述的主题归为公共文化服务保障立法及相关理论研究、公共文化服务立法行政实践两大类,占论文总数量的97.8%,说明这两大类论文是目前我国公共文化服务保障立法研究的重点和热点方向,而其他相关主题文献,如公共服务均等化立法政策研究、公共文化服务的保障机制研究、文化事业投入立法、公共文化服务供给和绩效评估中涉及的法律问题等,其总和仅占总文献量的不到3%。对公共文化服务保障立法及相关理论研究主要包括四个方面:公共文化服务保障立法的重要性、必要性与价值研究,公共文化服务保障立法的基本问题研究,我国的文化法治与文化政策现状研究,以及国外文化立法与文化政策研究。

在公共文化服务立法保障理论研究全面开展并逐步深入的同时,我国已有多个省市制定出台了关于公共文化服务的保障性法规、规章、条例或管理办法。广东省率先实施了《广东省公共文化服务促进条例》,江苏省实施了《江苏省农村公共文化服务管理办法》,上海市第十三届人民代表大会常务委员会第三十七次会议通过了《上海市社区公共文化服务规定》,深圳市则发布了《深圳市基层公共文化服务规定》。另外,北京、福建、重庆等地也正在推进或准备开展公共文化服务保障立法工作,对已有法规、规章的内容进行系统梳理与总结,既丰富了公共文化服务保障立法的理论研究,也便于在实践开展过程中论证与收集经验。

根据已出台的《广东省公共文化服务促进条例》等四部现有地方性公共文化服务保障性

法规、规章,比较研究后得出表1-1如下:

表1-1　四地公共文化服务保障性法规、规章要素比较一览表

名称 指标	《广东省公共文化服务促进条例》	《江苏省农村公共文化服务管理办法》	《上海市社区公共文化服务规定》	《深圳市基层公共文化服务规定》
制定/发布单位	广东省第十一届人民代表大会常务委员会第二十八次会议	江苏省人民政府第82次常务会议	上海市第十三届人民代表大会常务委员会第三十七次会议	深圳市文体旅游局
发布时间	2011年9月29日	2012年1月4日	2012年11月21日	2013年4月11日
施行时间	2012年1月1日	2012年3月1日	2013年4月1日	2013年4月11日 (有效期5年)
章节数量	6章46条	6章34条	33条	6章36条
适用范围	广东省行政区域内公共文化服务的提供、公共文化设施的建设、公共文化服务的激励和保障等活动	江苏省行政区域内农村公共文化服务及其管理	上海市行政区域内各级人民政府及其文化行政等部门或者社会力量向社区居民提供的公共文化设施和公益性文化服务活动	深圳市行政区域内的基层公共文化服务的提供、基层公共文化设施的建设、基层公共文化服务的激励和保障等活动
具体规范对象		农村公共文化服务[指由县及县以下公益性文化事业机构,包括县(市、区)图书馆、文化馆、博物馆和乡镇综合文化站,以及村文化活动室面向农村群众提供的公共文化服务活动]	社区公共文化服务	基层公共文化服务(指区级文化部门依托区、街道、社区公共文化服务机构向公众提供的基层公共文化设施和公益性文化产品、文化活动及相关文化服务)
规范内容	公共文化服务提供、基层公共文化设施建设、激励与保障、法律责任	服务机构、服务设施、服务规范、奖惩	责任主体、服务设施、服务机构、服务内容、保障与激励、处罚措施	服务设施、服务机构、服务提供、社会力量参与、保障与激励

表1-1中所列四部地方性公共文化服务保障性法规、规章均为当地针对公共文化服务体系建设出台的首部规范性文件,为辖区内开展公共文化服务制定了统一规范的服务内容和服务标准。这些法规、规章均立足于文化行政管理部门职责范围内的各级公共文化服务工作,从服务设施建设、服务机构、服务提供、服务规范、社会力量参与、保障激励、法律责任等多个方面对公共文化服务进行制度和法律保障,规范了基层公共文化服务体系建设的内容、标准,对进一步夯实公共文化服务建设基础具有重要意义。

从约束力的强弱程度上分析,《广东省公共文化服务促进条例》和《上海市社区公共文化服务规定》均是由地方人大常委会会议表决通过的地方性法规,其中《广东省公共文化服务促进条例》还明确规定了法律责任,是真正意义上的地方性立法实践;《江苏省农村公共文化服务管理办法》是由省级人民政府制定的地方性规章,《深圳市基层公共文化服务规定》是由经济特区所在地的市政府所属部门发文的地方性规章,这二者效力次于地方性法规。

另外,通过对读秀知识库、超星数字图书馆、方正 Apabi 数字图书馆、皮书数据库,以及谷歌学术等数据库进行检索,目前针对公共文化服务立法的研究专著尚未出现,仅有 2011 年社会科学文献出版社出版的《中国文化政策研究报告》与其主题相关度较高。《中国文化政策研究报告》一书站在文化发展管理创新的战略高度,首先对不同文化行业和文化业态类型的文化政策状况做出了客观评价;通过政策访谈、行业研究、域外比较、问卷调查等方法,对我国公共文化服务体系建设中的农村基层建设、民间力量参与、文化遗产保护等问题做了深入探究,从不同角度分析总结了我国文化政策的走向和趋势;随后同时引介了国外的体制和管理经验;最后对我国文化政策现状进行了问卷式调查与分析,梳理了我国现行的文化政策状况,并对未来深化文化管理体制改革和政策创新提出了前瞻性建议①。

截至目前,与公共文化服务保障性立法相关的立项在研课题共有三个,分别是 2012 年国家社科基金重大项目“加快公共文化立法,提高文化建设法制化水平研究”、2012 年度教育部哲学社会科学研究重大课题攻关项目“我国公共文化服务体系保障机制研究”与 2012 年度国家社科基金特别委托项目“公共文化服务保障立法研究”。

由北京大学李国新教授主持的、笔者参与的国家社科基金重大项目“加快公共文化立法,提高文化建设法制化水平研究”,目前已经进入收尾阶段。三年的研究中,课题组先后对国内外多地的公共文化服务体系及其具体内容进行了调研和分析、比较研究,先后发表、出版了数十篇论文及多部著作,从公共文化服务的制度设计、内容、供给、考核等多方面为公共文化服务立法提供了支撑研究。

教育部于 2012 年度立项资助的教育部哲学社会科学研究重大课题攻关项目“我国公共文化服务体系保障机制研究”,其主持人是中国政法大学政治与公共管理学院的张桂琳教授。该项目于 2013 年在全国范围内组织开展并完成了“公共文化服务保障机制现状抽样调查”,对湖南、河北、山西、甘肃、广东、浙江、北京、黑龙江和山东 9 个省内的 45 个县、360 个村庄、3600 余名村民进行了抽样调查和访谈②。该课题已经进入资料数据的整理分析与深入研究阶段,但截至 2013 年年底,未有已发表的阶段性研究成果。

“公共文化服务保障立法研究”是由中共中央宣传部纳入国家社科基金的特别委托项目,项目课题负责人是国家行政学院法学部胡建淼教授。该课题的任务是在对公共文化服务保障理论研究的基础上,提出我国加强公共文化服务保障方面的立法对策。目前可以检索到的已发表成果有 2012 年 9 月发表在云南师范大学学报(哲学社会科学版)的《试析文化权利宪法规范的实施保障问题——以比较法学视域中的“文化宪法”研究为参照》,发表在

① 祁述裕. 中国文化政策研究报告[M]. 北京:社会科学文献出版社,2011:13—17.

② 政管学院. 深入基层拓眼界,科研教学新形式——教育部重大攻关课题《我国公共文化服务保障机制研究》项目调研表彰会召开[EB/OL]. [2014-03-18]. http://www.cupl.edu.cn/html/news/col173/2013-10/29/20131029105236817291228_1.html.

《浙江社会科学》2013 年第 8 期上的《文化市场监管法治化研究(笔谈)》。

另外据了解,中共中央党校也在 2012 年受中央有关部门委托,成立了公共文化服务体系立法课题组,并在公共文化服务体系建设取得重要成绩的浙江杭州、湖北黄石等地开展调研,对其工作经验进行总结概括,并在《中共中央党校学报》2012 年第 6 期上发表了《公共文化服务体系建设的实践考察与建议》一文。近日,中国传媒大学协同创新中心文化发展研究院也受全国人大教科文卫委员会委托,承担我国“公共文化服务保障法”基础研究及代拟稿的起草工作①。

综上所述,国内研究的特点与不足主要表现在三个方面。首先,构建公共文化服务体系本身是一项多领域、多学科交叉的系统建设工程,目前我国对于公共文化服务及其保障性立法问题的研究探索正处于多学科交叉研究的状态。因此,出现了研究领域和研究人员分散的特点,有来自法学、社会学、公共管理学、图书馆学、博物馆学等不同领域的学者和研究力量参与其中。其次,研究不够深入,未成体系。目前我国学界对公共文化服务保障立法相关理论的研究不足,研究尚未形成体系。从检索近年来的研究成果类别来看,核心期刊和会议论文发文量较少,报纸文献相对较多,有少数学位论文涉及了公共文化服务保障立法问题,但针对此论题的专论或专著还未发现。再次,研究呈现出实践先行,因地制宜、针对性强等特点。同理论体系尚不完善的现状相比较,我国目前已有多地市出台了公共文化服务领域的法规、规章,而且这些法规和规章均结合地方实际,具有较强的针对性,如针对农村、基层或城市社区的公共文化服务。与此同时应当注意到,由于地方性法规和规章的级别相对较低,约束力相对较弱,尚不能改变文化领域“政策多、法律少”的局面,因此亟须上位法的支撑和指导,国家层面的公共文化服务保障立法显得尤为迫切。

第二节 “公共文化服务保障法”立法的必要性

十七大以来,特别是在十七届六中全会召开后,各级党委、政府和文化部门按照中央关于公共文化服务体系建设的战略部署,以建立覆盖全社会的公共文化服务体系为目标,以保障群众基本文化权益为着力点,以重点文化惠民工程为抓手,以文化设施为载体,以文化服务为核心,加大建设力度,使公共文化服务体系建设逐步呈现出科学发展、整体推进、重点突破的良好态势,公共文化服务体系框架基本建立②。

一、2007 年以来我国公共文化服务事业发展现状

1. 财政投入和设施建设力度不断加大,六级服务网络基本建成

近年来,随着我国财力的增强,文化建设经费投入不断加大,为公共文化服务体系建设提供了有力保障。2012 年,全国文化事业费(不含基本建设财政拨款和行政运行费)为

① 协同创新中心. 协同创新中心文化发展研究院承担《公共文化服务保障法》基础研究工作[EB/OL]. [2014-03-18]. http://news.cuc.edu.cn/article/32169/.

② 文化部. 十七大以来我国公共文化建设成就综述[EB/OL]. (2012-06-14)[2013-07-22]. http://www.mcprc.gov.cn/xxfbnew2011/xwzx/lmsj/201206/t2010614_254332.html.

480.10亿元,比上年增加87.48亿元,增幅达到22.28%,增幅高于同期全国公共财政支出增幅近7个百分点[①]。2013年,全国文化事业费又较上年增加10.5%,达530.49亿元,文化事业费占财政支出比重与2012年同为0.38%。全国人均文化事业费38.99元,比上年增加3.53元,增幅为10%[②],而这一数字在2007年时仅为15.06元。

在基层文化设施建设方面,乡镇综合文化站建设项目等一系列面向基层、面向农村的重大文化设施建设项目顺利实施,显著改善了基层文化设施的整体面貌。为解决乡镇综合文化站设施“空壳”问题,财政部2008至2011年安排乡镇文化站设备购置专项资金15亿元,为中西部22个省(区、市)已建成且达标的17 227个乡镇文化站配备文化信息资源共享工程设备和开展文化活动所必需的设备器材。2007至2010年,中央财政共投入39.48亿元,补助全国2.67万个乡镇综合文化站建设,到“十一五”末基本实现了“乡乡有综合文化站”的建设目标。2009至2010年,中央财政共投入5.8亿元,对全国面积不达标的447个公共图书馆、1147个文化馆进行修缮。2012年年初,国家发展改革委员会、文化部和国家文物局又印发了《全国地市级公共文化设施建设规划》,“十二五”时期,中央将补助70亿元用于地市级公共图书馆、文化馆和博物馆建设。截止到2013年,全国共有县级以上独立建制公共图书馆3112个,群众文化机构44 260个,乡镇(街道)综合文化站34 343个[③],基本实现了“县有图书馆、文化馆,乡有综合文化站”的建设目标。国家、省、市、县、乡、村六级公共文化设施网络已经基本建立。

2. 推进免费开放,公共服务能力显著提高

公共文化机构免费开放是近年来公共文化服务创新的一项重要举措。2011年,全国各级文化文物部门归口管理的公共博物馆、纪念馆有2115座陆续向社会免费开放。同时,文化部联合财政部推动了全国公共图书馆、文化馆(站)、美术馆免费开放。截至2011年年底,全国2952个公共图书馆、3285个文化馆、34 139个乡镇综合文化站实现了无障碍、零门槛进入,公共空间设施场地全部免费开放,所提供的基本服务项目全部免费。此外,文化部还会同财政部、教育部、全国总工会、共青团中央、全国妇联、中国科协等相关部门,共同推进科技馆、工人文化宫、青少宫、妇女儿童活动中心免费开放工作。

3. 政策法规建设取得突破,公共文化机构行业评估不断强化

2007年,中共中央办公厅、国务院办公厅联合下发了《关于加强公共文化服务体系建设的若干意见》,明确了公共文化服务体系建设的指导思想、基本原则、发展目标和政策措施。近年来,文化部加快制定公共文化机构服务标准和服务规范,推进公共文化服务的制度化、标准化、规范化。目前,《非物质文化遗产保护法》已于2011年公布实施,《博物馆条例》已于2015年公布实施,《公共图书馆法》已报送国务院法制办,并被第十二届全国人大常委会列为五年立法规划的第一类项目,《古籍保护条例》立法工作正在推进,地方性图书馆立法工作也一直在有序开展。同时,业务规范化建设也取得了新进展,《乡镇综合文化站管理办法》

① 中华人民共和国财政部预算司.2011、2012年全国公共财政支出决算表[EB/OL].(2012-07-10)(2013-07-15)[2013-12-25].http://yss.mof.gov.cn/2011qgczjs/201207/t20120710_665233.html,http://yss.mof.gov.cn/2012qhczjs/201307/t20130715_966261.html.

②③ 文化部财务司.中华人民共和国文化部2013年文化发展统计公报[EB/OL].(2014-05-15)[2015-03-25].http://zwgk.mcprc.gov.cn/auto255/201405/t20140516_30294.html.

《公共图书馆建设用地指标》和《公共图书馆建设标准》正式颁布,2012 年 5 月,《公共图书馆服务规范》正式实施,公共文化机构标准规范体系日益完善。

2011 年年底开展了全国第三次文化馆评估定级工作。这次评估与 2007 年第二次评估相比,在评估标准提高的情况下,上等级馆由 1099 个大幅增长到 2028 个,达标率由 35% 提高至 62%。同时,在山东、安徽、宁夏、重庆四省(区、市)开展乡镇(街道)文化站试评估工作,探索开展乡镇(街道)文化站评估工作的方式方法。

4. 深化文化体制改革,公共文化服务体系科学发展

一是启动国家公共文化服务体系示范区(项目)创建工作,初步计划用 6 年时间包括 3 个创建周期创建 90 个左右示范区,覆盖、带动全国 1/3 以上的市县,从整体上推动全国公共文化服务体系建设。创建工作受到中央肯定,被写入了十七届六中全会《中共中央关于深化文化体制改革推动社会主义文化大发展大繁荣若干重大问题的决定》。

二是结合示范区创建,积极推动理论和制度设计研究工作。2011 年 3 月,成立了国家公共文化服务体系专家委员会,积极开展具有基础性、全局性、战略性、前瞻性的理论研究,为公共文化服务体系建设提供理论支撑和决策参考。

三是统筹城乡文化发展,着眼全局,整合力量,抓住市、县、乡、村四级文化建设,分级推进,实现规模化、体系化,并及时深入总结了村级、县级和地市级公共文化服务体系建设经验。

5. 推进文化科技融合,实施重大数字文化惠民工程

近年来,文化部和财政部积极适应时代进步和社会发展的新要求,联合实施了全国文化信息资源共享工程等重大数字文化工程。文化信息资源共享工程自 2002 年实施以来,经过十余年的建设,已初步建成国家、省、市、县、乡镇(街道)、村(社区)六级服务网络。

十七届六中全会后,文化部联合财政部下发了《文化部关于加强公益性数字文化服务体系的指导意见》,进一步提出要加大全国文化信息资源共享工程、数字图书馆推广工程与公共电子阅览室推广计划三大数字文化惠民工程实施力度。目前,已下发了《文化部、财政部关于实施数字图书馆推广工程的通知》,2012 年完成了全部省级馆和 131 个市级馆的硬件平台搭建工作,中央补助地方专项资金达 1. 23 亿元。全面推进公共电子阅览室试点工作,截至 2011 年年底,9 个试点省(市)各级经费投入近 2. 7 亿元,参加试点的公共电子阅览室数量达 6200 个,资源总量达 386GB,服务人次近 1700 万,2012 年中央补助地方专项资金达 2. 76 亿元。

6. 改革创新文化活动机制,丰富群众文化生活

2007 年以来,按照“宏观布局、统筹指导、抓住重点、整体推进”的工作思路,以导向性、示范性、带动性、可持续性为原则,以群星奖和“中国民间文化艺术之乡”为龙头,引导和带动全国群众文化活动的开展。近年来,文化部通过改革奖项设置、设立“群文之星”、公共文化服务项目奖、建立获奖节目巡演机制、评奖监督制度等措施,提高了群星奖的社会影响力和社会效益。“中国民间文化艺术之乡”是文化部为推动民间文化艺术事业的繁荣发展而打造的又一重要公共文化品牌。2011 年,文化部组织开展了新一轮的评审命名工作,全国共有 528 个县(县级市、区)、乡镇被命名为“2011—2013 年度中国民间文化艺术之乡”。此外,文化部还组织开展了一系列重点群众文化活动。

7. 推进公共文化服务均等化，切实维护人民群众基本文化权益

按照十七届六中全会努力推进基本公共文化服务均等化的要求，各地文化部门以农民、进城务工人员、老年人、未成年人、下岗失业人员、低收入人群、残障人群等群体为对象，采取政府采购、补贴、发放文化消费券等措施，推动公共文化资源向特殊群体倾斜，提高公共文化供给能力。

为保障全国2.42亿农民工的精神文化权益，2011年，文化部联合人力资源和社会保障部、全国总工会印发了《关于进一步加强农民工文化工作的意见》，将农民工文化工作纳入公共文化服务体系。同时实施并推进“春雨工程”——全国文化志愿者边疆行工作，招募文化志愿者，为边疆民族省（区）和新疆生产建设兵团组织文艺、业务培训和文化展览。

8. 培训机制日益完善，公共文化人才队伍素质不断提高

2010年，文化部下发了《关于开展全国基层文化队伍培训工作的意见》，策划实施了基层文化队伍培训项目。在“十二五”期间，培训将坚持“分级负责，分类实施”的原则，对全国现有县乡专职和业余文化队伍进行系统培训，依托中央文化管理干部学院、浙江艺术职业学院等全国基层文化队伍培训基地，形成辐射全国、带动周边、各具特色、功能互补的培训基地网络。

此外，文化部积极推广在村（社区）建立政府补贴的“文化协管员”（文化组织员）制度，壮大文化志愿者队伍，初步形成了一支专兼结合的基层文化工作队伍。

二、存在的主要问题

1. 部分地方政府重视程度不够，缺乏文化自觉

时至今日，仍有一些地方政府和部门，没有将文化建设放在应有的位置，单纯追求经济增长，忽视对公共文化服务体系的建设与发展。许多地方没有建立科学发展考核评价体系，没有将公共文化服务体系建设成效纳入领导干部政绩考核体系，没有纳入当地社会经济发展规划。文化“说起来重要，干起来次要，忙起来不要”的现象在基层还较为普遍①。

2. 经费投入总量少、比重低，地区、城乡发展不均衡，实现公共文化服务均等化任重道远

由于法律保障体系的不健全和保障措施的不到位，加之部门间缺乏有效统筹，使得我国各地、各级政府对公共文化投入的随意性较大，形成了投入总量少、比重低，城乡、地区不均衡的总体态势。文化事业费占国家财政总支出的比重，多年在0.3%—0.4%之间徘徊。2011年我国文化事业费总计392.62亿元，与2010年一样，仅占国家财政总支出的0.36%，约相当于当年教育事业费的1/41，卫生事业费的1/16，科技事业费的1/9，是改革开放以来的历史最低值。2012年和2013年有小幅度提升，文化事业费总额约占国家财政总支出的0.38%，但仍低于2006年的0.39%，2007年和2008年的0.4%，且较之其他领域仍相当滞后②。

文化事业经费投入的城乡差距和地区差距仍存在。2012年各级财政对县及县以下文化投入共计237.02亿元，占全国文化事业费的49.4%，但较之2010年仅占全国文化事业费的

① 于群，李国新.中国公共文化服务发展报告（2012）[M].北京：社会科学文献出版社，2012：6.

② 文化部财务司.按年份全国文化事业费基本情况[EB/OL].（2013－12－13）[2013－12－25].http://www.ccnt.gov.cn/sjzz/sjzz_cws/whtj_cws/tjsj/201312/t20131213_424909.htm.

36%而言有很大进步[①]。2012 年全国财政对东部地区的文化投入占全国总投入的 44.1%,对中部地区的文化投入占全国总投入的 22.4%,西部地区占全国的 29.1%[②],中西部地区明显落后于东部地区。2011 年东部地区财政对文化的投入占全国财政对文化投入总额的近一半,为 44.4%;而中部地区所占比重为 23.3%,西部地区为 27.7%,二者之和才占全国的 51%[③]。

3. 公共文化服务设施不完善,管理和服务水平不高

由于配套资金和措施不到位,使得一些已经建成的规模大、标准高的公共文化服务设施仍处于“空壳”状态,难以正常运行服务。在文化资源和服务提供上,尚未建立以群众文化需求为导向的供给模式。公共文化产品的新形式、新内容不多,缺乏群众喜闻乐见、丰富多彩的文化产品。与人民群众日益增长的多样化精神文化需求相比,设施不完善,产品和服务水平不高。例如 2013 年全国公共图书馆人均藏书 0.55 册[④],远低于联合国教科文组织和国际图联《公共图书馆服务发展指南(2010)》中提出的人均 2—3 册的建议性标准[⑤]。又如部分基层文化机构花大力气组织的文艺节目,难以得到农村群众的青睐;部分乡镇综合文化站、农家书屋的藏书内容偏离“三农”特点,农民看不懂、用不上,实际效果非常有限。

4. 基层公共文化队伍数量不足,结构不合理,专业素质偏低

随着公共文化服务体系的逐步完善,人民群众对公共文化服务的需求越来越多样化、多层次、多方面,对公共文化服务质量的要求也与日俱增,市、县级图书馆、群艺馆、文化馆、博物馆目前的人员编制已不能满足日益增长的服务需要。基层文化单位缺乏稳定的专业化队伍,其能力与素质难以适应新时期基层文化建设的需要。基层文化工作者文化程度普遍不高,专业人员所占比例普遍较低,缺乏拥有高级职称的拔尖人才。另外,人员整体布局、层次和年龄结构不够优化,培训机制不健全,培训经费匮乏等实际情况的存在,都对提升队伍素质造成了一定程度的障碍。

5. 法律法规体系不完善,政策落实不到位

长期以来,我国公共文化服务体系建设缺乏法律法规和政策的刚性支撑,其发展缺乏制度化、系统化的法律支撑、政策保障和规划约束。目前所制定和出台的法律法规相对于公共文化服务的覆盖面而言还显得很单薄,规范面及效力也很有限,远未达到体系化的程度。扶持文化发展的优惠政策也有待完善,操作性有待进一步加强。如国家“十一五”规划纲要中提出的建立公共文化服务专项资金或基金、从城市住房开发投资中提取 1% 用于社区公共文化设施建设、公益性捐赠的税收优惠等政策措施尚未得到普遍落实。鼓励社会力量参与公共文化服务体系建设的政策力度不够、实施细则不完善、税收减免的程序和手续过于复杂,导致了社会力量参与公共文化服务体系建设的积极性不高,参与程度非常有限。同

---

①② 文化部财务司. 全国财政对文化投入基本情况(按城乡分)[EB/OL]. (2013-12-13)[2013-12-25]. http://www.ccnt.gov.cn/sjzz/sjzz_cws/whtj_cws/tjsj/201312/t20131213_424909.htm.

③ 文化部财务司. 2011 年全国文化发展基本情况[EB/OL]. (2012-04-11)[2013-12-25]. http://www.gov.cn/test/2012-04/11/content_2110583.htm.

④ 文化部财务司. 中华人民共和国文化部 2013 年文化发展统计公报[EB/OL]. (2014-05-15)[2015-03-25]. http://zwgk.mcprc.gov.cn/auto255/201405/t20140516_30294.html.

⑤ Standards for Collections. IFLA Public Library Service Guidelines(2nd, completely revised edition)[M]. New York: IFLA Publications, 2010: 26—31.

时，公共文化服务体系建设中存在多头管理、条块分割、各自为政等问题，管理中错位、越位、缺位现象并存，使得公共财政资金投向难以集中，造成资源分散、重复建设和资源浪费等现象。

6. 绩效评估与激励制度不健全，公共文化建设缺乏内在驱动力

公共文化服务绩效评估的对象既包括作为公共文化服务责任主体的政府文化部门，也包括具体提供公共文化服务的公益性文化事业单位，以及其他非政府非营利公共文化服务机构。目前在许多发达国家，公共文化行政部门的绩效评估是一种较成熟的管理评价方式，呈现制度化、法治化、规范化、评估主体多元化、评估过程公民导向等特点。与之相关的激励机制也较为完善，如设置大量的奖励基金，开展项目评比与奖励等。

而我国目前现有的政策制度中，更多的是侧重于解决公共文化服务所涉及的各类具体问题，而针对建设成果及其可持续发展的考核监督、社会评价、社会荣誉等绩效评估与激励体系却仍然缺失。这不仅降低了政府的服务质量和官员的责任意识，削弱了公共文化服务的公共性、公益性和民主性，有时候也导致了对社会力量参与的公共文化服务在社会化、市场化运作中出现的问题没有得到及时解决和处理，使公众利益没有得到政府应有的重视和保护，影响了部分社会力量参与公共文化服务的持续性和长期性。

第三节 “公共文化服务保障法”的性质及其地位

“公共文化服务保障法”应当是由全国人大常委会审议并通过的关于公共文化事业和公共文化服务活动的专门法规，是建立与管理公共文化服务体系、制定公共文化服务行政法规和规章制度的总依据，其内容覆盖公共文化服务领域、规范其中所涉及的各类制度与问题。“公共文化服务保障法”是国家公共文化服务领域的“基本法”，是实现建设社会主义文化强国、构建现代公共文化服务体系战略目标的根本性与基础性保障。具有法律所应具备的强制性、规范性、概括性和稳定性等特点。

“公共文化服务保障法”调节的是国家公共文化服务体系建设及公共文化服务活动开展中所产生的各种关系，与目前已在新公布的五年立法规划中进入审议程序的第一类项目《公共图书馆法》，以及今后要研究制定的“文化馆法”“博物馆法”等专门规范公共文化领域中某一机构或事务的单行法律之间，应当是下位法与上位法的关系。就其涉及的范畴大小与规范的事项多少而言，作为上位法的“公共文化服务保障法”，要比《公共图书馆法》等公共文化领域的其他法律更大、更多。

需要说明的是，文物与文化遗产虽然在内容上也涉及公共文化服务的范畴，但各国的通行做法都是将其单独立法予以保障，并与文化领域的其他法律相区别。所以说，现有的《中华人民共和国文物保护法》与《中华人民共和国非物质文化遗产法》应当作为文化保护与传承一类的专门法单列出来，与“公共文化服务保障法”同等级别。如图 1－2 所示：

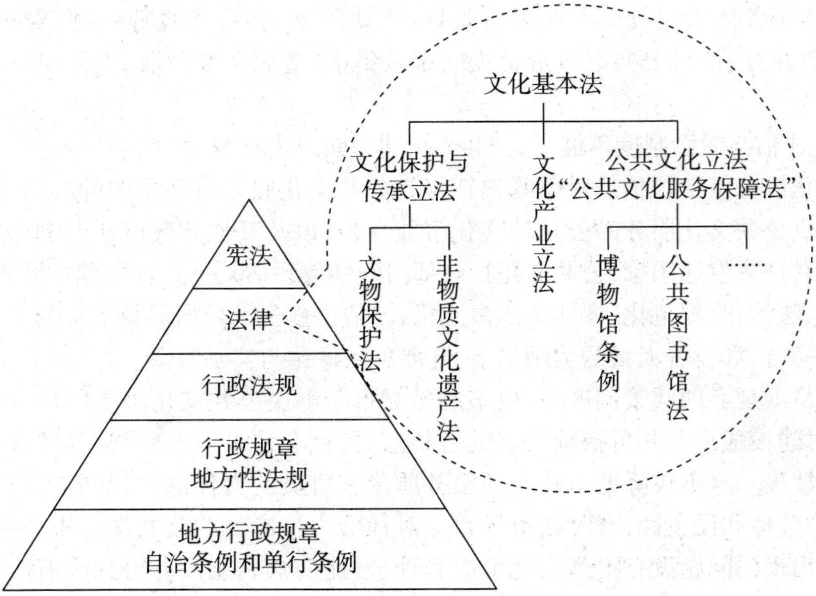

图 1－2 “公共文化服务保障法”的地位及其上下位法关系图

党的十六大报告中明确对文化事业与文化产业进行了区分,定位为“公益性文化事业”(即“公共文化”范畴)与“经营性文化产业”。以文化的“两区分”为基础,结合我国以往其他领域进行基础立法的实践经验,从理论上来讲,位于文化立法体系中最上位的应当是文化基础立法,即文化基本法,相当于教育领域的《教育法》。文化基本法是针对文化领域制定的调整整个文化领域社会关系的基本准则和依据,对文化领域基本的原则、方针乃至具体政策制度做出原则性规定的法律。但就立法实践而言,世界上仅有少数国家制定了文化基本法:加拿大早在 1988 年就通过了《加拿大多元文化法案》,日本于 2001 年通过并实施了《日本文化艺术振兴基本法》,韩国于 2013 年颁布了《文化基本法》,瑞士有《文化联邦促进法》,乌克兰有《乌克兰文化法》。这些法律内容上的共同点在于,法律并非完全意义上调整文化领域所有社会关系的基本法,而是侧重于调整文化事业领域内的社会关系①以及规范保障公民文化权利。这种理论与实践的差异,根本原因在于文化的内涵与外延在不断变化,且文化涉及意识形态的领域较多,导致文化基本法由于调整对象不固定、敏感度较大而无法制定出台。

根据文化的“两区分”,在文化基本法之下就应是文化事业和文化产业两个具体领域的立法。文化事业领域,即公共文化领域立法的核心在于达成公共文化服务均等化目标,以保障人人享有平等文化权利,这与“公共文化服务保障法”的目标与宗旨是相契合的。而要达成这一目标,仅靠“公共文化服务保障法”的原则性规定是不行的,还需要对公共文化所涉及的文化馆、博物馆、美术馆、图书馆等公共文化机构及其所提供的各类服务进行界定与规范,这就需要制定一系列的“公共文化服务保障法”的下位法来形成完善的体系,如《公共图书馆法》《博物馆条例》等。

① 吴宇,张辉. 日本文化产业的发展与启示[EB/OL]. (2008－06－05)[2013－12－25]. http://www.douban.com/group/topic/3368445/,2008-6-5.

第四节　“公共文化服务保障法”的立法宗旨与原则

立法宗旨就是立法的特定目的，体现了立法的目的性、针对性和有效性。规定立法宗旨是立法的基本要求。“公共文化服务保障法”的立法宗旨可以归纳为：通过对公共文化服务的设施、产品、资源、服务、活动、保障制度等各个方面进行法律规范，以达到保障公民基本文化权益，促进公共文化服务体系建设，培育和弘扬社会主义核心价值观，提高全民族文明素质的目的。

良好的“公共文化服务保障法”能够在法律范围内最大程度保障和提高公众的生活质量与文化福利，公平分配与配置公共文化资源，有效限制与阻止侵害公共文化权益的行为。立法应遵循下列原则：

1. 坚持立足国情，借鉴国外经验

2006 年 9 月发布的《国家“十一五”时期文化发展规划纲要》中首次提出了文化立法的基本原则：“立足我国国情，借鉴国外有益经验。”[①]我国的立法，重要的是解决我国目前社会发展阶段面临的问题，提高我国的文化实力，所以必须立足我国的国情，不能超越社会的发展阶段。但是，我国的文化事业不是闭关自守的事业，在全球政治、经济、文化相互交融的背景下，社会主义文化建设不回避世界范围内各种思想文化的相互激荡，不拒绝世界各国文化建设的成功经验和先进文明成果，因此，必须借鉴国外一切有益的经验[②]。

2. 坚持社会主义核心价值体系

社会主义核心价值体系是社会主义先进文化的核心内容，是其先进性的重要标志，也是我国社会文明程度的标志。只有坚守社会主义核心价值体系，保持社会主义文明程度的高水平，才能够建设社会主义先进文化。只有坚持以社会主义核心价值为灵魂构建公共文化服务保障性法律体系，才有助于社会主义公共文化的发展和公共文化服务体系的完善，才能向广大人民群众提供先进的文化产品和服务，才能为提高全民文化素质、提高全社会的精神文明程度提供保障。

3. 坚持保障人民基本文化权益

享受文化既是人的基本权利，也是人的需要。公共文化服务的法制化建设要以人为本。以人为本是一种价值取向，是对我们党和政府公共服务理念的进一步解读。因此，“公共文化服务保障法”应体现人民的要求、人民的权利和人民的尊严，赋予公民更多的知情权、选择权、表达权和监督权，更有利于人们公平而有尊严地享有文化权利。

4. 坚持均等化

公共文化服务应体现均等服务，公共文化设施和公共文化资源应保证均等分布，尽可能保证人人都能享受到同等程度的公共文化服务。因此，“公共文化服务保障法”在立法设计上，应要求公共文化服务在内容上具有同质性，即公共文化服务机构无论在什么地方、什么

---

① 国家“十一五”时期文化发展规划纲要(全文)[EB/OL].(2006-09-13)[2013-07-18].http://news.xinhuanet.com/politics/2006-09/13/content_5087533_10.htm.

② 李国新.立法保障是最根本的保障[J].图书与情报,2007(5):10—11.

时候,都应该向公众提供基本同质的公共文化服务;要求不论区域、城乡,不管种族、肤色,不分性别、年龄,不管身份、职务,都可以无差别地享有基本公共文化服务,而不能有地域、城乡等的差别和民族、身份等的歧视;要求在提供大体均等的基本公共文化服务的过程中,尊重社会成员的自由选择权。

第五节 "公共文化服务保障法"立法的现实基础

一、宪法基础

宪法是国家的根本大法,是立法的基础。宪法通常规定了一个国家的社会制度和国家制度的基本原则、国家机关的组织和活动的基本原则,公民的基本权利和义务等重要内容,涉及国家生活的各个方面。宪法具有最高法律效力,是制定其他一切专门立法的重要基础,一切法律、法规都不得同宪法相抵触。因此,宪法也是公共文化服务保障性立法的基础和准则,公共文化服务的宪法保障是其他法律保障的基础和依据;"公共文化服务保障法"的立法是基于宪法基础之上的,且应当以宪法的相关条款为指导框架。

有关公共文化服务立法基础的宪法条款可以分为两大类。一是专指条款①,即内容明确涉及公共文化服务内容的条款;二是间接条款,主要指那些与公共文化服务密切相关,规定社会政治、经济、文化、教育、科研等活动的组织管理制度与原则的条款。宪法中的专指条款与间接条款均应视为公共文化服务相关条款,它们共同构建了公共文化服务事业运行发展的宏观社会法制环境。

1. 宪法之专指条款

《中华人民共和国宪法》(2004 年 3 月 14 日修正)第二十二条规定:"国家发展为人民服务、为社会主义服务的文学艺术事业、新闻广播电视事业、出版发行事业、图书馆、博物馆、文化馆和其他文化事业,开展群众性的文化活动。国家保护名胜古迹、珍贵文物和其他重要历史文化遗产。"②

该专指条款为我国公共文化服务事业的发展和立法提供了直接的宪法依据,表明了国家对发展公共文化事业的重视,为我国公共文化服务事业提供了总的发展保障。制定"公共文化服务保障法"也是贯彻落实宪法精神的重要步骤与具体体现,是增强宪法实施效力的必由之路。唯有以专门立法的形式对公共文化事业运行发展所涉及的各方面问题予以调整规范,才能促进我国文化事业的整体健康发展。

2. 宪法之间接条款

《中华人民共和国宪法》(2004 年 3 月 14 日修正)第五条:"中华人民共和国实行依法治国,建设社会主义法治国家。国家维护社会主义法制的统一和尊严。一切法律、行政法规和地方性法规都不得同宪法相抵触。一切国家机关和武装力量、各政党和各社会团体、各企业事业组织都必须遵守宪法和法律。一切违反宪法和法律的行为,必须予以追究。任何组织

① 肖燕. 中国图书馆立法的基础与需求[J]. 图书与情报,2006(1):3—5.

② 人民网. 中华人民共和国宪法(全文)[EB/OL]. (2004 - 03 - 15)[2013 - 07 - 22]. http://www.people.com.cn/BIG5/shehui/1060/2391834.html.

或者个人都不得有超越宪法和法律的特权。”

第十二条：“社会主义的公共财产神圣不可侵犯。国家保护社会主义的公共财产。禁止任何组织或者个人用任何手段侵占或者破坏国家的和集体的财产。”

第十五条：“国家实行社会主义市场经济。国家加强经济立法，完善宏观调控。国家依法禁止任何组织或者个人扰乱社会经济秩序。”

第十九条：“国家发展社会主义的教育事业，提高全国人民的科学文化水平。国家举办各种学校，普及初等义务教育，发展中等教育、职业教育和高等教育，并且发展学前教育。国家发展各种教育设施，扫除文盲，对工人、农民、国家工作人员和其他劳动者进行政治、文化、科学、技术、业务的教育，鼓励自学成才。国家鼓励集体经济组织、国家企业事业组织和其他社会力量依照法律规定举办各种教育事业。”

第二十条：“国家发展自然科学和社会科学事业，普及科学和技术知识，奖励科学研究成果和技术发明创造。”

第二十三条：“国家培养为社会主义服务的各种专业人才，扩大知识分子的队伍，创造条件，充分发挥他们在社会主义现代化建设中的作用。”

第四十七条：“中华人民共和国公民有进行科学研究、文学艺术创作和其他文化活动的自由。国家对于从事教育、科学、技术、文学、艺术和其他文化事业的公民的有益于人民的创造性工作，给以鼓励和帮助。”①

要真正落实宪法之公共文化服务立法专指条款，并使其具有可操作性，还需要将宪法间接条款的规定转变为专门法规定，通过结合公共文化领域的具体应用需求，细化、延展宪法条款的内容，从而使公共文化服务的发展建立在上述间接条款所涉及的各方面管理制度的保障之上，使国家对公共文化事业的管理真正走上法制轨道。

二、社会环境基础

1.“依法治国”方略

党的十五大报告明确提出“依法治国”的基本方略和“建设社会主义法治国家”的基本目标，九届全国人大二次会议通过的宪法修正案确立了这一基本治国方略和目标，标志着“依法治国，建设社会主义法治国家”已经上升为国家的意志。依法治国，完善国家法律体系，体现到公共文化服务上，就是需要用法律来规范公共文化事业的建设和发展。制定“公共文化服务保障法”，可以明确政府在公共文化服务领域及其事务管理中的角色，调整、规范政府对公共文化事业的管理方式，保障涉及公共文化服务发展的政策与管理目标的落实。

2.《国家“十一五”时期文化发展规划纲要》与党的十七大报告

2006年发布的《国家“十一五”时期文化发展规划纲要》（四十七）中明确提出“加强文化立法”②；2007年，在党的十七大报告中也提出了“完善扶持公益性文化事业”的要求，要“坚持把发展公益性文化事业作为保障人民基本文化权益的主要途径，加大投入力度，加强

---

① 人民网. 中华人民共和国宪法（全文）[EB/OL].（2004-03-15）[2013-07-22]. http://www.people.com.cn/BIG5/shehui/1060/2391834.html.

② 国家“十一五”时期文化发展规划纲要（全文）[EB/OL].（2006-09-13）[2013-07-18]. http://news.xinhuanet.com/politics/2006-09/13/content_5087533_10.htm.

社区和乡村文化设施建设”①。公共文化事业的法制化是我国文化事业发展的根本保障，公共文化服务立法活动探讨的就是坚持公益性、基本性、均等性等原则，更好地保障广大公民的文化权益的问题。

3. 十七届六中全会的《中共中央关于深化文化体制改革推动社会主义文化大发展大繁荣若干重大问题的决定》与《国家“十二五”时期文化改革发展规划纲要》

2011 年 10 月，党的十七届六中全会《中共中央关于深化文化体制改革推动社会主义文化大发展大繁荣若干重大问题的决定》中提出了“加快文化立法，制定和完善公共文化服务保障、文化产业振兴、文化市场管理等方面法律法规，提高文化建设法制化水平”的战略任务，其中首先提到的文化立法任务就落实在公共文化服务保障方面，要求制定公共文化服务保障法律②。2012 年年初发布的《国家“十二五”时期文化改革发展规划纲要》又提出“加快文化立法，制定和完善公共文化服务保障、文化产业振兴、文化市场管理等方面法律法规”，规划了“十二五”时期建立健全文化法律法规体系、将文化建设的重大政策适时上升为法律法规、提高文化建设法制化水平的具体任务③。

4. 十八届三中全会的《中共中央关于全面深化改革若干重大问题的决定》与《关于加快构建现代公共文化服务体系的意见》

2013 年 11 月，党的十八届三中全会通过了《中共中央关于全面深化改革若干重大问题的决定》提出要“构建现代公共文化服务体系”，为推进建设具有时代特征和符合国情的公共文化服务体系提供了有力支撑。根据这一精神，2015 年 1 月，中共中央办公厅、国务院办公厅印发了《关于加快构建现代公共文化服务体系的意见》，并发出通知，要求各地区各部门结合实际认真贯彻执行。关于文化立法，该意见中针对公共文化立法问题明确提出，要“建立健全公共文化服务法律体系”“加快出台公共文化服务保障法等相关法律法规，为现代公共文化服务体系建设提供法律支撑”④。

三、相关法律法规基础

1.《中华人民共和国立法法》(2015 年 3 月 15 日第十二届全国人大第三次会议最新修订)

该法将所有法律规范区分为法律、行政法规、地方性法规、自治条例和单行条例、规章五种类型，并规定了每一种类型法律规范的立法权限和立法程度。《中华人民共和国立法法》对规范我国立法活动，健全国家立法法制，建立和完善有中国特色的社会主义法律体系起了很大的作用。加上 2001 年 11 月国务院相继出台的《行政法规制定程序条例》和《规章制定程序条例》，这三部法律法规对我们认识我国的法律体系、了解立法现状起到了很大的作用，同时也对我国公共文化服务领域的立法实践有很大的指导意义。

---

① 胡锦涛在中国共产党第十七次全国代表大会上的报告[EB/OL]. (2007 - 10 - 24)[2013 - 07 - 22]. http://news.xinhuanet.com/newscenter/2007-10/24/content_6938568.htm.

② 关于深化文化体制改革，推动社会主义文化大发展大繁荣若干重大问题的决定[EB/OL]. (2011 - 10 - 25)[2013 - 07 - 22]. http://www.gov.cn/jrzg/2011-10/25/content_1978202.htm.

③ 国家“十二五”时期文化改革发展规划纲要[EB/OL]. (2012 - 05 - 10)[2013 - 07 - 22]. http://59.252.212.6/auto255/201205/t20120510_28451.html.

④ 中共中央办公厅、国务院办公厅印发《关于加快构建现代公共文化服务体系的意见》[EB/OL]. (2015 - 01 - 15)[2015 - 03 - 22]. http://culture.people.com.cn/n/2015/0115/c1013-26387591.html.

2.《中华人民共和国教育法》(1995 年 3 月 18 日第八届全国人大第三次会议通过)

其中第五十条明确规定:“图书馆、博物馆、科技馆、文化馆、美术馆、体育馆(场)等社会公共文化体育设施,以及历史文化古迹和革命纪念馆(地),应当对教师、学生实行优待,为受教育者接受教育提供便利。广播、电视台(站)应当开设教育节目,促进受教育者思想品德、文化和科学技术素质的提高。”第五十二条规定:“国家鼓励社会团体、社会文化机构及其他社会组织和个人开展有益于受教育者身心健康的社会文化教育活动。”公共文化服务设施、活动的提供与开展,既是青少年学校教育的有效补充,也是公民终身教育和建立学习型社会的有效途径。

3.《中华人民共和国著作权法》(2010 年 2 月 26 日第十一届全国人大常务委员会第十三次会议最新修订)

该法第四章规范了“出版、表演、录音录像、播放”过程中的著作权问题,这与公共文化服务所提供的产品、活动密切相关。

4.《中华人民共和国文物保护法》(2013 年 6 月 29 日第十二届全国人大常务委员会第三次会议最新修订)

该法第四章、第五章分别对博物馆、图书馆和其他收藏单位的馆藏文物以及民间收藏文物进行了法律规范,并明确了法律责任,这为“公共文化服务保障法”制定中对文博事业的界定和规范具有指导和借鉴意义。

5.《博物馆条例》(2015 年 1 月 14 日国务院第 78 次常务会议通过)

该条例分为 6 章 47 条,对博物馆的设立、变更与终止,博物馆管理,博物馆社会服务,法律责任等内容做出了详细规定,自 2015 年 3 月 20 日起施行,为博物馆开展业务和服务提供了根本的法律依据。

6.《中华人民共和国档案法》(1996 年 7 月 5 日第八届全国人大常务委员会第十二次会议最新修订)

该法中所称的档案,是指“过去和现在的国家机构、社会组织以及个人从事政治、军事、经济、科学、技术、文化、宗教等活动直接形成的对国家和社会有保存价值的各种文字、图表、声像等不同形式的历史记录”,并声明“一切国家机关、武装力量、政党、社会团体、企业事业单位和公民都有保护档案的义务”。“公共文化服务保障法”中对于档案文件的处理也应参照该法律规定,并与其保持一致。

7.《中华人民共和国公益事业捐赠法》(1999 年 6 月 28 日第九届全国人大常务委员会第十次会议通过)

该法第一章第三条中明确规定,“所称公益事业是指非营利的下列事项:……(二)教育、科学、文化、卫生、体育事业;(三)环境保护、社会公共设施建设;(四)促进社会发展和进步的其他社会公共和福利事业”。同时对捐赠和受赠,以及捐赠财产的使用和管理做出了详细规范,这为公共文化服务中涉及公益性文化机构、组织和捐赠等相关问题的处理提供了依据。

8.《中华人民共和国科学普及法》(2002 年 6 月 29 日第九届全国人大常务委员会第二十八次会议通过)

第十六条:新闻出版、广播影视、文化等机构和团体应当发挥各自优势做好科普宣传工作:综合类报纸、期刊应当开设科普专栏、专版;广播电台、电视台应当开设科普栏目或者转播科普节目;影视生产、发行和放映机构应当加强科普影视作品的制作、发行和放映;书刊出版、发行机构应当扶持科普书刊的出版、发行；综合性互联网站应当开设科普网页；科技馆（站）图书馆、博物馆、文化馆等文化场所应当发挥科普教育的作用。

9.《中华人民共和国残疾人保障法》（2008 年 4 月 24 日第十一届全国人大常务委员会第二次会议最新修订）

第四十一条：国家保障残疾人享有平等参与文化生活的权利。各级人民政府和有关部门鼓励、帮助残疾人参加各种文化、体育、娱乐活动，积极创造条件，丰富残疾人精神文化生活。

第四十二条：残疾人文化、体育、娱乐活动应当面向基层，融于社会公共文化生活，适应各类残疾人的不同特点和需要，使残疾人广泛参与。

第四十三条：政府和社会采取下列措施，丰富残疾人的精神文化生活：

通过广播、电影、电视、报刊、图书、网络等形式，及时宣传报道残疾人的工作、生活等情况，为残疾人服务；

组织和扶持盲文读物、盲人有声读物及其他残疾人读物的编写和出版，根据盲人的实际需要，在公共图书馆设立盲文读物、盲人有声读物图书室；

开办电视手语节目，开办残疾人专题广播栏目，推进电视栏目、影视作品加配字幕、解说；

组织和扶持残疾人开展群众性文化、体育、娱乐活动，举办特殊艺术演出和残疾人体育运动会，参加国际性比赛和交流；

文化、体育、娱乐和其他公共活动场所，为残疾人提供方便和照顾。有计划地兴办残疾人活动场所。

另外，《中国残疾人事业“十一五”发展纲要》《中国残疾人事业“十二五”发展纲要》的部分相关条款均涉及了公共文化机构及其为残疾人开展的公共文化服务。

10. 其他相关法规及条例

上述法律条文中均有对公共文化服务从不同角度的要求或指导，为“公共文化服务保障法”的制定提供了一定的参照标准与法学依据。同时，国务院以及各部委等职能部门还制定出台了一系列与公共文化服务内容紧密相关的法规和规章，其中较为重要的法规、规章如表 1－2 所示：

表 1－2　2000—2012 年公共文化服务相关法规条例一览表

序号	制定/颁布单位	文件名称	发布时间
1	全国人大常委会	《中华人民共和国专利法（修正）》	2008 年 12 月
2		《中华人民共和国侵权责任法》	2009 年 12 月
3	国务院/国务院办公厅	《中华人民共和国电信条例》	2000 年 9 月
4		《互联网信息服务管理办法》	2000 年 9 月
5		《广播电视设施保护条例》	2000 年 11 月
6		《印刷业管理条例》	2001 年 8 月
7		《出版管理条例》	2001 年 12 月
8		《电影管理条例》	2001 年 12 月

续表

序号	制定/颁布单位	文件名称	发布时间
9	国务院/国务院办公厅	《音像制品管理条例》	2002 年 2 月
10		《出版管理条例》	2002 年 2 月
11		《中华人民共和国著作权法实施条例》	2002 年 8 月
12		《互联网上网服务营业场所管理条例》	2002 年 9 月
13		《中华人民共和国专利法实施细则》	2002 年 12 月
14		《中华人民共和国文物保护法实施条例》	2003 年 5 月
15		《公共文化体育设施条例》	2003 年 6 月
16		《著作权集体管理条例》	2004 年 12 月
17		《营业性演出管理条例》	2005 年 7 月
18		《互联网新闻信息服务管理规定》	2005 年 9 月
19		《信息网络传播权保护条例》	2006 年 5 月
20		《大型群众性活动安全管理条例》	2007 年 9 月
21		《历史文化名城名镇名村保护条例》	2008 年 7 月
22		《广播电台电视台播放录音制品支付报酬暂行办法》	2009 年 11 月
23	文化部	《文物藏品定级标准》	2001 年 4 月
24		《互联网上网服务营业场所管理办法》	2002 年 4 月
25		《互联网文化管理暂行规定》	2003 年 5 月
26		《社会艺术水平考级管理办法》	2004 年 7 月
27		《美术品经营管理办法》	2004 年 7 月
28		《文物行政处罚程序暂行规定》	2005 年 1 月
29		《博物馆管理办法》	2005 年 12 月
30		《文化部立法工作规定》	2006 年 3 月
31		《音像制品批发、零售、出租管理办法》	2006 年 10 月
32		《世界文化遗产保护管理办法》	2006 年 11 月
33		《国家级非物质文化遗产保护与管理暂行办法》	2006 年 11 月
34		《全国重点美术馆评估办法》	2009 年 1 月
35		《文物认定管理暂行办法》	2009 年 8 月
36		《营业性演出管理条例实施细则》	2009 年 8 月
37		《乡镇综合文化站管理办法》	2009 年 9 月
38		《国家级非物质文化遗产项目代表性传承人认定与管理暂行办法》	2008 年 5 月
39		《互联网文化管理暂行规定》	2011 年 3 月
40		《文化统计管理办法》	2012 年 7 月
41		《大运河遗产保护管理办法》	2012 年 8 月

续表

序号	制定/颁布单位	文件名称	发布时间
42	国家广电总局	《广电总局社会团体管理暂行办法》	2000 年 7 月
43		《广播电视设施保护条例》	2000 年 11 月
44		《特种电影管理暂行办法》	2002 年 12 月
45		《广播电视编辑记者、播音员主持人资格管理暂行规定》	2004 年 6 月
46		《互联网等信息网络传播视听节目管理办法》	2004 年 7 月
47		《广播电视节目传送业务管理办法》	2004 年 7 月
48		《广播电视节目制作经营管理规定》	2004 年 7 月
49		《广播电台电视台审批管理办法》	2004 年 8 月
50		《广播电影电视立法程序规定》	2004 年 8 月
51		《广播影视节(展)及节目交流活动管理规定》	2004 年 9 月
52		《境外电视节目引进、播出管理规定》	2004 年 9 月
53		《中外合作制作电视剧管理规定》	2004 年 9 月
54		《电视剧审查管理规定》	2004 年 9 月
55		《电影企业经营资格准入暂行规定》	2004 年 10 月
56		《境外电视节目引进、播出管理规定》	2004 年 10 月
57		《广播电视无线传输覆盖网管理办法》	2004 年 12 月
58		《广播电影电视系统内部审计工作规定》	2005 年 1 月
59		《广播电影电视行业统计管理办法》	2005 年 3 月
60		《数字电影发行放映管理办法(试行)》	2005 年 7 月
61		《互联网视听节目服务管理规定》	2007 年 12 月
62		《广播电视广告播出管理办法》	2009 年 9 月
63		《广播电视安全播出管理规定》	2009 年 12 月
64		《电视剧内容管理规定》	2010 年 5 月
65		《电影艺术档案管理规定》	2010 年 6 月
66		《有线广播电视运营服务管理暂行规定》	2011 年 11 月
67	新闻出版总署	《印刷业经营者资格条件暂行规定》	2001 年 11 月
68		《互联网出版管理暂行规定》	2002 年 6 月
69		《出版专业技术人员职业资格管理暂行规定》	2002 年 9 月
70		《印刷品承印管理规定》	2002 年 12 月
71		《著作权行政处罚实施办法》	2003 年 9 月
72		《音像制品出版管理规定》	2004 年 6 月
73		《出版物市场管理规定》	2004 年 6 月
74		《图书质量管理规定》	2004 年 12 月

续表

序号	制定/颁布单位	文件名称	发布时间
75	新闻出版总署	《新闻出版统计管理办法》	2005年2月
76		《期刊出版管理规定》	2005年9月
77		《报纸出版管理规定》	2005年9月
78		《音像制品制作管理规定》	2008年2月
79		《出版专业技术人员职业资格管理规定》	2008年2月
80		《图书出版管理规定》	2008年2月
81		《电子出版物管理规定》	2008年2月
82		《期刊出版管理规定》	2008年4月
83		《著作权行政处罚实施办法》	2009年5月
84		《复制管理办法》	2009年7月
85		《报刊记者站管理办法》	2009年8月
86		《新闻记者证管理办法》	2009年8月
87		《著作权质权登记办法》	2010年12月
88		《出版物市场管理规定》	2011年3月
89		《音像制品进口管理办法》	2011年4月
90	国家版权局	《计算机软件著作权登记办法》	2002年2月
91		《著作权行政处罚实施办法》	2003年7月
92		《互联网著作权行政保护办法》	2005年4月
93	国家文物局	《世界文化遗产申报工作规程(试行)》	2013年8月
94	商务部	《展会知识产权保护办法》	2006年1月
95	工业和信息化部	《互联网信息服务管理办法》	2002年4月
96	文化部、国家档案局	《艺术档案管理办法》	2001年12月
97	文化部、住建部、发改委	《公共图书馆建设标准》	2008年11月
98		《文化馆建设标准》	2010年12月
99	文化部、住建部、国土资源部	《公共图书馆建设用地指标》	2008年6月
100		《文化馆建设用地指标》	2008年10月
101	文化部、国家质检总局、国家标准化管理委员会	《公共图书馆服务规范》	2012年1月
102	国家广电总局、信息产业部	《互联网视听节目服务管理规定》	2008年1月
103	国家广电总局、国家档案局	《电影艺术档案管理规定》	2010年8月

四、现行政策基础

近年来,中共中央、国务院其他相关职能部门还通过制定颁布一系列促进公共文化事业发展的政策性文件,指导、规范、促进了公共文化事业的发展,由于数量较多,仅列出2005年以来发布的重要文件,如表1-3所示:

表1-3　2005—2013年促进公共文化服务发展的重要规范性文件一览表

序号	制定/颁布单位	文件名称	发布时间
1	全国人大常委会	《全国人民代表大会常务委员会关于批准〈保护和促进文化表现形式多样性公约〉的决定》	2006年12月
2		《全国人民代表大会常务委员会关于加入〈世界知识产权组织版权条约〉的决定》	2006年12月
3		《全国人民代表大会常务委员会关于加入〈世界知识产权组织表演和录音制品条约〉的决定》	2006年12月
4	中共中央	《关于构建社会主义和谐社会若干重大问题的决定》	2006年10月
5		《中共中央关于深化文化体制改革推动社会文化大发展大繁荣若干重大问题的决定》	2011年10月
6	中共中央/国务院/国务院办公厅	《关于加强我国非物质文化遗产保护工作的意见》	2005年3月
7		《关于进一步加强农村文化建设的意见》	2005年11月
8		《关于推进社会主义新农村建设的若干意见》	2005年12月
9		《关于加强文化遗产保护的通知》	2005年12月
10		《关于深化文化体制改革的若干意见》	2006年1月
11		《关于进一步做好新时期广播电视村村通工作的通知》	2006年9月
12		《国家"十一五"时期文化发展规划纲要》	2006年9月
13		《关于鼓励和支持文化产品和服务出口的若干政策》	2006年11月
14		《关于加强公共文化服务体系建设的若干意见》	2007年8月
15		《国家知识产权战略纲要》	2008年6月
16		《关于进一步繁荣发展少数民族文化事业的若干意见》	2009年7月
17		《关于促进电影产业繁荣发展的指导意见》	2010年1月
18		《国家"十二五"时期文化改革发展规划纲要》	2012年2月
19	文化部	《关于全国博物馆、纪念馆免费开放的通知》	2008年1月
20		《关于开展全国基层文化队伍培训工作的意见》	2010年9月
21		《关于推进全国美术馆、公共图书馆、文化馆(站)免费开放工作的意见》	2011年1月
22		《文化部"十二五"时期文化改革发展规划》	2012年5月
23		《全国公共图书馆事业发展"十二五"规划》	2013年1月

续表

序号	制定/颁布单位	文件名称	发布时间
24	文化部	《全国文化信息资源共享工程“十二五”规划纲要》	2013 年 1 月
25		《文化部“十二五”时期公共文化服务体系建设实施纲要》	2013 年 1 月
26		《文化部“十二五”文化科技发展规划》	2012 年 9 月
27		《文化标准化中长期发展规划》	2007 年 8 月
28	国家广电总局	《广播影视知识产权战略实施意见》	2010 年 11 月
29		《广播影视“十二五”立法工作规划》	2011 年 1 月
30		《广播影视“十二五”人才发展规划》	2010 年 10 月
31	新闻出版总署	《关于进一步推动全民阅读活动的通知》	2009 年 3 月
32		《新闻出版业“十二五”时期发展规划》	2011 年 4 月
33		《新闻出版业“十二五”时期发展专项规划》	2011 年 4 月
34	国家版权局	《关于加强图书馆著作权保护工作的通知》	2009 年 10 月
35		《版权工作“十二五”规划》	2011 年 4 月
36	中宣部、财政部	《关于进一步支持文化事业发展的若干经济政策》	2006 年 6 月
37	财政部、国家文物局	《文物事业单位财务制度》	2012 年 12 月
38	文化部、财政部	《关于进一步推进全国文化信息资源共享工程的实施意见》	2007 年 4 月
39	国家发展改革委、文化部、国家文物局	《全国地市级公共文化设施建设规划》	2012 年 2 月
40	国家广电总局、国家发展改革委、财政部、文化部	《关于做好农村电影工作意见的通知》	2007 年 5 月
41	国家发展改革委、国家广电总局	《全国“十二五”广播电视村村通工程建设规划》	2011 年 8 月
42	国家民委、文化部	《关于进一步加强少数民族古籍保护工作的实施意见》	2008 年 1 月
43	国家文物局	《关于进一步做好公共博物馆纪念馆免费开放工作的意见》	2010 年 1 月

由表 1 - 3 可知,自 2005 年以来,国家先后出台了一批与公共文化服务相关的意见、规划与纲要,其中既有对公共文化服务整体进行布局的大政方针,也有针对特定行政层级(如农村、地市级)、特定机构(如文化事业单位、公共图书馆)或重大文化工程(如文化信息资源共享工程)的专门的规划设计,体现出在政策制定过程中普遍性与特殊性相结合的特点。

五、国际法基础

一般而言,对于国际条约、协定、宣言、章程一类规范文件,缔约国可以在国内法中直接运用,也可采取其他方式加以落实,但不论采取什么方式,遵守原则是应尽的义务,另外,我国国内法中也规定了我国缔结或参加的国际条约和国际惯例的法律效力①。任何一个国家的公共文化法律体系建设都追求具有本国特色,但是,在全球化的今天,同样也要考虑国际惯例,也应具备国际法基础②。因此,与公共文化服务相关的、具有国际指导意义的国际条约、协定、宣言、章程等,既是一国文化法律体系建设的重要参考,也是一国公共文化事业以开放的姿态走向世界的重要方针。

1. 与公民文化权利相关的国际公约

(1)《世界人权宣言》(联合国大会 1948 年 12 月 10 日通过)

(2)《经济、社会及文化权利国际公约》(联合国大会 1966 年 12 月 16 日通过,1997 年 10 月 27 日中国政府签署该公约,2001 年 2 月 28 日全国人大常委会批准加入该公约)

该公约中涉及公共文化服务的内容有:第 1 部分第 1 条第 1 点规定,"所有人民都有自决权,他们凭这种权利自由决定他们的政治地位,并自由谋求他们的经济、社会和文化的发展";第 2 部分第 2 条第 2 点规定,"本公约缔约各国承担保证本公约所宣布的权利应予普遍行使"。另外,该公约第 15 条第 1 点规定,"本公约缔约各国承认人人有权参加文化生活;享受科学进步及其应用所产生的利益;对其本人的任何科学、文学或艺术作品所产生的精神上和物质上的利益,享受被保护之利"。这体现了在公共文化服务中,人人都有权利参与和享有公共文化服务及文化生活。

(3)《公民权利及政治权利国际公约》(联合国大会 1966 年 12 月 16 日通过,1998 年 10 月 5 日中国政府签署该公约)

公约第 1 条规定,所有人民都有自决权,他们凭这种权利自由决定他们的政治地位,并自由谋求他们的经济、社会和文化的发展;所有人民得为他们自己的目的自由处置他们的天然财富和资源。其中后一句话为个人及社会力量参与公共文化服务建设提供了依据。

(4)《关于人权新概念的决议案》(联合国大会 1977 年 12 月 16 日通过)

(5)《儿童权利国际公约》(联合国大会 1989 年 11 月 20 日通过,我国是该公约草案共同提案国之一,1990 年 8 月 29 日,我国签署了该公约,1991 年 12 月 29 日,七届全国人大常委会第二十三次会议审议批准了该公约)

第 31 条规定:儿童应有时间休息和游戏,有同等的机会参加文化和艺术活动。该条款明确规定了儿童有参与文化活动的权利,公共文化服务对落实这一权利有着不可推卸的责任。

(6)《消除对妇女一切形式歧视公约》(联合国大会 1979 年 12 月 18 日通过)

(7)《关于残疾人的世界行动纲领》(联合国大会 1982 年 12 月 3 日通过)

(8)《残疾人机会均等标准规则》(联合国大会 1993 年 12 月 20 日通过)

(9)《残疾人权利宣言》(联合国大会 1975 年 12 月 9 日决议宣布)

---

① 付立宏. 我国图书馆立法成就述评[J]. 图书馆,2005(3):48—53.

② 李国新. 中国图书馆法治若干问题研究[D]. 北京:北京大学,2005.

(10)《聋盲者权利宣言》(1977 年 9 月 16 日关于向聋盲青年和成人提供服务的“海伦凯勒世界会议”通过)

2.《保护和促进文化表现形式多样性公约》(2005 年 10 月 20 日经联合国教育、科学及文化组织第三十三届会议通过,2006 年 12 月 29 日由第十届全国人民代表大会常务委员会第二十五次会议通过)

该公约的首要目标是保护和促进文化表现形式的多样性,第三章第四条第六项将“文化政策和措施”定义为地方、国家、区域或国际层面上针对文化本身或为了对个人、群体或社会的文化表现形式产生直接影响的各项政策和措施,包括与创作、生产、传播、销售和享有文化活动、产品与服务相关的政策和措施。第四章第六条第一项明确规定了缔约方在本国的权利,即可在上述所定义的文化政策和措施范围内,根据自身的特殊情况和需求,在其境内采取措施保护和促进文化表现形式的多样性。这些措施包括:

①为了保护和促进文化表现形式的多样性所采取的管理性措施;

②以适当方式在本国境内的所有文化活动、产品与服务中为本国的文化活动、产品与服务提供创作、生产、传播、销售和享有的机会的措施,包括规定上述活动、产品与服务所使用的语言;

③为国内独立的文化产业和非正规产业部门活动能有效获取生产、传播和销售文化活动、产品与服务的手段采取的措施;

④提供公共财政资助的措施;

⑤鼓励非营利组织以及公共和私人机构、艺术家及其他文化专业人员发展和促进思想、文化表现形式、文化活动、产品与服务的自由交流和流通,以及在这些活动中激励创新精神和积极进取精神的措施;

⑥建立并适当支持公共机构的措施;

⑦培育并支持参与文化表现形式创作活动的艺术家和其他人员的措施;

⑧旨在加强媒体多样性的措施,包括运用公共广播服务。

上述权利及其所规范的文化政策和措施与我国在现行公共文化服务实践中所涵盖的范畴、使用的手段基本一致,是规范公共文化服务、发展文化事业、促进文化多样性的有效依据。

3. 文化遗产保护性公约

(1)《保护世界文化和遗产公约》(1972 年 11 月 23 日签订于联合国教育、科学及文化组织大会第十七届会议,1975 年 12 月 17 日生效,1986 年 3 月 12 日对中国生效)

(2)《保护非物质文化遗产公约》(2003 年 9—10 月在巴黎举行的第三十二届联合国教育、科学及文化组织大会上签订,2004 年 8 月 28 日第十届全国人民代表大会常务委员会第十一次会议通过)

4. 有关著作权、知识产权保护的国际公约、条约

(1)《伯尔尼保护文学及艺术品公约》(1886 年 9 月 9 日签订,1971 年 7 月 24 日巴黎修订,1979 年 9 月 28 日更改,我国在 1992 年 10 月正式加入了此公约)

(2)《世界版权公约》(1952 年 9 月 6 日签订,1971 年 7 月 24 日巴黎修订,我国在 1992 年 10 月正式加入了此公约)

(3)《世界知识产权组织版权条约》(1996 年 12 月 20 日该条约由关于版权和邻接权若干问题外交会议在日内瓦通过,2006 年 12 月 29 日第十届全国人民代表大会常务委员会第

二十五次会议通过该条约)

(4)《世界知识产权组织表演和录音制品条约》(1996 年 12 月 20 日该条约由关于版权和邻接权若干问题外交会议在日内瓦通过,2006 年 12 月 29 日第十届全国人民代表大会常务委员会第二十五次会议通过该条约)

第六节 "公共文化服务保障法"立法的可行性

"保障人民基本文化权益"既是公共文化服务的原则和目标,也是公共文化服务保障性立法的出发点与落脚点,是"公共文化服务保障法"立法的唯一必要性。而近年来政府对于文化的认识、重视与支持,加之理论研究和地方实践取得的成果,使得"公共文化服务保障法"立法也具备了现实可行性。

一、政府对于公共文化及其立法的新认识与高要求,为公共文化服务提供刚性保障

20 世纪 90 年代以来,随着人民生活水平的不断提升,"文化权利"问题在我国日益引起关注和重视。我国政府于 1997 年 10 月 27 日签署了有关文化权利的最重要的国际公约——《经济、社会和文化权利国家公约》,并于 2001 年 2 月 28 日获得第九届全国人大常委会批准,2001 年 7 月在我国正式生效。文化权利问题在我国引起了广泛关注,保障和实现广大人民群众充分享受文化成果的权利被视为执政党建设的重要内容。党的十六大提出了全面建设小康社会的奋斗目标,要求"人民的政治、经济和文化权益得到切实的尊重和保障";明确了发展文化事业和文化产业的重要性,特别提出要"加强政府对文化公益事业扶持的力度,为人民群众提供良好的公共文化服务"。2006 年 9 月,国家颁布了《"十一五"时期文化发展规划纲要》,将加强"公共文化服务"作为下一步文化建设的重要组成部分,这也使国家首次明确提出"公共文化服务"的概念。2007 年 10 月,党的十七大报告中提出要"推动社会主义文化大发展大繁荣""坚持把发展公益性文化事业作为保障人民基本文化权益的主要途径,加大投入力度,加强社区和乡村文化设施建设",并提出要将"覆盖全社会的公共文化服务体系基本建立"。

2011 年 10 月,十七届六中全会审议通过了《中共中央关于深化文化体制改革推动社会主义文化大发展大繁荣若干重大问题的决定》,这是自十七大以来首次将"文化"命题作为中央全会的议题,也是继 1996 年十四届六中全会讨论思想道德和文化建设问题之后,党的决策层再一次集中讨论文化问题。关于公共文化服务,该决定指出"必须坚持政府主导,按照公益性、基本性、均等性、便利性的要求,加强文化基础设施建设,完善公共文化服务网络,让群众广泛享有免费或优惠的基本公共文化服务"。随后在 2012 年 2 月,根据十七届六中全会的《中共中央关于深化文化体制改革推动社会主义文化大发展大繁荣若干重大问题的决定》以及《中华人民共和国国民经济和社会发展第十二个五年规划纲要》中的相关要求和内容,中共中央办公厅、国务院办公厅印发了《国家"十二五"时期文化改革发展规划纲要》,其中第八部分"文化体系"中对"加快构建公共文化服务体系"做出了详细规划,即"构建公共文化服务体系、加强公共文化产品和服务供给、加快城乡文化一体化发展、广泛开展群众性文化活动"。同时还提出要"加强传播体系建设""加强文化遗产保护传承与利用""加强

文化人才队伍建设”,并列举了具体的保障措施,其中明确列出了“法制保障”一项,提出要“建立健全文化法律法规体系,加快文化立法,制定和完善公共文化服务保障、文化产业振兴、文化市场管理等方面法律法规”①。这是我国自开展公共文化服务体系建设以来首次在中央文件中提出公共文化服务保障立法的要求。2013 年 10 月 30 日,十二届全国人大常委会公布了其五年立法规划,其中将“公共文化服务保障法”列为第三类项目,即具有一定的立法必要性和可行性,但涉及问题较为复杂,立法条件尚不完全具备,需要有关方面继续研究和论证的立法项目。

2013 年 11 月 12 日,党的十八届三中全会通过了《中共中央关于全面深化改革若干重大问题的决定》,第十一部分“推进文化体制机制创新”中“(40)构建现代公共文化服务体系”明确了下一步的具体建设目标,提出建立公共文化服务体系建设协调机制、群众评价和反馈机制、法人治理结构等,同时引入竞争机制,从服务设施网络、服务项目与产品、机构管理和参与方式等方面对公共文化服务体系建设做出了设计和规定。2015 年 1 月,中共中央办公厅、国务院办公厅印发了《关于加快构建现代公共文化服务体系的意见》,在“加大公共文化服务保障力度”部分提出要“建立健全公共文化服务法律体系”“加快出台公共文化服务保障法等相关法律法规,为现代公共文化服务体系建设提供法律支撑”。

可以看出,从签署《经济、社会和文化权利国家公约》,到酝酿提出“公共文化服务”的概念,再到提出“构建现代公共文化服务体系”,近二十年来,随着改革开放成果的日益积累与政府职能的转变,文化建设在政府工作中由“配角”逐渐变成了“主角”,旨在使每个公民都能享受文化建设成果、实现基本文化权益的“公共文化服务建设”成为政府履行职能的重要方面,其受重视程度和推进力度都是前所未有的。而作为公共文化服务体系建设重要保障之一的法制保障,在体系建设过程中也一直被充分考虑和反复强调。

二、地方性公共文化专项法律法规的制定与出台使得立法时机成熟,技术上有可操作性

目前,我国有多个省市已制定出台或正在制定关于公共文化服务的保障性法规、规章、条例或管理办法。正式出台和发布的地方性公共文化服务专项法规有《广东省公共文化服务促进条例》《江苏省农村公共文化服务管理办法》《上海市社区公共文化服务规定》和《深圳市基层公共文化服务规定》。与此同时,北京、福建、重庆等地也在不同程度地推进公共文化服务的保障性立法工作。

这些法规、规章均立足于文化行政管理部门职责范围内的各级公共文化服务工作,从服务设施建设、服务机构、服务提供、服务规范、社会力量参与、保障激励、法律责任等多个方面对公共文化服务进行了制度设计和法治保障,规范了基层公共文化服务体系建设的内容与标准,也为上层法律法规的设计与制定提供了示范与借鉴。

在立法时机上,公共文化服务体系的构建无论是在实践还是理论上都比较成熟,可以将公共文化服务作为一个有机整体来考虑,把各地现有政策共性的规定进行归纳并上升到法规层面予以确认和保障。各地的法规和公共政策既是制定公共文化服务综合性法规的合法性来源,也是公共文化服务保障立法的重要依据。

---

① 国家“十二五”时期文化改革发展规划纲要(全文)[EB/OL].(2012-02-16)[2013-12-29]. http://politics.people.com.cn/GB/70731/17126442.html.

三、公共文化服务相关问题的理论研究基础和实践需要

自从"公共文化服务"概念提出以后,相关问题研究迅速升温,理论体系日趋成熟。2005年11月出版的《中国公共文化服务体系建设论丛》,是由文化部公共文化司(原社会文化图书馆司)、中国文化报社主编的国内第一部公共文化服务主题论文集,集中了一些学者对构建公共文化服务体系最初的理论探索,及公共文化服务从业人员对实践的总结与思考。深圳学者集体撰写的《公共文化服务体系研究》则是国内第一本较成体系的探讨公共文化服务体系问题的专著。该书首次从公民文化权利与建设公共服务型政府角度来论述构建公共文化服务体系的合法性,理论框架涉及公共文化服务体系的主要构成、支持与保障系统、绩效管理与评估等,并在单列的专题报告中从不同方面总结了深圳多年来的实践经验。

2006年以来,公共文化服务相关问题的研究论文与专著数量增加迅速。在中国知网(CNKI)数据库中以"公共文化服务"为检索词,检得相关主题文献共5622篇,其中2005年为51篇,2006年93篇,2014年则高达1162篇。研究内容涉及公共文化服务体系的概念与要素,公共文化服务设施建设、产品供给、绩效评估、经费投入、人才培养理论等多个方面。关于公共文化服务保障性立法的理论研究成果,近年来也明显增多。通过数据库检索,2006年的研究成果仅有2篇,到了2013年则高达69篇,内容包括公共文化服务保障立法的必要性与价值研究、公共文化服务保障立法的基本问题研究、我国的文化法治与文化政策现状研究、国外文化立法与文化政策的借鉴研究、公共服务均等化立法政策研究、公共文化服务的保障机制研究、文化事业投入立法,以及公共文化服务供给和绩效评估中涉及的法律问题等。对这些具体理论问题的探讨与研究,为公共文化服务保障法的立法研究打下了良好的理论基础。

由于公共文化服务体系建设研究是一项理论与实践并重的课题,而在我国具体建设过程中的实际情况却是实践往往先于理论,许多实践活动并没有相应的理论体系指导和支撑,完全依靠决策者或实践者的预测与判断摸索开展,随意性较大;而在取得成果后又没有相应的制度和法律保障,可持续性较差,造成了人、财、物的浪费。因此,规范的法律和制度保障在目前的实践中极为需要。

第七节　立法支撑研究的内涵与原则

关于阐述的主体与重点,需要首先明确的是:立法支撑研究不是纯理论纯学术的研究,而是针对性很强的应用研究。支撑研究涉及的问题与未来"公共文化服务保障法"将要建立的基本制度、规范的重要问题相一致。但是必须强调,支撑研究不是法律本身,支撑研究的结论也不是法律条文本身①。在整个研究过程中,支撑研究应当秉持的基本原则是:

第一,以全面系统地梳理总结国内外已有理论、观点、制度、方案、事例的产生、演变与现状为基础。立法支撑研究首先应当如实呈现相关问题的历史流变与现实状况,勾勒出国内外已有法律、政策的变化轨迹和发展趋势,展现各家之言,体现不同的利益诉求,为法律的最

① 李国新.关于公共图书馆立法及其支撑研究[J].中国图书馆学报,2010(2):4—8.

终选择与决断提供比较的基础、判断的理据、参考的事实，以及全面、系统、真实的资料。

第二，以我国目前公共文化服务事业发展进程中的重大现实性问题和事关我国公共文化服务持续稳定发展的基本制度为研究重点。中国的法律是要解决中国的问题，因此首先要明确，对国外经验的借鉴，必须考虑中国的社会发展水平和公共文化事业的现实状况，考虑引进或应用的社会环境、必要性与可能性，即便是发达国家今天已经比较成熟的文化制度，有些也难以简单一味地“拿来主义”，因为发达国家制度的确立本身也经历了一个过程。其次，我国的公共文化服务事业发展面临着诸多困难和问题，试图通过制定“公共文化服务保障法”一次性解决是不现实的，这就需要我们分析研究目前阶段制约事业发展的主要问题是什么，这些问题有没有可能在今天解决，怎样解决，或者能解决到什么程度。总之，立法支撑研究必须在借鉴国际经验与立足中国国情之间、适当超前与面对现实之间、必要性与可能性之间寻求平衡，力求通过有重点、适度地解决一些事关全局的重要问题来推动事业稳步发展。

第三，以完善公共文化服务的社会功能、实现公共文化服务的社会价值、推动公共文化事业发展，进而保障公众基本文化权益、满足公众基本文化需求、促进公共文化服务体系构建为研究的指导思想。借鉴我国改革开放 30 多年法治建设的经验教训，必须明确，“公共文化服务保障法”不是公共文化服务的“保护法”，也不是公共文化机构和从业人员的“保护法”，它保护的是公众参与并享有公共文化服务的权利，从根本上说保护的是公众的基本文化权益。所有对公共文化服务本身的条件保障和制度设计，都必须站在如何更好地保障公众实现参与、享有公共文化服务的高度去审视、选择、研究和设计。为公共文化事业立法，是党和政府以人为本、以改善文化民生为重点加强社会文化领域立法思路的体现，“公共文化服务保障法”立法支撑研究在指导思想上必须体现这样的高度。

根据上述原则，立法支撑研究所涉及的问题，是与未来“公共文化服务保障法”将要建立的基本制度、规范的重要问题相一致的。“公共文化服务保障法”调节的是国家公共文化服务体系建设及公共文化服务活动开展中所产生的各种关系，这当中需要建立的制度与规范的问题分别包含在公共文化服务体系的五大子系统中。这五大子系统分别是设施网络体系、公共文化产品生产和服务供给体系、资金人才和技术支撑体系、组织支撑体系，以及运行评估体系。其中应当建立的基本制度和应当突破解决的重点问题包括公共文化服务经费保障制度、公共文化服务人才支撑制度、公共文化服务、公共文化服务绩效评价制度、公共文化服务协调机制、政府购买公共文化服务、流动服务设施建设、城乡文化一体化、法人治理结构、非营利组织的培育等。因此，第三章至第七章分别以“公共文化服务保障法”立法对五大子系统的保障为题，分别论述与探讨各个子系统在立法中所应建立的制度与规范的问题。

第二章　国内外公共文化服务管理体制与政策法规保障体系研究

第一节　我国公共文化服务保障性法律法规、政策规范现状

我国公共文化法律法规与政策规范建设，目前在数量上已经初具规模，但效力级别较高的法律法规数量较少，而以部门规章、政府政策规范性文件为主，公共文化建设的法制化程度不高，公共文化政策法规的规制力不强，难以适应我国公共文化发展战略的需要，因此公共文化的政策法规体系亟须进一步完善。

一、我国公共文化服务政策法规体系构成要素

目前，我国公共文化政策法规体系主要由以下基本要素构成：

1. 法律

法律是政策的最高表现形式。在我国现行的法律体系中，专门或主要用于规范公共文化服务的法律数量不多，主要集中在文物与文化遗产保护方面，如《文物保护法》《非物质文化遗产法》。

2. 行政法规

行政法规是指国务院为领导和管理国家各项行政工作，依据宪法和法律而制定的各类法规。行政法规由国务院发布，法规的名称主要有“条例”“规定”和“办法”。行政法规的效力等级在宪法、法律之下，在其他各种形式的规章政策之上。在现行的公共文化法律法规体系中，行政法规主要可以分为两类：一是直接规范公共文化的行政法规，如《公共文化体育设施条例》《博物馆条例》；二是与公共文化服务相关的行政法规，如《政府信息公开条例》《信息网络传播权保护条例》《公共场所卫生管理条例》等。

3. 部门规章

部门规章是国务院各部门依据法律和行政法规以及国务院的决定，在本部门的权限范围内制定和发布的调整本部门范围内的行政管理关系的规范性文件，主要形式有命令、指示、规章、办法等。与公共文化相关的部门规章，主要由文化部制定、发布，如《博物馆管理办法》《乡镇综合文化站管理办法》《世界文化遗产保护管理办法》等。

在部门规章中，近年来由国土资源部主导的公共文化服务设施建设用地指标系列，如《公共图书馆建设用地指标》《文化馆建设用地指标》等，以及住房和城乡建设部主导的公共文化服务设施建设标准系列，如《公共图书馆建设标准》《文化馆建设标准》《乡镇综合文化站建设标准》等，对公共文化服务的设施网络建设意义重大，影响深远。

4. 地方性法规和规章

与公共文化服务相关的地方性法规规章，从效力级别上看，主要有地方性法规、地方政府规章、地方政府部门规章三个层次。目前，地方性法规和规章在我国的法律体系中占有重

要地位，不仅数量多，而且对国家法律法规原则与精神在不同地区因地制宜地贯彻落实，以及制定全国统一法律法规的先行先试，均发挥着重要作用。在公共文化领域，由于全国性立法的薄弱，地方性法规规章先行先试的特点表现得尤其突出。如十七届六中全会提出的公共文化服务保障立法，国家层面的立法尚在研究阶段，广东省于 2011 年 9 月出台了《广东省公共文化促进条例》，江苏省于 2012 年 1 月出台了《江苏省农村公共文化服务管理办法》，上海市于 2012 年 11 月出台了《上海市社区公共文化服务规定》。再如国家层面的公共图书馆立法目前尚在进行过程中，地方性的公共图书馆法规早在 1997 年就已出现，目前已有多件地方性图书馆法规和政府规章，为公共图书馆的国家立法奠定了坚实的基础。

目前，公共文化领域的地方性法规和规章主要集中在公共图书馆方面，其他方面相对较少。有关公共图书馆的地方性法规目前已颁布的有 4 件，分别是：《深圳经济特区公共图书馆条例（试行）》（1997 年 7 月）、《内蒙古自治区公共图书馆管理条例》（2000 年 8 月）、《湖北省公共图书馆条例》（2001 年 7 月）、《北京市图书馆条例》（2002 年 7 月）。有关公共图书馆的省级地方政府规章目前已发布的有 4 件，分别是：《上海市公共图书馆管理办法》（1996 年 11 月发布，2001 年 11 月修订）、《河南省公共图书馆管理办法》（2002 年 7 月）、《浙江省公共图书馆管理办法》（2003 年 8 月）、《山东省公共图书馆管理办法》（2009 年 4 月）。此外还有一些省以下地方政府发布的政府规章，如《乌鲁木齐市公共图书馆管理办法》（2008 年 3 月）。同时，还有一些地方文化行政主管部门制定发布了部门规章，用以规范公共图书馆服务的标准，属于地方政府部门规章的范畴，如江西省文化厅发布的《江西省公共图书馆服务标准》（2008 年 11 月）、上海市文化广播影视管理局发布的《上海市公共图书馆行业服务标准》（2010 年 1 月）、新疆维吾尔自治区文化厅发布的《新疆维吾尔自治区公共图书馆服务标准（试行）》（2010 年 4 月）等。

有关文化馆（站）、博物馆、美术馆等公共文化服务机构的地方性法规数量较少，目前检索可见的只有《北京市博物馆条例》（2000 年 9 月）、《上海市公共文化馆管理办法》（1997 年 9 月发布，2002 年 11 月修订）、《浙江省文化馆管理办法》（2009 年 8 月）。

5. 政府规范性、指导性文件

各级政府制发的非立法性文件，俗称“红头文件”，是各级政府部署、指导工作的常规手段。内容具有约束力，要求严格遵照执行的一般称为规范性文件；内容为方向性、引导性的，约束力不强，要求结合当地实际因地制宜加以贯彻落实的，一般称为指导性文件。

在公共文化领域，政府规范性、指导性文件在整个政策法规体系中占据重要地位，因此，目前阶段，公共文化事业的建设和发展更多地需要以政府规范性、指导性文件为依据。

近年来，公共文化服务体系建设中许多重要事项是通过政府规范性文件部署和实施的。如中共中央办公厅、国务院办公厅发布的《关于进一步加强农村文化建设的意见》（2005 年 11 月 7 日）、《关于加强公共文化服务体系建设的若干意见》（2007 年 8 月 21 日），文化部和财政部发布的《关于推进全国美术馆、公共图书馆、文化馆（站）免费开放工作的意见》（2011 年 1 月 16 日）等。

对公共文化服务体系建设中的一些新情况、新问题，往往以政府指导性文件的形式对其发展方向、基本路径、主要措施做出引导，以利于各地因地制宜地加以贯彻落实。如为了引导各地重视解决公共文化服务体系“最后一公里”瓶颈问题，文化部发布了《关于加强村级文化建设的指导意见》（2011 年 3 月 3 日）；为了全面保障农民工权益、从根本上解决农民工的城市融入问题,文化部、人力资源和社会保障部、中华全国总工会联合发布了《关于进一步加强农民工文化工作的意见》(2012 年 5 月 10 日);为了推动志愿者活动的深入开展,文化部、中央文明办发布了《关于广泛开展基层文化志愿服务活动的意见》(2012 年 9 月 12 日)等。

6. 国家与行业标准

国家与行业标准指纳入国家或地方标准体系的规范。名称中有无“标准”二字,并不是判断是否为国家或行业标准的依据。如《公共图书馆建设标准》《江西省公共图书馆服务标准》,虽叫“标准”,实际上是政府部门规章。相反,《公共图书馆服务规范》(2011 年 12 月 30 日发布)虽无“标准”二字,但它却是纳入国标系列的国家标准。

我国现行的标准体系分为国家标准、行业标准、地方标准和企业标准四级。国家标准是指由国家标准化主管机构批准发布、在全国范围内统一技术要素的标准;行业标准是对没有国家标准而又需要在全国某个行业范围内统一技术要求所制定的标准;地方标准是对没有国家标准和行业标准而又需要在省、自治区、直辖市范围内统一技术要素或要求的标准。按性质区分,标准分为强制性标准和推荐性标准两类。按标准化对象区分,标准分为技术标准、管理标准和工作标准三类。

在我国现行的标准体系中,国家标准、行业标准和地方标准中都有与公共文化相关的部分。从内容上看,相关部分主要涉及三个方面:①公共文化设施建设、运营管理中事关公众人身和财产安全、重大社会公共利益的强制性标准。如《建筑设计防火规范》(GB 50016—2006),《建筑工程抗震设防分类标准》(GB 50223—2008)、《公共建筑节能设计标准》(GB 50189—2005 等)。②规范公共文化服务质量的推荐性标准。其中有国家标准,如《公共图书馆服务规范》(GB/T 28220—2011);也有地方标准,如《山东省图书借阅服务规范》(DB37/T1075—2008)。③文化行业标准。这类标准数量最多,集中在与公共文化相关的技术性、工作标准性的行业标准上,如《古籍定级标准》《舞台灯光图符代号及制图规则》等。文化行业标准的制定、修订、发布、实施由文化部归口管理。文化部所属专业标准化技术委员会是文化行业标准体系框架的编制者、标准立项和制订计划建议的提出者、标准内容的审查和鉴定者。目前,经国家标准化管理委员会批准的文化部所属专业标准化技术委员会共有 8 个,分别是:全国剧场标准化技术委员会、全国剧场标准化委员会舞台机械分技术委员会、全国图书馆标准化技术委员会、全国文化馆标准化技术委员会、全国网络文化标准化技术委员会、全国文化娱乐场所标准化技术委员会、全国社会艺术水平考级服务标准化技术委员会、全国文化艺术资源标准化技术委员会。

二、我国公共文化政策法规体系的主要特点

1. 公共文化法制建设薄弱,政策法规的规制力不强

与中国特色社会主义法律体系已经形成的总体格局相比,文化法制建设相对滞后,公共文化法制建设尤其薄弱,政策法规的规制力不强。到 2010 年年底,我国已经制定现行有效法律 236 件,与法律配套的行政法规 690 多件,地方性法规 8600 多件①。与这一数量相比,

① 吴邦国. 到 2010 年底,我国已制定现行有效法律 236 件、行政法规 690 多件[EB/OL]. (2011-03-10)[2013-12-19]. http://news.xinhuanet.com/politics/2011-03/10/c_121170956.htm.

目前我国的文化法制建设明显滞后。即便在广义的文化范畴内,效力级别属于国家法律的也只有《文物保护法》《非物质文化遗产法》《国家通用语言文字法》等寥寥几种。国务院颁布的行政规章在大文化的范畴内大约有30多件,除《公共文化体育设施条例》外,大多是有关出版、演出、广播、电视、互联网、著作权等方面的,与公共文化相关度不高。至于专门规范公共图书馆、文化馆(站)、博物馆、美术馆等公共文化机构运行和服务的国家法律法规,目前尚属空白,地方性法规虽有但为数不多。总体上看,目前我国的公共文化事业还处于主要依靠部门规章、团体和行业规定行事的层次,还没有走上法制化轨道。加快文化立法,特别是加快公共文化立法,提高文化建设法制化水平,是未来文化建设的重要任务。

2. 在公共文化涉及的主要部门中,政策法规建设发展不平衡

总体而言,公共图书馆领域相对完善,博物馆次之,文化馆(站)最为薄弱。目前,公共图书馆领域政策法规体系的框架已经基本形成。《公共图书馆法》是国家法律,立法进程于2008年启动,目前在正常推进。地方性公共图书馆法规和规章已经有10件以上。公共图书馆的设施建设、公众服务、行业自律都已经有了基本的规范,业务工作和数字化建设的标准规范已经出台了一批。博物馆领域的地方性法规开始出现,但目前数量还有限,仅见于北京市。作为国务院行政规章的《博物馆条例》,以及部门规章《博物馆建设标准》都在研究制定过程中。地方性的博物馆服务标准已在一些地区开始试行,如北京市文物局于2011年开始试行的《北京地区博物馆接待服务标准及工作流程》,安徽省文物局于2012年开始试行《安徽省博物馆服务标准》等。从目前的态势看,博物馆领域的法制建设近年来会有突破。文化馆领域目前最高层级的管理规范是1992年文化部发布的《群众艺术馆文化馆管理办法》,属国务院部门规章,今天看其内容已经基本过时,目前正在修订过程中。文化馆方面的地方政府规章数量不多,仅见《浙江省文化馆管理办法》和《上海市公共文化馆管理办法》。乡镇综合文化站的设施建设,有住房和城乡建设部、国家发改委2012年出台的《乡镇综合文化站建设标准》,管理规范目前最高层级的是2009年文化部发布的《乡镇综合文化站管理办法》。有关文化馆(站)的服务规范,目前只有少数几种层级较低的地方性政府部门规章,如安徽省文化厅发布的《安徽省文化馆服务标准(试行)》、新疆维吾尔自治区文化厅发布的《新疆维吾尔自治区群艺馆文化馆服务标准(试行)》。文化馆(站)的业务规范、数字化建设标准目前基本上是空白。未来公共文化主要部门建设、运行、服务的政策法规建设,重点应是文化馆(站)、博物馆、美术馆等薄弱环节。

3. 相关政策法规对公共文化建设的关注度不高,说明公共文化的社会认知程度还比较低

公共文化是一项社会事业。公共文化建设与许多领域、许多方面密切相关。比如公共文化设施建设涉及土地管理、城市规划、建筑施工等,公共文化机构运行服务涉及经费和人员保障、资源建设、网络管理、著作权保护等。所谓公共文化政策法规体系,从政策法规的类型上说,应该是法律、行政法规、司法解释、部门规章、团体规定、行业规范、政府文件等相辅相成,互为补充;从政策法规的内容上说,应该既包括公共文化方面的专门法律法规,又包括与公共文化相关的其他领域、其他方面的法律法规,如财政预算、土地管理、城市规划、设施建设、人事管理等方面的政策法规。从某种意义上说,相关领域、相关方面的政策法规关注到公共文化建设,对与公共文化相关的事项做出规定,其规制力更为有效,实际效果也更好。因此,相关领域、相关方面的政策法规对公共文化建设的关注程度,是公共文化政策法规体

系健全完善程度的重要指标。目前我国的公共文化政策法规体系,“相关法”的要素还比较薄弱,相关领域和方面对公共文化建设的关注程度还比较低,根本原因是公共文化的社会认知程度还比较低。因此,在加强公共文化政策法规建设的同时,强化相关领域、相关方面政策法规对公共文化的关注程度和规制力度,是提高公共文化法制化水平的重要任务。

4. 公共文化服务设施规划和建设规范推进迅速,成果突出,在国际范围内独树一帜

以“建设用地指标”和“建设标准”系列为代表。到目前,公共图书馆和文化馆的“建设用地指标”和“建设标准”,以及科技馆、乡镇综合文化站的“建设标准”已经正式颁布,博物馆的“建设标准”编制工作已经启动。“建设用地指标”主要规范了公共文化服务设施“建在哪”的问题,提出了我国目前阶段各类公共文化服务设施的服务半径、覆盖面积指标;“建设标准”主要规范了公共文化服务设施“怎么建”的问题,提出了我国目前阶段各类公共文化服务设施的规模面积控制原则和指标。一系列公共文化服务设施建设用地指标和建设标准的颁布,使我国的公共文化服务设施建设迅速走上了有法可依的道路。

服务标准方面的政策法规建设以作为国家标准发布的《公共图书馆服务规范》和一些地方性的公共图书馆、文化馆(站)、博物馆等公共文化机构服务标准为代表。目前,全国性的文化馆服务标准、乡镇综合文化站服务标准、社区文化中心服务标准、乡镇图书馆服务标准都在研究制定过程中。服务标准较多地出现,说明公共文化服务机构“服务为本”的理念已经深入人心,提升服务能力、改善服务效益的问题已经引起了高度重视。

5. 综合性公共文化服务保障和促进政策法规建设已经引起重视

目前我国公共文化政策法规体系不完善的标志之一,是政策法规的层次体系不健全。比如目前制定过程中的《公共图书馆法》,其法源依据只有《宪法》可写,《公共图书馆法》缺少具有统领关系的上位法。近年来,构建公共文化服务体系成为国家战略,公共图书馆、文化馆(站)、博物馆、美术馆等公益性文化机构成为公共文化服务体系的组成部分,十七届六中全会提出加快文化立法、提高文化建设法制化水平的任务后,制定公共文化服务保障和促进政策法规引起了高度重视。目前,《广东省公共文化促进条例》和《江苏省农村公共文化服务管理办法》已经出台,国家社科基金重大项目、教育部重大攻关项目等高层次的研究都有公共文化立法方面的课题,可以预料,综合性的公共文化服务保障和促进政策法规近期会形成突破,这对完善我国的公共文化政策法规体系具有重要意义。

三、公共文化服务设施建设的规范标准

1. 建设用地指标

所谓建设用地指标,是指“在平均先进的生产工艺、规划设计、技术经济水平和通常的场地条件下,一个建设项目(或单项工程)的主体工程和配套工程所需占用的额定土地面积”①。建设用地指标的规划,应遵循 2008 年 1 月 1 日起施行的《中华人民共和国城乡规划法》。结合《公共文化体育设施条例》的规定,公共文化设施的建设预留地,由县级以上地方人民政府土地行政主管部门、城乡规划行政主管部门按照国家有关用地定额指标,纳入土地

① 国土资源部. 关于印发《工程项目建设用地指标编制工作暂行办法》的通知(1989 国土〔建〕字第 169 号)[EB/OL]. (2008-06-06)[2013-12-21]. http://www.mlr.gov.cn/sy/rdtj/201002/t20100209_137143.htm.

利用总体规划和城乡规划，并依照法定程序审批。公共文化设施建设用地指标，既要考虑确定单项设施建设用地规模的需要，同时也要通盘考虑、规划预留整个地区的公共文化设施建设用地。

建设用地指标是编制和审批设计任务书（或可行性研究报告）、确定项目建设用地规模的依据，是编制初步设计文件、核定和审批建设项目用地面积的尺度。目前，由国务院有关部门已经制定实施的公共文化设施的建设用地指标，主要有《公共图书馆建设用地指标》（建标〔2008〕74 号）、《文化馆建设用地指标》（建标〔2008〕128 号）。另外，《博物馆建设用地指标》已经完成初稿。

《公共图书馆建设用地指标》和《文化馆建设用地指标》，主编部门均是文化部，批准部门是住房和城乡建设部、国土资源部和文化部。前者自 2008 年 6 月 1 日起正式施行，后者自 2008 年 10 月 1 日施行。这两项建设用地指标，是公共图书馆、文化馆用地选址和总平面规划设计时确定所需用地面积的全国统一标准；是编制和审批公共图书馆、文化馆项目建议书或可行性研究报告，确定建设用地规模的依据；是编制初步设计文件，核定和审批建设项目用地面积的依据；也是编制城市规划确定公共图书馆、文化馆发展用地的依据。适用于县级以上（含县级）人民政府投资新建、改建或扩建的公共图书馆、文化馆工程，其他级别的公共图书馆、文化馆（站）可参照执行。

2. 设施建设标准

目前，公共文化服务设施的建设标准编制工作，已经制定完成并开始实施的，主要有《公共图书馆建设标准》（建标〔2008〕150 号）、《文化馆建设标准》（建标〔2010〕136 号）、《乡镇综合文化站建设标准》（建标 160—2012）、《档案馆建设标准》《科学技术馆建设标准》等。《博物馆建设标准》的编制工作也已经启动，《剧场建设标准》等编制工作也正在酝酿之中。

其中，《公共图书馆建设标准》《文化馆建设标准》和《乡镇综合文化站建设标准》的主编部门是文化部，批准部门是住房和城乡建设部、国家发展和改革委员会，前者自 2008 年 11 月 1 日起施行，后者自 2010 年 12 月 1 日起施行。

《公共图书馆建设标准》《文化馆建设标准》和《乡镇综合文化站建设标准》是公共图书馆和文化馆（站）建设项目科学决策和合理确定项目建设水平的全国统一标准，是审批核准公共图书馆和文化馆（站）建设项目的依据，是有关部门审查公共图书馆和文化馆（站）建设项目初步设计和监督检查工程项目建设全过程的尺度。建设标准适用于县级以上（含县级）人民政府投资新建、改建或扩建的公共图书馆、文化馆工程，具有规范性和一定的强制性。其他级别的公共图书馆、文化馆（站）可参照执行。

《公共图书馆建设标准》《文化馆建设标准》和《乡镇综合文化站建设标准》确定了公共图书馆、文化馆（站）建设项目的规模分级和项目构成，给出了总建筑面积和分项面积控制指标，提出了建设选址、总体布局的原则要求，明确了建设项目实施过程中的基本要求。贯彻实施《公共图书馆建设标准》《文化馆建设标准》和《乡镇综合文化站建设标准》，是为人民群众提供规范、优质公共文化服务的基本前提，也是公共图书馆、文化馆（站）设施建设和发展的重要依据。

3. 建筑设计规范

公共图书馆、文化馆、博物馆等公共文化设施的建筑设计应遵循的现行通用的国家建筑设计规范标准有《民用建筑设计通则》《建筑工程抗震设防分类标准》《建筑结构可靠度设计统一标准》《城市道路和建筑物无障碍设计规范》《建筑设计防火规范》《高层民用建筑设计防火规范》《建筑内部装修设计防火规范》《公共建筑节能设计标准》《民用建筑热工设计规范》《建筑采光设计标准》《建筑照明设计标准》等。同时，特定用途的公共文化设施还应遵循特定的建筑设计规范标准要求，如文化馆须遵循《文化馆建筑设计规范》，公共图书馆须遵循《图书馆建筑设计规范》《公共图书馆建筑防火安全技术标准》，博物馆须遵循《博物馆建筑设计规范》《文物系统博物馆安全防范工程设计规范》《博物馆照明设计规范》等。

四、公共文化服务机构的运行管理法规、规范

1. 公共图书馆运行管理法规、规范

进入21世纪以后，随着图书馆事业的迅速发展，原有的政策、章程、条例、办法等已经明显不能适应时代的需求。2001年年初，文化部启动了“图书馆法”立法工作，取得了初步成果，后因各种原因于2004年6月陷于停顿。2004年，中宣部印发《关于制定我国文化立法十年规划(2004—2013)的建议》，“图书馆法”列入前五年立法规划。2006年9月，《国家“十一五”时期文化发展规划纲要》发布，“抓紧研究制定图书馆法”列为“十一五”文化立法的任务之一，文化部再次启动“图书馆法”的立法工作。2008年10月，十一届全国人大立法规划发布，“图书馆法”列为“第二类项目(研究起草、条件成熟时安排审议的法律草案)”。由于不同类型图书馆之间存在诸多差异，难以协调一致，为了加快立法工作，遂决定先行制定《公共图书馆法》。经过三年的努力，2011年年底，《公共图书馆法》草案通过了文化部部务会审查，上报国务院法制办，进入国务院法制办和全国人大教科文卫委员会主持调研论证阶段。

除了图书馆专门法律之外，在我国制定或重新修订的部分法律法规中，也有适用于图书馆活动的条款或规定。经过2001年和2010年两次修订的《中华人民共和国著作权法》，与2006年7月1日起施行的《信息网络传播权保护条例》一起，为公共图书馆履行自身使命，在不征得权利人许可，免费使用、通过信息网络传播受著作权保护的作品等方面，提供了必要的豁免权和便利条件。经过2002年和2007年两次修订的《中华人民共和国文物保护法》旨在加强对文物的保护，要求图书馆相应加强对“历史上各时代重要的文献资料以及具有历史、艺术、科学价值的手稿和图书资料等”的收藏、保护与利用。2002年制定的《中华人民共和国科学技术普及法》要求图书馆应当履行社会教育职能，开展科普教育活动，发挥科普教育作用。2003年8月1日施行的《公共文化体育设施条例》，是公共图书馆上位类的行政法规，为各级政府举办公共图书馆、列入本级政府基本建设投资计划和财政预算确定了法律依据。2008年5月1日起施行的《中华人民共和国政府信息公开条例》，明确将各级公共图书馆列为法定的政府信息查阅场所，并规定各级政府应为公共图书馆开展政府信息服务配备相应的设施、设备，行政机关应当及时向各级公共图书馆主动提供公开的政府信息，从而为推动公共图书馆事业的发展提供了一个有效切入点，为各级公共图书馆开展政府信息服务提供基本保障条件，有了法律依据。2011年制定的《中华人民共和国非物质文化遗产法》要求图书馆利用自身特色和优势，开展非物质文化遗产的整理、研究、学术交流和非物质文化遗产代表性项目的宣传、展示等工作。

另外，图书馆立法的“地方先行”，是中国图书馆事业法治建设的一大鲜明特色。到目前为止，共有四部地方性图书馆法规出台，分别是《深圳经济特区公共图书馆管理条例》(1997年)、《内蒙古自治区公共图书馆管理条例》(2000年)、《湖北省公共图书馆条例》(2001年)

和《北京市图书馆条例》(2002 年)。这些地方性法规,对各地方的公共图书馆事业发展确实起到了促进作用。从立法后的效果来看,从硬件的基础设施建设到软件的读者服务都有了很大进步。虽然目前个别条款已经不适应公共图书馆建设的实际需要,如对"阅览席位数"的规定偏低等,但它们带动了立法者的研究视野,为全国性立法提供了很好的立法理念和立法思路,如读者权益的保障,以新购资源量规定间接规范购书经费等,同时也为公共图书馆的规范性制度建设提供了参照和借鉴。

公共图书馆的各项业务工作,包括文献采访、分类编目、数字图书馆建设等都有相应的规范要求,必须遵循有关的法律、规范与标准。其主要法规标准如表 2-1 所示:

表 2-1 公共图书馆业务运行管理法规、规范一览表

法规、规范名称	制定/出台时间	制定单位/组织
文献采访工作		
《文献采访工作规范(征求意见稿)》	2006 年	中国图书馆学会资源建设与共享专业委员会
《图书馆文献采访工作者行为准则(征求意见稿)》	2006 年	中国图书馆学会资源建设与共享专业委员会
《中华人民共和国政府采购法》	2003 年	全国人大常委会
分类编目工作		
《中国图书馆分类法》	2010 年第五版	中国图书馆图书分类法编辑委员会
《中国文献编目规则》	2005 年第二版	国家图书馆
《西文文献著录条例》	2003 年修订扩大版	中国图书馆学会
《中国机读目录格式》(WH/T 0503—96)	2004 年	国家图书馆
数字化规范		
《数字图书馆服务政策指南》	2010 年 3 月	中国图书馆学会"全国数字图书馆建设与服务联席会议"
《数字图书馆资源建设指南》	2010 年 5 月	中国图书馆学会"全国数字图书馆建设与服务联席会议"
《数字图书馆安全管理指南》	2010 年 7 月	中国图书馆学会"全国数字图书馆建设与服务联席会议"
《数字图书馆资源建设和服务中的知识产权保护政策指南》	2010 年 7 月	中国图书馆学会"全国数字图书馆建设与服务联席会议"
服务规范标准		
《公共图书馆服务规范》(GB/T 28220—2011)	2012 年 5 月 1 日	上海图书馆牵头,联合浙江图书馆、长春市图书馆

2. 文化馆运行管理规范

文化馆(站)是各级人民政府为保障公民基本文化权益设立的公益性文化事业机构,是国家公共文化设施的组成部分,是我国特有的公共文化艺术活动场所。根据行政级别的不同,政府设立的文化馆(站)有不同的专门名称。由省、自治区、直辖市、计划单列市(区)、地(州/盟)、市一级政府设立的,称为群众艺术馆,由县(自治县)、旗(自治旗)、市辖区一级政府设立的,称为文化馆,由乡(镇)人民政府、城市街道办事处设立的,称为乡镇综合文化站。

早在20世纪50年代,我国就颁发了《文化馆工作条例》。《文化馆工作条例》就文化馆的工作范围进行了规定,明确指出收集、整理民间文化为文化馆的工作内容之一。1981年,文化部发布了《文化馆工作试行条例》取代《文化馆工作条例》,就文化馆的性质、方针、服务对象、工作任务等方面做出了详细的规定。1992年文化部下发了《群众艺术馆、文化馆管理办法》,该办法对文化馆的性质、职能做出了明确的界定,指出文化馆的职能定位应当包括群众文化活动组织、培训队伍建设、艺术创作和辅导以及民间文化的收集、整理。由于公共文化事业发展迅速,原有的管理办法已经不能适应当前公共文化服务体系建设的需要,目前,文化部正在制定《文化馆管理办法》,即将出台。

2009年,文化部制定并颁布了《乡镇综合文化站管理办法》,这是在1992年颁发的《文化站管理办法》基础上,根据当前公共文化服务体系建设的新形势,对乡镇综合文化站的性质、职能、规划、建设和服务做了详细的规定,并对建立乡镇综合文化站评估制度、人员和经费保障机制提出了明确要求。

另外,《文化馆服务标准》《乡镇综合文化站服务标准》《街道社区文化中心服务标准》也正处于报批阶段,即将正式出台,将成为指导文化馆(站)服务走上规范化、标准化、制度化之路的重要规范。

3. 博物馆、纪念馆运行管理法规、规范

随着博物馆事业的迅速发展,为了进一步规范博物馆管理工作,促进博物馆事业发展,2005年12月,文化部制定并颁布了《博物馆管理办法》,于2006年1月1日起施行。与以往相比,《博物馆管理办法》有许多新内容和新特点,如规范对象扩大至所有博物馆,既包括国有博物馆,也包括非国有博物馆;鼓励个人、法人和其他组织设立博物馆;鼓励博物馆发展相关文化产业,多渠道筹措资金,促进自身发展;在开放服务上,要求逐步建立减免费开放制度,特别是对开放时间,更是做了硬性规定,要求国有博物馆全年开放时间不少于10个月(非国有博物馆不少于8个月),并且,开放时间应当与公众的工作、学习及休闲时间相协调,法定节假日和学校寒暑假期间应当适当延长开放时间。

关于博物馆的立法,早在1984年,博物馆界曾提出制定“博物馆法”的立法建议,以期以法律保障博物馆的建设和发展。2008年2月29日国务院法制办公布了《博物馆条例(征求意见稿)》①,广泛征求社会各界意见,以便做进一步修改后报请国务院常务会议审议。国务院法制办规定了征求意见的重点和范围,即我国博物馆目前发展过程中存在的主要问题,立法中如何设置相应的制度、措施予以解决;为进一步促进博物馆事业的发展、发挥博物馆的功能、规范对博物馆的管理,可以采取哪些制度和措施;为便于博物馆功能的发挥和政府对

① 博物馆条例(征求意见稿)征求意见(全文)[EB/OL].(2008-02-29)[2012-02-06]. http://news.xinhuanet.com/legal/2008-02/29/content_7692799.htm.

其统一规范管理，征求意见稿将“博物馆”界定为包括博物馆、纪念馆、美术馆、科技馆、陈列馆等向公众开放的非营利性社会服务机构，并规定由文物主管部门对博物馆工作实施日常监督和管理。2015年1月14日，国务院第78次常务会议最终审议通过了《博物馆条例》，并于3月20日起正式实施。《博物馆条例》对博物馆的设立、变更与终止，博物馆管理、社会服务以及法律责任都做出了相应的法律阐释和规定，为博物馆开展业务和服务活动提供了最根本的法律制度保障。在地方性立法中，目前仅有北京市于2000年9月公布、2001年1月开始实施的《北京市博物馆条例》。

另外，目前现行的博物馆和纪念馆领域的管理规范还有1979年国家文物局颁布的《省、市、自治区博物馆工作条例》、1985年国家文物局发布的《博物馆安全保卫工作规定》、1986年国家文物局制定的《博物馆藏品管理办法》、2001年国家文物局颁布的《文物拍摄管理暂行办法》、2001年文化部颁发的《文物藏品定级标准》、国家文物局2003年印发的《近现代文物征集参考范围》和《近现代一级文物藏品定级标准(试行)》、2007年全国人大常委会通过的《文物保护法》，以及1985年1月，文化部颁布的《革命纪念馆工作试行条例》等。

4. 公共文化服务机构的服务理念与职业道德

服务理念，反映的是从业人员在职业活动中的核心价值观和追求的目标。从国际上看，行业组织以行业自律规范的形式向全社会发布阐述服务理念、职业伦理的宣言性文件，是公共文化服务领域的普遍做法。在我国公共文化机构中，已经建立并向社会公开其服务理念并形成文字的，目前还只有图书馆界。2008年，中国图书馆学会正式发布了《图书馆服务宣言》，该宣言遵循了国际图书馆组织几部重要宣言的基本理念，向社会公众宣示了中国图书馆人对于现代图书馆理念的基本认同。

职业道德，是所有从业人员在职业活动中应该遵循的行为准则。实践证明，统一的职业伦理规范对维系统一的职业理念，建立职业集团的职业尊严、职业声誉和社会形象，提高公共文化服务机构的社会认知程度，促进文化事业发展，都具有重要作用。目前在我国公共文化机构中，已经建立并实施的行业职业道德，有图书馆行业的《中国图书馆员职业道德准则(试行)》和文博行业的《中国文物、博物馆工作者职业道德准则》等。

5. 公共文化服务机构的知识产权保护与限制

公共文化机构涉及著作权问题的特点：作为政府举办的公共机构，一方面需要模范地执行现行有效的著作权法律法规，保护作者的合法权益；另一方面，公共文化机构又是一个体现著作权保护与限制平衡的主要机构，著作权法中通过合理使用和法定许可等形式对权利的限制，在公共文化服务机构中有集中的体现。中共十七届六中全会提出了鼓励国家投资、资助或拥有版权的文化产品无偿用于公共文化服务的要求。目前我国公共文化服务机构运行管理中所涉及的知识产权方面的核心法规、规范有三部，如表2－2所示：

表2－2　公共文化服务机构所涉及知识产权领域法规、规范一览表

法规、规范名称	出台/修订时间	制定单位/组织
《中华人民共和国著作权法》	1990年/2010年二次修正	全国人大常委会
《信息网络传播权保护条例》	2006年/2013年修订	国务院
《关于网络环境下著作权问题的声明》	2005年	中国图书馆学会

6. 公共文化服务机构的运营安全管理

公共文化服务机构是面向社会免费开放和提供服务的公共场所,人员密集,安全卫生等责任重大,在运营管理时要严格执行安全、卫生、节能等方面的政策法规。这些法律、法规如表2-3所示:

表2-3　公共文化服务机构所涉及运营安全领域法规、规范一览表

法规、规范名称	出台时间	制定/发布单位
《中华人民共和国消防法》	2008年	全国人大常委会
《互联网信息服务管理办法》	2000年	国务院
《互联网文化管理暂行规定》	2011年	文化部
《关于进一步加强网吧及网络游戏管理工作的通知》	2007年	文化部等十四部门
《大型群众性活动安全管理条例》	2007年	国务院
《图书馆、博物馆、美术馆、展览馆卫生标准》(GB 9669—1996)	1996年	卫生部
《公共机构节能条例》	2008年	国务院

五、公共文化服务领域的其他法规、规范

1. 公共文化服务机构的评估定级规范

1994年以来,文化部对我国县以上公共图书馆进行了五次评估定级,分别在1994、1998、2004、2009和2013年完成。每次评估定级均会制定针对不同级别公共图书馆的《评估定级标准》,并严格依据公共图书馆评估标准和定级必备条件,经过审查和公示,确定一、二、三级上等级图书馆。

文化馆的评估定级始于2001年,后又分别于2006年和2011年开展了第二、三次评估定级。每次评估定级均会针对不同级别的文化馆制定相应的《评估定级标准》,其中的指标会根据时代发展而不断更新变化。2013年,文化部出台了《全国乡镇综合文化站评估定级标准指导纲要》,并开始着手第一次全国乡镇综合文化站的评估定级工作,计划今后每四年开展一次。

国家文物局自2008年起实施博物馆评估定级工作,每三年一次。其主要依据是由国家文物局颁布的《全国博物馆评估办法》和《博物馆评估标准》及《评分细则计分表》。

文化部于2008年11月发布了《全国重点美术馆评估办法》和《全国重点美术馆评估标准(暂行)》及《全国重点美术馆评估标准评分细则表(暂行)》,并于2010年对中国美术馆等全国重点美术馆开展了首次评估工作。

2. 文化遗产保护法规、规范

我国政府历来重视文化遗产的保护,以此弘扬优秀传统文化,为此做了大量的工作,在法律法规方面的建设取得了显著成绩。目前已有《文物保护法》和《非物质文化遗产法》两部专门法,除此之外,还有《传统工艺美术保护条例》和制定中的《古籍保护条例》等。在非物质文化遗产领域,《国家级非物质文化遗产代表作申报评定暂行办法》确定了国家级非物质文化遗产代表作的申报标准;《国家级非物质文化遗产项目代表性传承人认定与管理暂行办法》确定了传承人的认定标准和支持方式等。

在文化遗产保护领域,还有大量的技术标准、技术规范,如《历史文化名城保护规划规范》(GB 50357—2005)、《文物保护单位标志》(GB/T 22527—2008)、《文物保护单位开放服务规范》(GB/T 22528—2008)、《古籍定级标准》(WH/T 20—2006)、《古籍修复技术规范与质量要求》(WH/T 23—2006)等。

3. 公共文化服务机构的免费开放

2008 年 1 月,中共中央宣传部、财政部、文化部、国家文物局联合下发了《关于全国博物馆、纪念馆免费开放的通知》,全国公共性博物馆、纪念馆开始免收参观门票,"免费开放"的说法由此诞生,我国的公共文化服务设施开始了真正迈向"公共"的历史性转变。

2010 年,文化部进行了全国范围的公共文化设施免费开放调研,并随即组织国家公共文化服务体系专家委员会开展免费开放保障政策的研究和相关政策文件的起草。2011 年年初,在"十二五"开局伊始,文化部、财政部《关于推进全国美术馆、公共图书馆、文化馆(站)免费开放工作的意见》正式发布,一项在我国公共文化服务体系建设进程中具有划时代意义的政策由此诞生,标志着我国公共文化设施全面免费开放时代的到来。

第二节 美国公共文化服务管理体制、政策与立法概况

一、美国宪政的分权制衡机制

美国发达的经济体系与完备的政治体制是与其法律规范密不可分的。美国的民众对于法律有着其他国家民众难以企及的信仰,在这种法律至上的理念之下,法律可以成为经济活动的调节器、政治运转的润滑剂、社会发展的安全阀,甚至是公民权利的保护神。作为国家的根本大法,美国宪法的理论基础首先是人民主权论。因此,美国宪法的各种规定必须保证一个民选的政府始终处于人民的监督之下,保证人民自治的原则不至悄悄地被篡改。同时制宪者们又相信权力都有自我扩张的天性,必须加以限制和监督,于是他们精明地设置了种种障碍,使权力不能集中在任何一人或一个部门之手,控制的办法主要是使每个部门都在别的部门中发挥一定作用,有能力延缓甚至阻止其他部门的行动,从而使它们相互制约,形成权力间的各种平衡。这一平衡便是权力分立与制衡的理念,具体体现为基于民主之上的分权制衡机制。其目的与特点有两个,一是限制政府的权力,二是确认和保障个人的自由与权利。

具体而言,分权首先是从横向上将政府的权力切割成联邦政府和地方政府两个层次,而且这种分割是相当彻底的,各州的自治范围与权力都得到承认,以防止联邦政府的权力过于强大而影响公民的权益;其次,三权分立的原则从纵向上使得国家的立法权、司法权和行政权相互独立、互相制衡。权力制衡指的是在公共政治权力内部或外部,存在着与权力主体相抗衡的力量,这些力量表现为一定的社会主体(包括个人、群体、机构和组织等),这些社会主体在权力的行使过程中对其施以监督和制约,以确保权力在运行中的正常、廉洁、有序、高效等,并且使国家各部分权力在运行中保持总体平衡。这种制衡有利于保证权力公正合理的发展方向以及社会整体目标的实现。

在文化管理与运行领域,同样贯彻着分权制衡思想。正因为如此,美国无论在联邦层面还是州层面均没有专设的政府文化管理部门,而是通过中介性质的非营利性文化机构实现

对文化领域的拨款和监督,目的就是避免权力过于集中。政府、非营利性文化机构、文化艺术团体与个人,这三者也构成了一个“三权分立”的管理运行体系,彼此之间相互制约、相互监督。

二、联邦政府文化管理体系

在实践分权制衡原则的同时,美国在文化艺术的管理发展方面还秉持自由主义精神,以不干涉为原则,所以并未设立类似文化部的实权统一的文化管理机构,而是由联邦政府成立的独立机构从事艺术与人文的辅助性工作,以促进美国的文化发展。1965 年,美国国会接受约翰逊总统的建议,通过了自大萧条以后第一部支持文化艺术事业的法律,即《国家艺术与人文基金会法案》(*National Foundation on the Arts and Humanities Act of* 1965),通过提供经费补助的方式支持并鼓励美国的文化艺术活动与人文研究。

依据该法案,美国创立了历史上第一个致力于艺术与人文事业的联邦一级机构——国家艺术与人文基金会(National Foundation on the Arts and the Humanities)。该基金会最初由国家艺术基金会(National Endowment for the Arts,简称 NEA)、国家人文基金会(National Endowment for the Humanities,简称 NEH)、联邦艺术与人文委员会(Federal Council on the Arts and the Humanities)三者构成。后来,联邦艺术与人文委员会更名为总统艺术与人文委员会(President's Committee on the Arts and the Humanities),又增设了博物馆和图书馆服务署(Institute of Museum and Library Services,简称 IMLS)。国家艺术与人文基金会以奖助文化艺术活动及相关团体机构,提升文化艺术水平为主要任务。这一机构虽代表联邦政府面向全国开展工作,但却没有行政管辖权,只有计划协调和财政资助职能,负责落实联邦政府制定的文化艺术政策和活动计划。其领导成员必须经总统提名和国会参议院批准,费用全部由国会拨款。

1. 联邦/总统艺术与人文委员会

联邦艺术与人文委员会是在当《国家艺术与人文基金会法案》执行遭遇重大问题时的协调联系机构,1982 年里根总统签署成立总统艺术与人文委员会作为白宫关于文化问题的咨询委员会后,联邦艺术与人文委员会的职能逐步弱化,后逐渐被取代。总统艺术与人文委员会负责研究艺术与人文方面的政策问题,提出重要计划,并对艺术与人文方面的优秀成果加以确认。该委员会成员由两基金会主席、教育部长、史密森学院院长、国家科学基金会主席、国会图书馆馆长、国家美术馆馆长、美术委员会主席及国务卿指派的一名委员等 9 人组成。另外 33 名成员是由总统任命的民间代表,他们是美国最杰出和最有成就的艺术家、演员、建筑设计师、舞蹈家、作者、学者、慈善家和企业人士。目前,该委员会的名誉主席是第一夫人米歇尔·奥巴马。

2. 国家艺术基金会

国家艺术基金会是美国联邦政府的独立机构,是国家艺术与人文基金会的组成机构之一。迄今为止,该基金会已经投入超过 40 亿美元用以支持并服务于社会的优秀艺术领域。国家艺术基金会通过与各州艺术机构、地方领导者、其他联邦政府机构及慈善部门合作,拓展其工作领域。基金会的奖励与补助项目包括:具有实质艺术性与文化意义、强调美国创造力并达到专业成就的作品;符合专业水准或原创性、传统性标准,且没有此项补助则某些区域公众将不能得见的作品;鼓励与协助艺术家追求专业成就的计划;鼓励与发展公众欣赏与享受艺术的研习班;其他关于艺术的调查、研究与计划。每项补助金额不得超过该计划或作品全部费用的50%。补助各州的经费评价分配给每个州,各州应成立专责执行本州计划的机关,即各州艺术委员会①。基金会设主席一名,由总统任命。

国家艺术基金会的决策咨询小组是国家艺术委员会(National Council on the Arts),依照美国国会于1964年颁布的《国家艺术和文化发展法》(*The National Arts and Cultural Development Act of* 1964)成立。委员会由基金会主席(兼任本委员会主席)与24位总统任命的委员组成,包括6名国会议员与18名普通公民,其中6名国会议员无投票权,包括3名众议员与3名参议员;另外18名公民由总统提名,参议院同意。他们必须在艺术方面有卓越成就,总统在提名委员时也必须重视弱势及区域均衡。委员中国会议员的任期为2年,其他委员的任期为6年,并于不同时间结束任期。

3. 国家人文基金会

国家人文基金会同国家艺术基金会一样,也是联邦政府的独立机构。该基金会是美国最大的人文项目资助者之一,每年通过独立小组和外部评议的方式对人文领域的优秀项目给予经费资助,且这些经费通常用于文化机构,如博物馆、图书馆、档案馆、高等院校、公共电视等。国家人文委员会(National Council on the Humanities)是国家人文基金会的咨询顾问机构,由基金会主席和26名总统任命的成员组成,服务期限为6年。

4. 博物馆与图书馆服务署

博物馆与图书馆服务署于1996年依照《博物馆与图书馆服务法》(*Museum and Library Service Act*)成立,旨在推动博物馆和图书馆提供创新、终身学习以及公民参与的文化活动,并通过研究、制定政策及拨款方式进行引领指导。

国家博物馆与图书馆服务董事会(National Museum & Library Services Board,简称NMLSB)是其咨询顾问机构,为博物馆与图书馆服务署的政策、实践及奖励评审提供决策建议。该董事会由博物馆与图书馆服务署的署长、副署长及20名委员组成,这些委员均是在博物馆或图书馆服务领域有专长的公民,由署长兼任董事会主席。

三、各州和地方文化管理机构

1. 州文化艺术委员会

美国的50个州和6个行政区都有州级文化艺术机构来负责各州的公共文化服务,这些机构通常名为州文化艺术委员会,这些委员会均将其服务对象限制在本州及地方管辖范畴内,负责审批文化艺术方面的拨款项目,建立文化艺术资金管理程序,监督资金的使用情况,并通过各种艺术人文支持项目以及扶持方式为文化艺术和艺术家们提供经费、技术等方面的援助,以期达到提升文化艺术水准,使文化艺术融入公众生活,从而提升公众生活质量的目标。这些州级的文化艺术管理机构和国家艺术与人文基金会的关系是一种伙伴关系,1965年当国家艺术与人文基金会成立时,仅有5个州有官方的文化艺术机构或文员会。州级的文化艺术委员会大量形成于20世纪60—70年代,这是由于到70年代中期为止,国家艺术与人文基金会至少将其20%的项目基金用于州和地区文化艺术组织的发展上。为了获

---

① 苏精.美国国家艺术暨人文基金会法案之立法与修正[C]//当代图书馆事业论集.台北:正中书局,1994:147—170.

得拨款,各州纷纷成立文化艺术机构和委员会。然而到了 80 年代,州财政对这些委员会的拨款就超过了国家艺术与人文基金会的拨款规模①。

目前美国有半数以上州的文化艺术委员会声明其为州政府机构,而那些没有明确说明的委员会,根据《国家艺术与人文基金会法案》规定,由于各州必须在拨付一定的配合补贴款基础上才能获得国家艺术与人文基金会对各州的拨款,使其发展运作在很大程度上依赖于州政府;另一方面,爱荷华州、堪萨斯州以及北卡罗来纳州的艺术委员会通过董事会的方式进行运作,其董事会成员均由州长任命,这也表明艺术委员会对州政府的依赖②。因此可以说,各州的文化艺术委员会在性质上应为州政府管理机构,也就是说,美国各州政府是履行政府对艺术与文化管理职责的主体,其拨款额度也远超过联邦政府对文化艺术的资助。州级的文化艺术拨款很大程度上依赖于州财政税收的收入水平,与州的总的经济状况联系密切。

2. 地方文化艺术委员会

美国市和地方一级的文化艺术委员会历史久远。自 1893 年芝加哥成功举办世界博览会后,许多城市和地方纷纷成立文化艺术委员会,并将其作为城市规划政策的一部分。其主要任务是提供项目、服务、经费资助以及对社区文化发展做出规划,为文化艺术活动创造空间,包括组织和支持文化艺术活动、管理艺术作品、向社区市民展示文化多样性等③。虽然没有行政管理权,但在美国的文化艺术领域起着指导、协调和组织的重要作用,并将其影响深入社区和民众之中。

四、文化立法与政策

从美国建国初期就开始了对文化艺术事业实行法律保护,其宪法中的相关内容规定是文化的根本保障。如 1787 年的美国宪法第一条第八款规定:"为了促进科学和实用艺术的进步,对作家和发明家的著作和发明,在一定期限内给予专利权的保障。"这是美国最早对文化艺术进行版权和专利保护的法律规定。又如现行的美国宪法第 72 章第 20 条款规定了博物馆与图书馆服务的诸多内容,包括机构定义、职责、组织结构、管理、资金、奖励等④。

美国自始至终并没有一部专门的"文化法",但在许多领域的法律中都含有文化方面的条款。其中最重要也是影响最大的两部法律是联邦《国内税收法》(*Internal Revenue Code*)和《国家艺术与人文基金会法》(*National Foundation on the Arts and Humanities Act of* 1965)。

从金额的角度讲,税收优惠刺激是美国文化政策中最大、最重要的部分。美国联邦政府通过税收刺激手段为艺术和文化提供的支持要大于它的直接投资。在联邦《国内税收法》中,有两条针对文化的关键性刺激政策:减税规定和 501(C)(3)免税资格规定。其中,减税规定是根据国内税收署的条例,如果公众向某一机构捐赠金钱或实物,这类机构包括纯粹宗教、慈善、教育、科学或文学目的的企业和基金会,那么在计算应纳税款的时候,捐助者通常可以从总收益中扣除他捐赠的金钱或实物折合成的市价等额,而获得 501(C)(3)免税资格

①③ 黄锐. 美国文化资助体系研究[D]. 上海:上海市社会科学院,2006.

② 冯佳,李彦篁. 美国文化管理体制研究[J]. 山东图书馆学刊,2012(6):28—33.

④ Institute of Museum and Library[EB/OL]. [2014 - 01 - 17]. http://www.imls.gov/about/legislation_and_budget.aspx.

的机构可以免付联邦税。501(C)(3)条款旨在通过对税收的减免政策鼓励和促进美国文化事业的发展。条款规定:对非营利的美国文化艺术团体和机构以及公共电视台、广播电台等免征所得税,并对以促进文化、教育、科学、宗教、慈善事业发展为目的的非营利社会团体和机构免征赋税……凡赞助非营利文化艺术团体和机构的公司、企业和个人,其赞助款可免缴所得税,以鼓励社会力量支持美国文化艺术事业的发展。非营利的文化艺术团体还可享受政府的资助,接受公司和个人的捐款。但是,非营利文艺团体的运作也必须走市场化道路,其宗旨是为社会公益事业服务。在这一条款的推动下,大批慈善机构和基金会应运而生,公司、团体和个人也积极资助文化艺术事业。具估计,全美国有65万多家免税机构,包括文化机构和非文化机构,其中博物馆、公共艺术画廊、表演艺术中心和音乐厅属于典型的501(C)(3)文化机构。

美国各级政府对文化艺术事业的资助也主要依靠法律来保障,同时通过法律法规和政策杠杆来鼓励联邦和地方政府对文化艺术进行投资。美国国会于1964年颁布了《国家艺术和文化发展法》,随后又于1965年出台了《国家艺术与人文基金会法案》。根据这部法律成立了国家艺术与人文基金会,其宗旨是为发展美国文化艺术服务,保护美国丰富的文化遗产,鼓励国家最优秀的艺术人才发挥创造才能。这一立法,保证了联邦政府每年要拿出相应比例的资金投入文化艺术领域,并且保障这些资金的使用必须是直接用于文化艺术事业,而不是耗费在庞大的文化行政机构运行之中,大大提高了资金的使用效果。国家艺术与人文基金会每年向各州及联邦各地区文化艺术委员会拨款一次,约占年总基金额的20%,其余款项直接用于向各个艺术人文领域内的个人及团体有关项目提供直接项目资助,也用于优秀艺术成就的奖励。博物馆与图书馆服务署则专门负责对博物馆、美术馆和图书馆的项目资助。

1967年国会通过《公共广播法》(*Public Broadcasting Act*),成立了一个非营利性的广播电视机构——公共广播公司。该公司负责推动全国公共广播事业的发展,分配联邦政府的拨款,协调各公共台之间的关系等事务。公共广播电台、电视台不播广告,经费主要来源于政府拨款,与此同时,公共广电媒体也接受企业和受众捐助、高等院校和社会团体的捐款,以及经营主管部门的拨款等。

其他联邦层面的主要立法还有1956年的《图书馆服务法》(*Library Services Act*)、1964年的《图书馆服务与建设法》(*Library Services and Construction Act*)、1983年的《文化财产实施法公约》(*The Convention on Cultural Property Implementation Act of* 1983)、1993年出台的《政府绩效与结果法案》(*Government Performance And Results Act*)、1996年颁布的《博物馆图书馆服务法》(*The Museum and Library Services Act*)和《图书馆服务和技术法》(*Library Services and Technology Act*)、1998年颁布的《数字千年版权法》(*The Digital Millennium Copyright Act*)、2002年的《电子政府法案》(*E-Government Act*)、2005年最新修订的《联邦采购条例》(*The Federal Acquisition Regulation*)以及2007年最新修订的《版权法》(*Copyright Law of the United States*)等。

在美国各州和地方立法中,也有大量与文化相关的内容。如各州宪法中,均会规定对公民私权,包括文化艺术权利的确认和保障。另外在各州的制定法、行政法、判例法中,不乏针对博物馆、图书馆、社区中心、文化类演出场馆、文化遗产、艺术作品等文化设施机构及其产品、服务的具体法律或条文规定。

五、文化管理的方式及特点

美国政府在文化艺术管理和支持文化发展方面的基本思路是:政府不直接经营文化事业或文化设施,而是培育、支持民间的非营利性的艺术机构,通过政府拨款、鼓励慈善机构、企业及个人捐助等多种形式对其给予最大的支持。

在管理上,政府首先通过制定一系列的法律法规和政策来支持和保护文化艺术事业的发展。其次,通过资助方式进行管理。美国国会每年向国家艺术基金会、国家人文基金会以及博物馆与图书馆服务署提供拨款,并由这三家机构利用拨款分别向其涵盖的领域有选择地进行资助,各州及地方政府也会通过各级文化艺术委员会对相应领域和机构进行拨款资助。再次,联邦、各州和地方的文化机构与各类社会文化艺术行业协会等民间组织和机构保持密切联系,通过帮助行业协会制定自律公约来对其进行管理和制约。

总体而言,美国联邦政府在文化管理领域注重通过法律法规和政策杠杆鼓励各州、各企业、各集团以及全社会对文化进行投资。其特点表现在:

第一,政府不直接对文化机构拨款,而是通过国家艺术基金会、国家人文基金会和国家博物馆图书馆学会等社会中介组织对文化实施赞助。这些文化中介组织只有拨款权,无行政管理执政,它们对文化团体和个人提供拨款的方式,体现了政府对文化事业的支持,但它们没有在文化领域进行立法、政策制定和行政管理的职能。

第二,政府拨款对象为非营利文化艺术团体。美国联邦政府所支持的是那些不通过市场运作方式经营的非营利性文化团体,申请资助的团体必须是非营利性质的民间机构,而且是从联邦政府取得免税资格者,其盈利部分不得归个人所有。以商业运作方式的营利性文化团体,如流行音乐、电影娱乐公司等无法获得赞助。

第三,政府采用资金匹配的方式实行有限拨款。联邦政府机构提供的资金支持是有限的,一般要求对任何项目的资助总额不超过所需经费的50%,也就是说,最多只能提供某一项目所需费用的50%,另外50%则必须由申请者从政府机构以外筹集,这样就避免了文化机构过分依赖联邦政府,而是积极向社会筹集资金以获得政府的资助。另一方面,资金匹配要求并促使各地方政府拨出相应的财政经费与联邦政府资金配套,从而调动了各州、各地方乃至全社会资助艺术事业的积极性,也调动了各艺术机构、艺术家的积极性,同时,通过多方考察,既确认该项目的社会意义与艺术意义,又提高了项目的可实施度,避免了无效投入。

第四,对可以通过产业化运作营利的文化机构,政府仅投入较少资金以示支持。如美国国家交响乐团每年得到的艺术委员会拨款只占其总费用的10%①,其余款项除了地方政府的配套资金和企业、个人赞助所得外,大部分由机构通过市场化的演出获得。而对于各艺术团体或艺术家来说,如欲获得政府补贴,必先从企业或其他途径筹集到政府资助三倍以上数额的资金,以此鼓励文化团体积极进取。

① 创意产业在美、英、韩、加的现状和发展[EB/OL].(2009-09-26)[2013-12-27].http://artbank.people.com.cn/GB/209286/14170072.html.

第三节　英国公共文化服务管理体制、政策与立法概况

一、政府主管机构与理事会的演变

英国是一个具有悠久历史和多元文化的国家，直至今日在世界范围内仍有较强的影响力。英国奉行文化自由发展的信条，因此直到第二次世界大战之前，英国政府对于文化的管理基本上采取的是放任政策，没有专门的文化管理机构，没有成文的文化管理政策，也没有完整的文化管理体系，管理文化的职能主要分散在以经济管理为主的各部门中。1940 年，经英国议会批准和皇家特许，建立了两个半官方的文化管理机构：英国音乐艺术促进委员会和国家娱乐服务联合会①。二战后的 1946 年，议会宣布将英国音乐艺术促进委员会改组为大不列颠文化艺术委员会（the Arts Council of Great Britain），作为执行政府文化政策的重要机构。1965 年，英国政府成立了艺术和图书馆部（the Ministry of Art and Library），提出要通过教育、保护和资助三种形式支持英国文化艺术及其政策的发展，并提出要“主动地”支持文化发展的目标、进一步增加政府对文化的经费投入。1992 年，梅杰政府成立了国家文化遗产部，将原来分散在六个部门的文化职责集中在一起，将全国的文化艺术、文化遗产、新闻广播和旅游等事业交由文化遗产部统一管理，并且把文化遗产大臣列为内阁核心成员之一，充分表明了政府对文化事业的重视。1997 年工党执政后，又将文化遗产部更名为文化、媒体与体育部（Department for Culture，Media and Sport，简称 DCMS），明确规定其目标是：重视对文化遗产的保护和开发利用；鼓励艺术活动的创新和多样化；推动对外文化交流和英国文化教育在全世界的传播②。当前，英国的国家文化发展目标是“让大部分人能够享受最好的资源”，具体体现在扩展公民参加文化生活的渠道、保证其能够获得最好的公共文化服务，以及通过开展文化活动提升人民生活质量等多个方面。

可以看出，英国的文化管理体制经过半个多世纪的发展，由最初的完全自由发展到设立国家层面的半官方理事会，再到目前的政府文化主管部门与理事会共存且合作发展的模式，这一演变过程中最突出的变化是政府在其中的地位和作用明显加强，因此逐步形成了“一臂之距”管理模式与整套运作机制。

二、“一臂之距”分权管理原则

“一臂之距”（Arm’s Length）原指在队列中与前后左右的伙伴保持相同的距离。该原则最先被引用在经济领域，也称为独立交易原则，指具有隶属关系的经济组织（如母公司与子公司）在交易时都具有平等的法律地位，一方不能取代或支配另一方。这一原则被运用到文化领域时，则是要求国家对文化采取一种分权式的行政管理体制。从对文化的集中管理到分权管理，这是“一臂之距”原则的基本要义。

“一臂之距”的雏形出现在 1967 年 2 月，英国女王向二战后成立的大不列颠文化艺术委员会颁发了新的特许证，明确规定了该机构的宗旨和职责：发展艺术实践，增进对艺术的了

① 李河．“一臂之距”原则与艺术理事会[N]．中国社会科学院院报，2008－05－08．

② 曹峰旗，贾小鹏，张国昌．英国“臂距”文化管理模式与启示[J]．商场现代化，2007(11)：55—57．

解;在全国公众中普及艺术;直接或间接为上述目的做政府部门和地方政府以及有关机构的顾问,并与其合作。同时还明确规定该委员会有权代表政府负责向艺术机构分配拨款的决策与实施。国际艺术委员会和文化机构联盟(The International Federation of Arts Councils and Culture Agencies,简称 IFACCA)①在其 2002 年 5 月公布的一份文件中指出:“成立于 1946 年的大不列颠文化艺术委员会是全球第一个体现‘一臂之距’原则的中介组织。”此后,越来越多的此类非政府公共文化机构,在“一臂之距”的原则和模式下,成为英国文化发展的主体力量。

目前,“一臂之距”已经成为英国文化发展管理模式的准确概括和基本原则,即为避免直接干预文化艺术创作活动,防止资金分配上的政治影响,中央政府采取经由中间环节拨款的方式,把资金间接地分配给艺术组织或艺术家。具体而言,就是中央政府主管部门,包括文化、媒体与体育部,只负责制定文化政策和财政拨款,没有直接管辖的文化艺术团体和文化事业机构,具体管理事务交由中介机构——非政府公共文化机构(Non-Departmental Public Bodies,简称 NDPBs),即各类艺术委员会负责执行,对文化团体和组织进行评估和拨款。这些中介性质的非政府公共文化机构通过具体分配拨款的形式,负责资助和联系全国各文化领域的文化艺术协会、组织、团体、机构和个人,形成全社会文化事业管理的网络体系。政府虽然不能对文化单位直接提供资金支持,但可以通过具体拨款方式对非政府公共文化机构在政策上加以协调,体现政府对文化艺术的管理目标和支持重点。英国政府对文化事业的资助重点一般有三个方面:第一,严肃艺术,如戏剧、古典音乐、歌剧、芭蕾等;第二,国家级的重点文艺团体和公益性事业单位,如皇家歌剧院、皇家芭蕾舞团、大英博物馆、大英图书馆、国家美术馆等;第三,高质量的艺术节目。对于接受资助的组织和团体来说,来源于非政府公共文化机构的政府资助也不是固定的,需要以每年的成绩与下一年的规划来确定。为保证政府资金的投入落到实处并取得良好效果,这些中介性的非政府公共文化机构会通过各种方式对享受政府长期资助的文化组织和团体进行监督和评估。“一臂之距”管理方式的好处有两点:一是减少了政府机构的行政事务;二是政府机构不直接与文艺团体发生关系,有利于检查监督,避免产生腐败。

三、“一臂之距”的内涵

1. 管理主体及其架构

英国的文化管理主体可以分为三级:一是中央政府和地方政府的文化主管部门,如文化、媒体与体育部;二是文化领域的非政府公共机构,即半官方的各类非政府公共文化机构——文化艺术委员会,负责执行文化政策和具体分配文化经费,如英格兰艺术委员会、英国电影学会、大英博物馆等;三是各类行业性的协会组织和基层民间文化组织。这三级管理机构相对独立,无垂直行政领导关系,但通过制定和执行统一的文化政策,逐级分配和使用文化经费等途径紧密联系在一起。第二级中介机构接受第一级主体,即政府的委托,为政府提供文化政策咨询、向政府提供文化政策设计、实施具体的文化政策,并负责把政府的部分

① 国际艺术委员会和文化机构联盟是一个集合了多国艺术委员会和文化部门的全球性网络联盟组织,成立于 2000 年 12 月,其目标是帮助那些政府文化艺术资金的代理/中介机构提升能力与效率,通过合作、导向和研究扩大其社会效益。

文化拨款落实到第三级的那些具体文化协会和组织。但这些中介组织与政府并没有隶属关系，而是有着自身的独立的法律地位，虽然接受政府的委托，但独立履行其职能。如图 2－1 所示：

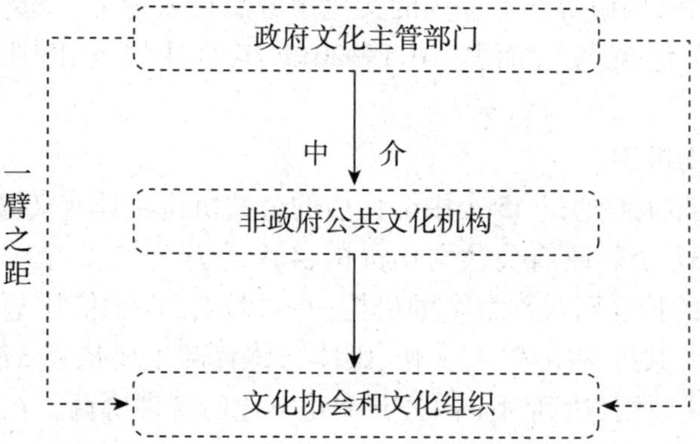

图 2－1　英国三级文化主体示意图

2. 英国文化、媒体与体育部

文化、媒体与体育部是英国中央一级的文化主管机构，全面负责统管英国的一切文化事务，为国家文化发展扫清障碍、创造和提供条件，使得每个公民都可以参与并享受国家公共文化。该部门主要负责制定文化艺术、历史文物、广播、创意产业、博物馆、图书馆、博彩业、体育、旅游等领域的一系列相关政策，统一划拨经费，制作国家文物、艺术收藏品清单，颁发文化产品出口许可，以及管理政府艺术收藏品等。具体而言，其职责包括：

（1）使人们更容易地欣赏本国民族文化、参加体育活动、享受世界领先的移动和在线通信；

（2）在保护公民权益的同时，通过减少限制、提供建议和支持创新的方式，为媒体、创意产业、旅游业和电信行业创造更好的成长环境；

（3）保护人们自由获取文化与艺术的权利，迎接挑战与激励，资助未来的精英运动员；

（4）通过在政府大楼和世界其他官方场所展示政府艺术收藏，在文化外交的同时促进英国艺术与历史的发展。

近 10 年间，文化、媒体与体育部最具代表性的工作成就是创立并推广了“创意产业”，强调创意在文化产业发展中的重要地位，并通过文化创意将英国文化推广至全球。其对于创意产业的定义是：源自个人创意、技巧及才华，通过知识产权的开发和运用，具有创造财富和就业潜力的行业。根据这个定义，在 2001 年发布的《创意产业发展报告》（*The Creative Industry Development Report*）中，将广告、建筑、艺术和文物交易、工艺品、设计、时装设计、电影、互动休闲软件、音乐、表演艺术、出版、软件、电视广播等 13 个行业确定为创意产业；此外，旅游、酒店、博物馆和艺术馆、文化遗产以及体育，也被认为是与创意产业有密切经济联系的行业①。在管理上，文化、媒体与体育部是创意产业的核心管理部门，但非政府公共文化机构和地方行政部门也承担着相应的重要管理职能。与“一臂之距”的要义相契合，政府在对创意产业的管理上也秉持着保持距离、适当分权的原则，通过制订各类规划、政策和法律加以规

---

① 熊澄宇. 英国创意产业发展的启示［J］. 求是，2012（7）：58—60.

范和指导。

在其日常管理工作中,文化政策制定和经费划拨是文化、媒体与体育部的两大核心工作。在其公布的2010—2011财年报告中,文化、媒体与体育部对包含博物馆、图书馆、美术馆、文化遗产、媒体、体育、旅游等行业在内的文化领域总投入为15.268亿英镑(2009—2010财年总支出为15.266亿英镑),而其2011—2012年的计划支出则为15.958亿,增幅为4.52%[①]。

3. 非政府公共文化机构

文化、媒体与体育部主要通过45个中介性质的公共机构主体来传递和实现自身的战略及目标。这其中包括37个非政府公共文化机构、4个公营公司、2个公共广播局、1个执行局,以及1个未能归类的接受财政部资金的机构——“教会”保护信托基金(Churches Conservation Trust)。在这些公共机构主体中,文化、媒体与体育部主要依靠37个非政府公共文化机构来履行“一臂之距”原则,达到对全国公共文化事业的管理协调。在这37个非政府公共文化机构中,又分为31个执行性非政府公共文化机构[②]、5个咨询性非政府公共文化机构[③]和1个仲裁性非政府公共文化机构[④]。其中起决定性作用的是31个执行性非政府公共文化机构,这些机构的工作人员是半官方或非官方的文化从业人员、文化志愿者以及某一文化领域的专家学者,由其组成执行性非政府公共文化机构来代表政府具体管理文化事务。在具体执行文化政策的过程中,对文化机构和文化个人应该如何给予支持或给予何种程度的支持,都是由执行性非政府公共文化机构的专家决定的,而不是由政府文化主管部门的负责人决定。但与此同时,这些执行性非政府公共文化机构也必须向政府、议会和公众说明和解释其所做决定的合理性与正确性。

四、“一臂之距”管理机制的优势与成效

目前,除了英国之外,“一臂之距”管理机制正在为越来越多的国家政府所采用,如澳大利亚、加拿大、丹麦、芬兰等国。采用“一臂之距”管理机制的优势体现在四个方面:一是减少了政府机构的行政事务,实现了政府职能的转变和“管办分离”目标,既保证了政府工作的高效运作,也保证了非政府公共文化机构的独立性和权威性;二是政府机构不直接与文化组织和团体发生关系,有利于文化领域的检查监督,进而有效避免腐败的滋生;三是非政府公共文化机构独立于政府之外,是非政府、超党派的独立中介性组织,组织成员多由艺术和文化领域的中立专家组成,独立履行职能,避免过多受政府行政干预,从而使文化发展尽可能保

---

① Department for Culture, Media and Sport. Annual Report and Accounts 2010 - 2011[R]. 2016:17.

② 执行性非政府公共文化机构:依据法律设立,履行行政、监管、商业等方面的职能,且拥有独立的人事与预算,并接受外部审计。雇员一般都不是公务员,其管理层一般由政府主管部门部长任命或提名女王任命。

③ 咨询性非政府公共文化机构:通常由政府部门依据行政命令设置而无须特别立法,主要负责就主管部门管辖的相关事务向部门主管提供独立的专家咨询意见。此类机构通常没有自身的职员,而是由主管部门的公务员提供支持;此类机构通常没有部门预算,而由设立此部门的主管部门负责其经费开支。

④ 仲裁性非政府公共文化机构:依据法律设置,在特定领域具有类似司法判决的权力,并作为民众对于政府部门决定不服的申诉渠道之一,以减轻司法体系的负担。此类机构的员工通常由主管部门派出人员兼任,没有自身独立的预算。

持其延续性；四是由此产生的独立自由的氛围，恰恰是文化艺术酝酿和创造的绝佳土壤，从根本上有利于实现文化的发展和繁荣。因此，这种“既不能不管、又不能多管”的国家对文化拨款的间接管理原则与模式，一直被作为英国各级政府管理文化艺术事业的准则，被英国政府视作管理公共文化的法宝。

事实上，在基于“一臂之距”原则的管理机制引导下，英国的文化产业和文化事业均在过去10年间发展迅速。英国不仅是世界上第一个提出创意产业定义，并政策性推动其发展的国家①，也是世界上创意产业占GDP比例最高的国家，为7.9%，每年约有650个专业艺术节在英国举行，其中爱丁堡国际艺术节是世界上最为盛大的艺术节。伦敦戏剧学会2009年2月公布的52个成员剧院的数据显示，2008年伦敦戏剧市场的音乐剧、戏剧、歌剧和舞蹈演出共吸引观众近1381万人次，比上一年增加了1%，票房收入总值达到4.8亿英镑，比上一年增加了3%，观众人次和票房收入都创了纪录。2001年12月，英国财政部通过一项新规定，即政府支持的博物馆和美术馆的永久陈列品若对公众免费开放，就可以享受增值税返还的待遇。到2005年10月，免费开放制度又扩展到英国48所大学的博物馆和美术馆。为此，英国文化、媒体与体育部每年拨出4000万英镑补偿其下属12家博物馆因免费开放损失的门票收入，而该部门主管的所有22家博物馆和美术馆每年还能享受总额为3.2亿英镑的预算支持。这种有条件的免费开放使英国博物馆和美术馆参观者大增，与经济低迷期的其他行业形成了鲜明对比。

五、立法概况

英国目前在宪法层面尚无与文化相关的规定。英联邦政府授权地方政府对文化给予支持，虽然没有针对文化的总体法律框架或成文法，但有一系列法律法规涉及文化相关的问题。如《工作健康与安全法案》（*Health and Safety at Work Act* 1974）为个人提供工作场所的保障，包括剧院、音乐厅、博物馆及艺术工作室，并规定了雇员的基本工作条件。一些法律涉及文化产品，如《货物买卖法》（*Sale of Goods Act* 1979）、《贸易描述法案》（*Trade Description's Act* 1968）、《消费者保障法》（*Consumer Protection Act* 1987）及《物品供应与服务法案》（*Supply of Goods and Services Act* 1982）。

文化艺术各具体领域的相关法律有：①视觉与应用艺术领域，如《建筑物规定法案》（*Building Regulations Act of* 1976）；②表演艺术与音乐领域，如《剧院法案》（*Theatres Act* 1968）、《许可法》（*Licensing Act* 2003）、《星期日剧院法案》（*Sunday Theatres Act*）；③文化遗产领域，如《博物馆法案》（*Museums Act* 1845）、《国家文物法》（*National Heritage Act* 1983）；④文献与图书馆领域，如《公共图书馆法》（*Public Libraries Act* 1850）、《公共图书馆与博物馆法案》（*The Public Libraries and Museums Act* 1964）、《公共借阅权法》（*Public Lending Right Act* 1979）、《淫秽出版物法》（*Obscene Publications Act* 1959）、《图书馆法案（北爱尔兰）》（*The Libraries Act* 2008）、《法定呈缴图书馆法》（*Legal Deposit Libraries Act*）；⑤建筑与空间规划领域，如《建筑师法》（1997 *Architects Act*）、《城市与乡村规划法》（*Town & Country Planning Act of*

① 1993年发布题为《创造性的未来》的“国家文化艺术发展战略”，这实际上是英国中央政府发表的一份政策声明，全面阐述了英国文化艺术的发展方向及各项政策原则和具体措施，这也是英国有史以来首次以官方文件的形式颁布国家文化政策，对于英国文化艺术发展具有重要的纲领性指导意义。

1947)、《建筑物法》(*Building Act* 1984)、《北爱尔兰建筑学与建筑环境政策》(*Government Policy on the Architecture and the Built Environment for Northern Ireland*);⑥电影、电视与摄影领域,如《电影放映法》(*Cinematograph Act*)、《影院法》(*Cinemas Act* 1985)、《星期日娱乐法案》(*Sunday Entertainment Act*)、《电影收费法》(*Film Levy Finance Act* 1981)、《英国电影协会法》(*British Film Institute Act* 1949)、《录像法》(*Video Recordings Act* 1984);⑦大众传媒领域,如《通信法案》(*Communications Act* 2004)、《广播法》(*Broadcasting Act* 1990)、《视听媒介服务规章》(*Audiovisual Media Services Directive* 2007)。

第四节　法国公共文化服务管理体制、政策与立法概况

一、根深蒂固的文化传统

法国是著名的文化大国,法兰西民族是一个崇尚艺术、热爱自由的民族,文化意识和活动创新不断。从16世纪起,法国就形成了王室扶持资助艺术家和艺术创作的传统。17世纪法国国王路易十三、路易十四统治时期,中央政府不仅将对文艺创作的审查权控制在自己手中,而且成为文艺创作的最大资助者。在长期的历史发展过程中,文化和艺术成为法兰西国家形象的重要代表,并成立了全国性的专业艺术机构。大革命时期,即使是在动荡的政治局势下,中央政权也没有忽视对文化的关注,先后设立了国家档案馆、国家图书馆和中央艺术馆三个重要的文化机构。从拿破仑一世到第二帝国期间,虽然政局社会动荡,但历届政府都坚持了有利于发展文化艺术的政策,并进一步加强了国家对文化事业的控制。然而,在经历了第三共和国期间自由化的冲击和第四共和国期间的战后重建,法国文化事业陷入了低谷期[①]。

1959年,法兰西第五共和国政府首次颁布了关于成立文化部的法令,这标志着在文化事业领域,政府从之前单一、零散的资助扶持转向了构建系统的公共文化政策体系,标志着法国开始有了"完整的文化政策"。此后的法国历届政府均非常重视文化事业的发展,认为应该把文化权利作为一项福利提供给法国公民,使人人都能平等进入文化机构、平等参与并享受文化产品与服务。经过近55年的发展,法国政府制定了一系列保护和弘扬本国民族文化、保障公民文化权益的政策,形成了"以公共投入为主,国家扶持、地方支持、多方合作"的模式,各级政府机构共同出资,协商制定目标,并以契约方式保证目标的实现,从而促进了文化事业的创新与发展[②]。

二、政府文化管理体系

1. 中央层面

法国在中央政府层面设立了专门的文化与通讯部(Ministry of Culture and Communication,简称MCC),对全国的文化艺术事业进行管理,其主要职责包括制定文化政策与法规、编制年度文化预算、管理和使用文化经费、保护文化遗产、对国家重点文化设施与团体的管理、促进艺术创作与文化普及、开展国家文化交流等。其组织架构如图2-2所示:

---

① 田珊珊.法国的文化政策:一个基于民族文化视角的研究[J].法国研究,2010(2):76—82.

② 张敏."法国模式"应对金融危机下的文化事业[J].法国研究,2010(1):61—65.

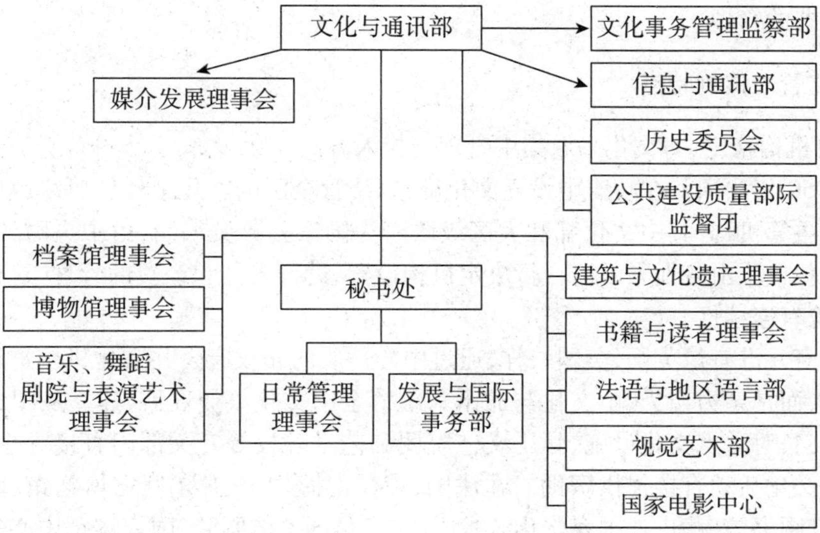

图 2－2　法国国家文化与通讯部组织架构图①

目前，文化与通讯部共有 10 个行政管理理事会，分别是日常管理理事会、档案馆理事会、博物馆理事会、音乐、舞蹈、剧院与表演艺术理事会、建筑与文化遗产理事会、书籍与读者理事会、法语与地区语言部、视觉艺术部、发展与国际事务部、国家电影中心，以及媒介发展理事会。其中媒介发展理事会服务于部长办公室。

文化与通讯部秘书处依据 2006—1453 号法令于 2006 年 11 月 24 日成立，负责日常管理理事会、发展与国际事务部两个部门。

另外，文化与通讯部还设有直属文化事业单位和国家公共事业单位两类事业机构，加强与辅助其文化管理与服务职能。直属文化事业单位直接附属于文化与通讯部管理中心，其功能是在全国范围内进行文化管理、技术研发、生产供给文化产品、提供文化服务与活动等。此类单位有：国家档案馆、研究与修复中心、国家建筑与文化遗产图书馆等。国家公共事业单位是在国家监管下的文化事业机构，拥有独立自主的法律地位、管理权与财政权。此类机构有：国家博物馆、国家艺术中心、国家研究院、国家艺术学校等。

2. 地方层面

法国的行政区划按照级别分为 26 个大区、101 个省、329 个区、3879 个县，以及 36 680 个市镇②。从 20 世纪 60 年代末开始，文化部开始在各个大区逐步设立同文化与通讯部相对应的文化主管部门，称为“大区文化事务管理局”，以监督地方政府落实国家文化政策法令，促进地方各项文化事业的发展。其机构组成和文化部类似，也分设文化遗产、建筑、博物馆、音乐、戏剧等各部门，负责本地区文化艺术事业的创作、产生、推广和艺术培训等，工作人员为政府公务员编制。“大区文化事务管理局”下又分设各省“文化事务局”，职责范畴包括落实政府的文化政策、协调政府和地方的关系、制定地方文化发展规划、管理文化经费、组织和监督文化活动与服务的开展等。省以下的文化单位则由各地方政府自行决定机构设置，进

① France. Cultural Policies and Trends in Europe[EB/OL].[2013－12－29]. http://www.culturalpolicies.net.

② 维基百科. 法国行政区划[EB/OL].[2013－12－27]. http://zh.wikipedia.org/wiki/法国行政区划.

行人员和经费的管理。

三、文化管理体制特点

1. 政府机构稳定,对文化采取集中管理与投入方式

早在1959年法国就在政府中设立文化部,以统管全国的文化工作。各级政府也设立相对应的文化主管机构,其中文化部和大区级政府为国家公务员编制,由中央财政供养。省、市及以下文化单位由各地方政府自行决定机构设置、进行人员和经费的管理,这种架构很稳定,执行政策有连续性。

法国政府并没有像英国、美国一样,通过中介性质的非政府公共文化机构进行文化管理与经费投入,而是亲力亲为,由文化与通讯部统筹全国文化事业发展,建立从中央到地方的文化管理部门,对重点文化设施、骨干文艺院团和艺术院校等有关部门直接管理和拨款,也对一些重要文化活动直接提供资助。在法国,卢浮宫博物馆、凡尔赛宫博物馆、国家图书中心、公共信息图书馆、蓬皮杜国家文化艺术中心、巴黎国家歌剧院、国家舞蹈中心等设施机构均直属文化与通讯部管理,建筑学院、巴黎国家高等音乐舞蹈学院、国家高等戏剧艺术学院、国家高等装饰艺术学院、国家高等美术学院等院校也均归文化与通讯部直属。这些公益性文化事业机构和文艺院团所需经费完全或大部分由政府负担,如巴黎国家歌剧院等主要国家院团,中央政府财政拨款的比例可占到剧院总收入的66%—80%不等①。

2. 采用文化分权政策

法国的文化很发达,文化设施齐全,文化活动非常活跃,但不同地区的文化发展也不平衡。法国著名的文艺团体均集中在巴黎,如国家歌剧院、法兰西喜剧院、国家交响乐团等。国家重要的文化活动大部分在首都举行,这里同外国的文化交流活动也很频繁。相比之下,法国外省的文化设施和文化活动相对贫乏。有些地区缺少必要的文化设施,群众参与文化生活不够活跃。除了巴黎和外省的文化发展不平衡外,城市和农村的文化发展也不平衡。大部分文化设施建在城里,而乡村的文化生活匮乏。市区和郊区的文化活动也不均等,市区的居民比郊区的居民有更多参与文化活动的机会。

因此,法国政府于1983年制定了《地方分权法》(*Law of Decentralisation*),以立法形式推进了文化分权政策。所谓文化分权政策就是将文化活动、资金和设施分别分散到全国各地,而不是集中在巴黎。希拉克总统于1995年上任不久便宣布了两项重要决定:在他任职期间,不在巴黎开工大型文化工程,把文化经费提高到国家财政预算的1%。随后文化和通讯部也宣布了两条重要措施:今后十年间,政府2/3的文化投资用于外省,重要的文化设施大部分建在外省。同时还加快了“地方分权”步伐,把职责和经费分散到大区中的地方部门,加强中央与各级地方政府间的合同式协作,从而使地方政府管理2/3的国家文化投资。法国政府的目标是努力实现三个平衡,即巴黎和外省的平衡、城市和乡村的平衡、市区和郊区的平衡,以便使生活在各地的公民都有平等享受文化生活的权利②。这种做法可以充分调动地方文化机构及文化组织的积极性,促进地方文化建设与发展。

---

① 卢娟. 国外政府文化资助模式及对中国的启示[EB/OL].(2011-12-06)[2013-12-19]. http://www.ccnt.gov.cn/sjzz/sjzz_zcfgs/whzcydy/201112/t20111206_341526.htm.

② 苏旭. 法国文化[M]. 北京:文化艺术出版社,2001:13.

3. 政府重视文化发展,资金投入比重较大

法国政府始终认为,如果不能保证文化领域的财政预算,那么把文化权利写入宪法,也只是一纸空文,因此法国历届政府坚持为文化发展提供充足的资金保障。政府对一些国家文化机构、团体以及与国家有合同关系的文化团体,每年给予固定额度的补贴。法国政府对文化的资金投入比例很高,这在西方国家是不多见的。如 1995 年法国的文化预算经费为 134. 55 亿法郎,占国家财政预算的 0. 95%;1996 年的文化经费预算增加为 155. 42 亿法郎,比上年增加 15. 8%,占国家财政预算的 1%;1997 年文化经费预算为 151 亿法郎,占国家财政预算的 0. 95%;1998 年的文化经费预算比 1997 年增加了 0. 1%,为 151. 46 亿法郎,占国家财政预算的 0. 95%;1999 年文化预算经费为 156. 69 亿法郎,占总预算的 0. 97%,比 1998 年增长了 3. 6%,经费总预算超过往年①。2001 年,文化部的预算高达 167. 2 亿法郎,比 1999 年增长 6. 7%。即使在法国经济发展较为缓慢的时期,政府对文化领域的投入并没有减少。法国政府没有把文化视为简单的消费和娱乐领域,而把它作为促进经济发展的有效途径,文化投资的绝对数额以及在国家财政预算中所占比例较高,多年稳定在 1% 左右②。

4. 通过契约方式进行目标管理

法国政府对文化投入了大量资金,对资金和项目的监管不是通过简单的行政手段,而是通过签订文化协定的契约形式实现,这也是法国文化管理的特点之一。政府在为文化建设提供经费的同时,与相关部门和文化机构签订了各类合同,如中央政府和大区政府签订的合作计划合同、与直属文化事业单位签订的国家项目合同、与文艺院团签订的演出契约合同等,政府利用多种形式的合同、契约对政府资助的部门、单位和机构团体进行管理和监督,以确保投入经费的使用效果,实现政府的管理目标。

四、法国文化投入近况

法国政府对于文化领域的经费投入是分为“文化”和“媒体与文化产业、图书”两个部分的,前者主要包括一些公益性的文化领域和机构,后者则是文化产业的范畴。近年来,由于欧债危机、国内财政赤字等因素的影响,所谓的文化经费投入占国家财政预算的 1% 的标准已经很难达到。根据近三年的法国国家财政预算报告,文化投入占国家财政预算的比例已经严重缩水。其中 2014 年国家财政预算的具体支出如表 2 - 4 所示:

表 2 - 4 2014 年法国国家财政预算支出分配表

序号	领域	额度(百万欧元)	排名
1	国家对外行为	2949	17
2	国家领土总局	2739	19
3	农业、渔业、电力、森林与农村事务	3195	15
4	官方发展援助	2899	18
5	退伍军人、记忆和民族关系	2969	16

① 苏旭. 法国文化[M]. 北京:文化艺术出版社,2001:119.

② 卢娟. 国外政府文化资助模式及对中国的启示[EB/OL]. (2011 - 12 - 06)[2013 - 12 - 19]. http://www.ccnt.gov.cn/sjzz/sjzz_zcfgs/whzcydy/201112/t20111206_341526.htm.

续表

序号	领域	额度(百万欧元)	排名
6	国会和国家控制	631	28
7	**文化(公共文化)**	**2589**	**21**
8	国防	38 921	4
9	政府行动方向	1345	23
10	生态、可持续发展和迁移率	9749	10
11	经济	3647	14
12	住房与城市均等	8122	11
13	国家金融负债	50 864	3
14	学校教育	64 964	2
15	公共财政管理与人力资源	11 426	8
16	移民与庇护	659	27
17	司法	7806	12
18	**媒体与文化产业、图书**	**811**	**26**
19	海外	2058	22
20	政治领土	319	30
21	公共权力	990	25
22	损耗	35	31
23	高等教育与科研	31 338	5
24	社会制度与养老金	6513	13
25	地方政府间关系	2711	20
26	报税与减免	102 056	1
27	健康	1295	24
28	安全	18 238	6
29	团结与机会平等	13 859	7
30	体育、青年与社团	546	29
31	工作与就业	11 125	9
总计		407 368	

资料来源:2014 年法国国家财政预算报告. 关键数据(LEBUDGETDE L’ÉTATVOTÉPOUR 2014,en quelques chiffres).

由上表可知,2014 年法国国家财政预算支出分配中,公共文化和文化产业的配额分别处于第 21 位和第 26 位,属于中下游水平。2014 年法国国家财政预算总支出为 4073.68 亿欧元,其中对公共文化的支出是 25.89 亿欧元,对文化产业的支出为 8.11 亿欧元,分别占预算总额的 0.64% 和 0.2%,两者相加占预算总额的 0.84%。而 2012 年和 2013 年的这一比例分别是 1.07% 和 0.98%,详见下表 2-5:

表2-5　2012—2014年法国国家财政预算文化支出状况

项目		2012	2013	2014
公共文化投入	数额(百万欧元)	2729	2638	2589
	在国家财政预算总支出中所占比重(%)	0.73	0.67	0.64
媒体与文化产业、图书投入	数额(百万欧元)	1268	1216	811
	在国家财政预算总支出中所占比重(%)	0.34	0.31	0.20
文化总投入所占国家财政预算比重(%)		1.07	0.98	0.84

资料来源:2012、2013、2014年法国国家财政预算报告. 关键数据(LEBUDGETDE L'ÉTATVOTÉPOUR 2012/2013/2014,en quelques chiffres).

由表2-5可知,法国国家财政预算中对于公共文化以及文化产业的支出金额和比重都因为受到社会经济现状的影响而逐年减少。即便是以文化总投入(公共文化和文化产业投入之和)所占国家财政预算比重来衡量,也只有2012年超过了1%。单看其对公共文化领域的投入,3年间均不超过0.75%,且呈现逐年下降趋势,距离1%尚有一段距离。但与我国的文化事业费占国家财政预算比重相比较,仍然要高出0.3%—0.4%。

五、文化立法保障

在宪法层面,1958年颁布的《法兰西第五共和国宪法》中明确规定,"公民享有平等的获得教育、职业和文化的权利"①。此项规定不仅从根本上保障了公民的文化权益,也使法国的公共文化建设有了宪法的理据支撑。同时,还有多项针对文化与通讯部的法律,来规范其权力与责任,如2002年5月15日颁布的2002—898号法令规定了文化与通讯部的权限。

法国并没有一部涵盖文化领域各方面内容的专门的文化法,但在社会保障、税收、劳动、版权、语言等多个领域的立法中均有与文化相关的条款。同时,在考古、视觉艺术、听觉艺术、文化产品、剧院、舞蹈、出版物呈缴、艺术教育、图书、多媒体、博物馆、纪念馆、版权、表演艺术、文化遗产等文化领域的多个方面也有相应的立法和法律条文规定,如《企业参与文化赞助税收法》《文化赞助税制》《共同赞助法》《文化遗产法》《博物馆经费法案》《保护及修复历史遗迹法》《古迹保护法》《遗产捐赠与继承抵偿法》《建筑法》《图书单一定价法》《著作法》《电视台法》等。

第五节　其他国家公共文化服务政策与立法概况

一、加拿大文化管理概况及其《多元文化法案》

1. 联邦文化主管部门的组织架构与职能

加拿大从始至今没有一个专职管理文化事务的联邦政府部门。1980年联邦政府决定将

① France. Cultural Policies and Trends in Europe[EB/OL].[2013-12-29]. http://www.culturalpolicies.net.

制定政府文化政策的工作由国务院移交给通讯部,此后,国家的广播、影视、表演艺术、美术、图书、出版、档案、博物馆等文化领域均由该部统一管理。1993 年 10 月,加拿大自由党在全国大选中获胜,重组内阁,将原通讯部的技术方面职权转移至工业部,而其他非技术部门则改组为遗产部,又将其职能做了相应的调整,同时制定了《加拿大文化遗产部法案》(*Department of Canadian Heritage Act*),由此,加拿大文化遗产与官方语言部(Minister of Canadian Heritage and Official Languages,简称 MCHOL)正式成立,该机构是加拿大联邦政府专责艺术、文化、媒体、通信、官方语言、妇女地位、体育等方面事务的部门。

加拿大文化遗产与官方语言部是一个相当庞大的组织,下辖五个职能部门分别是公民及遗产部、文化事务部、国际和政府间事务及体育部、规划和社团事务部以及公共和地区事务部。

其中主管文化艺术领域各项事务的文化事务部下辖机构、项目组及基金包括:加拿大艺术展示、图书出版产业发展项目、广播政策与创新司、加拿大音乐基金、加拿大文化艺术和遗产援助项目、加拿大视听认证办公室、加拿大文化在线、加拿大影视作品税收抵免项目、加拿大电视基金、版权政策司、加拿大文化之都项目、文化投资审查司、加拿大文化空间项目、影视作品服务税收抵免项目、出版物援助项目、国家艺术服务机构指定项目、国家文化艺术培训捐助项目、加拿大电视影片项目等。

加拿大文化遗产与官方语言部的主要职能为:促进对加拿大文化价值的认同、保护并介绍加拿大文化及自然遗产、支持艺术及文化创作、扶持本土文化产业并保护版权、促进加拿大两种官方语言的发展、促进加拿大所有族裔间的进一步了解、促进原住民社会及文化的发展、提倡对人权的尊重、支持义务服务机构、促进年轻人对加拿大本土文化的进一步了解。该部门在其职能框架中对文化定义为如下方面:包括以国家社会、经济及文化为主题的出版、广播、电影、电视、图书、杂志、音像等在内的印刷、生产、制作、广告及发行;包括表演艺术、视觉艺术、博物馆、图书馆、档案馆、书店、文具用品商店等在内的服务,新近还增加了信息网络、多媒体等内容。

2. 文化中介机构:"皇家公司"

与英国一样,加拿大在文化艺术管理上采取"一臂之距"原则,并于 1957 年设立了加拿大艺术委员会(The Canada Council for the Arts,简称 CCA),其性质为"皇家公司"(a Crown Corporation)①,全面管理政府对文化领域的拨款,并向社会筹集资金,通过项目形式支持文化艺术领域的社团或个人,以实现政府的公共文化政策目标。其职能包括:为艺术家和文化艺术团体提供资金资助;负责组织艺术家出国访问和安排外国艺术家出访加拿大;为能给加拿大文化带来益处的外国优秀艺术家访加提供资助;搜集加拿大艺术家创作的现代艺术品,并组织在国内外的展出;为杰出的加拿大本国和外国的艺术家和艺术团授奖;代表加拿大政府执行与外国的艺术交流项目;代表加拿大政府参加联合国教科文组织的一切活动。

加拿大艺术委员会设有 11 人的管理理事会,负责制定委员会的各项政策、项目和预算,每年至少召开 3 次会议。委员会下设视觉艺术部、媒体艺术部、舞蹈部、音乐部、戏剧部、写作与出版部 6 个主要部门,每个部门负责其所对应的文化艺术领域的经费分配。目前,每年

① 所谓"皇家公司",可与汉语语境中的"国有企业"相对应,是根据议会通过的特别法案或依照《加拿大商业公司法》成立的完全由政府拥有的独立法人实体。

约有3700个艺术团体或个人从加拿大艺术委员会获得不同名目的项目资助①。

除了加拿大艺术委员会之外,其文化领域的“皇家公司”还有加拿大广播公司、四大博物馆(文明博物馆、自然博物馆、科技博物馆和国家美术馆)、首都委员会、国家艺术中心、国家图书馆与档案馆等。这些中介性质的“皇家公司”的运营预算经费大部分来自国家财政拨款,并且每财年通过文化遗产部向议会提交工作与财政报告。

3. 基于多元文化主义的文化立法

2008年下旬,加拿大文化遗产与官方语言部职能中的多元文化政策转移至加拿大公民及移民部。多元文化政策(多元文化主义)是多民族社会用以管理文化多元性的公共政策,它采取官方手段在一个国家内部强制推行不同文化之间的相互尊重和宽容。多元文化政策强调不同的文化各有其独特性,在事关接纳其他民族时尤其重要。这个词最早在1957年用来描述瑞士的政策,在20世纪60年代末期被加拿大接纳,并且扩散到其他英语国家。

《加拿大多元文化法案》(*Canadian Multiculturalism Act*)于1985年起草,1988年经国会批准并实施,其目的是为了确保每个加拿大人都享有文化权利并被平等对待,法案内容主要包括:

(1)确保加拿大的多元文化,并强调这一传统必须被保护;

(2)确保原住民的权利;

(3)确保英语和法语为两种仅有的官方语言,但也允许使用其他语言;

(4)确保每个人的平等权利,无论肤色、种族等差异;

(5)确保少数民族享有其自身文化的权利。

其中,法案的第三部分3(1)详细规定了政府在保护文化多元问题上应采取的政策与所肩负的职责:

(1)充分意识到并提升多元文化主义对加拿大社会文化、种族多样性的影响力,使加拿大社会的全体成员都可以自由保存、推进和分享其文化传统;

(2)充分意识到并提升多元文化主义是加拿大传统文化的基本特征和标识,并且能够为塑造加拿大的未来起到重要作用;

(3)促进个人和社区全面、公平地参与和融入加拿大社会,并不断进步和帮助塑造社会的各个方面,消除任何参与的障碍;

(4)认识到社区成员对加拿大社会的贡献,并助力其发展;

(5)确保每个人获得平等待遇和法律的平等保护,同时尊重并珍惜这种个体的多样性;

(6)鼓励并帮助加拿大的社会、文化、经济和政治制度符合多元文化特征;

(7)加深不同文化背景个体之间的理解,并提高其创造力;

(8)促进对加拿大多元文化社会的认同和欣赏,促进并反思加拿大多元文化的发展及演进;

(9)保护并提升除了英语、法语以外语言的使用,但同时也强化官方语言的地位和使用;

(10)在官方语言的基础上致力于促进加拿大多元文化政策的和谐。

从《加拿大多元文化法案》的核心内容可以看出,这项法案并非详细规定文化领域具体

---

① The Canada Council for the Arts[EB/OL].[2014-01-03].http://en.wikipedia.org/wiki/Canada_Council.

事务的法律条文,而是在整体上阐述加拿大政府多元文化主义主张和政策导向的纲领性法律。

与此同时,加拿大在公民权利、税收、经济以及文化的诸多领域均有专门立法,以保障多元文化主义政策的落实与公民文化权利的实现。这些法案有《艺术家地位法》(*Status of the Artist Act*)、《所得税法》(*Income Tax Act*)、《著作权法》(*Copyright Law*)、《隐私权法案》(*Privacy Act*)、《信息获取法案》(*Access to Information Act*)、《官方语言法案》(*Official Languages Act*)、《广播法案》(*Broadcasting Act*)、《博物馆法》(*Museums Act*)、《加拿大图书馆与档案馆法案》(*Library and Archives of Canada Act*)、《加拿大艺术委员会法案》(*Canada Council for the Arts Act*)、《国家艺术中心法案》(*National Arts Centre Act*)、《国家电影法》(*National Film Act*)、《文化财产进出口法案》(*Cultural Property Export and Import Act*)等。

二、澳大利亚文化管理概况

1. 国策:创意澳大利亚

澳大利亚政府于1994年发布了名为《创意国度》(*Creative Nation*)的文件,正式提出"创意产业"的概念,是世界上最早提出创意产业概念和相关政策的国家。20年来,澳大利亚政府着力于将国家打造成一个"创意国度",通过创意产业和文化机构来构建国家的软实力,将本国民族文化与投资创意产业产生的经济利益结合起来。在澳大利亚,文化政策也被认为是一种经济政策,可以增值、可以创造财富。20世纪90年代以来,澳大利亚的舞台艺术、影视制作、互动艺术、创意设计等均发展迅速,同时,澳大利亚政府以财政支持和政策扶持的方式带动民间资本进入创意产业,实现技术创新和市场创新,孵化产业主体,引导重点行业发展,积极发展创意集群和园区,不仅关注文化产品本身,也关注文化的商业能力。2013年,政府又发布了《创意澳大利亚》(*Creative Australia*)这一政策性文件,将打造创意产业作为其国家层面的文化发展战略。2005年,澳大利亚成立了"创意产业研究院",隶属澳大利亚研究院,设在澳大利亚昆士兰科技大学内。

《创意国度》与《创意澳大利亚》这两份文件均是针对澳大利亚全国文化发展的各个领域进行全面规划的政策性文件,其核心内容紧密围绕着丰富和发展澳大利亚的文化创意水平、文化创新氛围等,目的是通过发展澳大利亚的文化来推动其经济的不断发展。澳大利亚政府将文化产业(包括娱乐业)分为十大类:自然类,文学、图书类,音乐类,表演艺术类,美术类,电影录像类,广播电视类,艺术教育和群众文化类,娱乐健身类,体育类。2009年澳大利亚创意产业企业交流中心(CIIC)发布的《创意产业经济分析报告》显示,澳大利亚创意产业年平均增长率为3.9%,高于其总体经济增长水平;创造43.8万个就业机会,占总就业机会的4.8%;创造的工业生产总值为311亿澳元[①]。创意产业对GDP的贡献已超过农业、林业、渔业等传统工业以及煤气、水、电、住宿与食品等服务行业[②]。澳大利亚国家统计局(Australian Bureau of Statistics)2011年的统计数据显示,澳大利亚共有包括软件和交互内容、设计、

① 2009年1澳元约合人民币6.8元。

② 中国传媒大学文化发展研究院."创意澳大利亚"对中国文化发展的启示——范周教授对话中国驻澳大利亚公使衔文化参赞舒晓、澳大利亚国立大学教授肯·泰勒[EB/OL].[2013-10-14].http://www.cdi.net.cn/readArticle.aspx?id=1020&bsh_bid=301693041.

建筑、广告和市场、影视和广播、视觉艺术、出版、音乐和表演艺术八大类创意产业企业总计12.2万家①。

2. 管理:澳大利亚艺术委员会

澳大利亚艺术委员会(Australia Council for the Arts,简称ACA)是澳大利亚联邦政府的艺术资助和咨询机构,是联邦政府与具体文化单位之间的专业性中介组织,通过对政府文化拨款进行分配和管理,达成政府的文化政策与远景,体现了澳大利亚"一臂间距"的国家文化管理体制。委员会的宗旨是鼓励艺术家积极创造,改善文化发展环境,应对国际文化竞争,为本国国民提供更多参与艺术和文化活动的机会。其职责主要是执行联邦政府文化艺术政策、为政府政策提供文化艺术方面的决策咨询、通过项目资助计划扶持艺术家和艺术机构、对艺术团体提供咨询和业务指导、促进文化艺术领域的合作、提升文化在公民社会生活中的地位和作用等。艺术委员会通过艺术大臣直接向联邦首相与内阁部②负责。

澳大利亚艺术委员会有近120名全职工作人员,设有1个首席执行官办公室和5个部门。首席执行官办公室是艺术委员会的最高决策机构,负责执行国家文化政策并提出建议、制定组织预算、履行组织法定职权和功能。5个部门分别是原住民和托雷斯海峡岛居民艺术部、艺术发展部、艺术资助部、艺术组织部、组织资源部。另外,艺术委员会还有3个小组委员会,是由相应领域专家组成的咨询建议性质的委员会,分别是审计和财政委员会(The Audit and Finance Committee)、提名与任选委员会(The Nominations and Appointments Committee)、战略委员会(The Strategy Committee)③。

3. 文化立法

澳大利亚针对文化领域的主要立法有:《著作权法》(*Copyright Act* 1968)、《著作权法修正案(精神权利)》[*Copyright Amendment*(*Moral Rights*)*Act* 2000]、《隐私法》(*Privacy Act* 1988)、《澳大利亚委员会法案》(*Australia Council Act* 1975)、《国家电影与声像资料法案》(*National Film and Sound Archive Act* 2008)、《国家美术馆法案》(*National Gallery Act* 1975)、《国家图书馆法案》(*National Library Act* 1960)、《澳大利亚国家博物馆法案》(*National Museum of Australia Act* 1980)、《澳大利亚国家海洋博物馆法案》(*Australian National Maritime Museum Act* 1990)、《可移动文化遗产保护法》(*Protection of Movable Cultural Heritage Act* 1986)、《公共出借权法案》(*Public Lending Right Act* 1985)、《澳大利亚文化遗产委员会法案》(*Australian Heritage Council Act* 2003)、《历史失事沉船法案》(*Historic Shipwrecks Act* 1976)等。

三、德国文化管理概况

1. "集权式"文化管理体制

与法国类似,德国实行的是"集权式"的文化管理体制,即管理权主要集中在各级政府及其所属行政部门。1998年,联邦政府为了进一步巩固自身的文化管理职能,第一次设立了文化与媒体事务国务部长职位,并成立了独立的联邦机构——文化与媒体委员会,下设1个

---

① Australian Bureau of Statistics. Counts of Australian Business Operator 2011 to 2012[EB/OL].[2013-12-22]. http://www.abs.gov.au/websitedbs/D3310114.nsf/home/home? opendocument.

② 成立于1971年,其前身为1911年成立的首相署(the Prime Minister's Department)。

③ Australia Council for the Arts[EB/OL].[2013-12-29]. http://www.australiacouncil.gov.au/about.

司、4个处和26个机构,雇员300余人,负责德联邦的文化政策与中央政策管理、艺术文化促进(含图书馆、博物馆管理)、媒体网络电影国际事务(国际交流)、历史和回忆(含国家历史博物馆、档案馆、纪念碑等项)。同时还设立联邦文化基金会,也由联邦政府直接管理。

需要说明的是,德国所谓的“集权式”文化管理体制,是相对于非官方或半官方组织如艺术理事会而言的,其主要特点是文化管理权集中于各级政府。事实上,作为一个联邦制国家,德国主要依靠并通过地方政府而非联邦政府开展文化建设与管理。德国从未有过类似巴黎之于法国和伦敦之于英国这样的文化中心,而是由大大小小分布于各州且各具特色的文化中心,甚至在小城市和乡镇中文化生活也很丰富。国家重要的文化机构和文化设施也都分散在各地,如德意志图书馆设在美因河畔的法兰克福、莱比锡和柏林;联邦档案馆的中央馆址在科布伦次,分馆设在柏林、波茨坦、布莱斯高的弗赖堡和拜罗伊特;汉堡是新闻媒介最集中的地方;科隆、杜塞尔多夫和卡塞尔是当代艺术生活的3个中心;柏林的剧院数量居于全国首位;最有价值的博物馆分布在柏林、希尔德斯海姆、美因河畔法兰克福、慕尼黑、纽伦堡、科隆和斯图加特;两所最重要的文学档案馆在马尔巴赫和魏玛,等等。德国大多数的文化设施建设是由城市和乡镇政府负责并维持的,与此同时,大多数的州还负责文化事务方面的立法工作①。

2. 文化立法

德国宪法Ⅲ第5条款对文化与艺术做出了规定:“艺术、科学、研究和教学应当是免费的。”同联邦宪法相比,大多数联邦州宪法对于艺术与文化的规定更为明确,如巴伐利亚、勃兰登堡、萨克森三个州均将文化作为本州的主要目标,并以条款形式明确,如,“巴伐利亚是一个合法的、文化的及社会的州”(Ⅰ,条款3),萨克森州则专门制定颁布了《萨克森州文化领域法案》。此外,有关著作者权利的规定也可以在黑森州宪法中找到,“著作者、发明者和艺术家的权利由州政府负责保护”(条款46)。大多数的州宪法中包含了对艺术文化发展的公共支持方面的保障,例如条款中说,“政府保护并支持文化生活”(柏林,Ⅱ,条款20)。另外,有的州宪法强制性规定政府当局培养公众参与艺术文化,如“应为所有民众提供利用文化产品的机会”(莱茵兰普法尔茨州,Ⅲ,条款40)。还有的州宪法中包含了对特殊公共职责的合法义务,例如文化遗产保护领域或成人教育,以及一些涉及提高与保护少数民族文化传统的内容。

除了宪法之外,其他与文化相关的法律还有:《艺术家社会保险法案》《基金会税收法案》《非营利性与捐赠法》《著作权法》《联邦数据保护法案》《德国文化遗产保护与防止流失海外法案》《联邦电影保护法案》《联邦建筑物法案》《公共建筑艺术法》《德国国家图书馆法案》《规定书价法》《联邦信息与通讯服务法案》《联邦档案法》等。

四、瑞士文化管理概况与《文化促进联邦法》

1. 政府主管机构及运行方式

《瑞士联邦宪法》(*Swiss Federal Constitution*)明确规定:发展文化事业主要是地方职责,联邦政府只是在自然遗产、文物保护和电影三个方面有全国立法权和一定的管理权。这也就意味着包括图书馆、博物馆、音乐会、戏剧表演、历史古迹、大众媒体等诸多文化发展职责

---

① 徐向昱.德国文化产业概观[J].青岛职业技术学院学报,2006(9):43—47.

的承担者，首先是地方政府，即市镇政府，其次是州政府，最后才是联邦政府。联邦政府不直接干预文化，仅通过“一臂之距”方式起到辅助作用。

瑞士联邦政府的文化主管机构是瑞士联邦文化办公室（The Swiss Federal Office of Culture，简称 BAK），隶属于联邦国内事务部（the Federal Department of Home Affairs），全面负责瑞士联邦层面文化政策的发展与实施、文化振兴与文化遗产保存，并为议会提供文化建议与咨询，同时还直接为电影生产、视觉艺术设计、专业文化艺术机构和组织的奖助提供直接支持，并负责一次性的大型文化项目。

瑞士文化基金会（The Pro Helvetia Foundation/The Arts Council of Switzerland）是100%由政府出资独立运营的“一臂之距”文化机构，成立于1939年，在视觉艺术、音乐、人文科学、剧院、舞蹈及社会等文化领域发挥作用。其职责首先是将文化艺术带给大众，同时以项目或薪资方式为文化机构及艺术家提供直接资助。瑞士文化基金会还致力于在海外推广瑞士当代文化艺术，目前已经在华沙、开罗、约翰内斯堡、新德里和上海设立了联络办公室，并在巴黎设有文化中心，在罗马和纽约与颇具实力的机构合作。基金会的上海办公室设立于2010年，是基金会驻外联络办公室中最年轻的成员，旨在支持中瑞两国艺术家与机构间的合作与交流，通过开展项目促进两国在文化领域内知识与经验的分享。

作为贯彻“一臂之距”管理体制的瑞士文化基金会，设有由文化艺术各领域专家组成的理事会，负责监督基金会的各项工作。接受政府的委托与经费，独立履行其职能，既保持了文化发展的连续性，又保证了文化经费分配上的客观公正。

2. 文化立法

2009年年底，瑞士联邦议会通过了《文化促进联邦法》，并于2012年1月1日起正式生效，这是瑞士第一次以法律形式确立了全国统一的文化发展方针。该法授权联邦政府在文化遗产保护、文化艺术创作、文化艺术教育与人才培养、多元文化交流和国际交流等领域采取有力措施，大力促进文化发展，同时重新规范了瑞士文化基金会的组织与管理。《文化促进联邦法》主要内容分为两大块，一是规范联邦政府在文化促进方面的组织与管理；二是规范瑞士文化基金会的组织与管理。

《文化促进联邦法》全文共有4章48条。第一章“总则”部分，阐明了该法规范的对象、涉及的范围、立法的目的以及文化促进的基本原则；第二章“文化促进”部分，规范了联邦政府在文化促进方面的一般标准、鼓励措施、国际合作、资助方式和资金管理等内容；第三章“瑞士文化基金会”部分，明确了瑞士文化基金会的宗旨使命、机构与人员、财务制度与监督管理制度，并以此替代了1965年出台的《瑞士文化基金会法》；第四章“附则”部分，交代了该法颁布主体、生效时间、受制条件及对现行法律的废除与改进①。

文化艺术领域的其他联邦立法有《瑞士国家图书馆联邦法》（*Federal Law on the Swiss National Library*）、《瑞士国家博物馆建立法》（*Law on the Establishment of the Swiss National Museums*）、《瑞士博物馆和藏品联邦法》（*Federal Law on Museums and Collections of the Swiss Confederation*）、《自然和文化遗产保护法》（*Law and Decree on Nature and Heritage Conservation*）、《广播电视联邦法》（*Federal Law on Radio and Television*）、《电影制作和电影文化联邦

① 彭微，张柯，金武刚. 当代瑞士文化法制建设新进展——《文化促进联邦法》述略[J]. 山东图书馆学刊，2010(6)：34—41.

法》(*Federal Law on Film Production and Film Culture*)、《文化财产转让联邦法》(*Federal Law on the Transfer of Cultural Assets*)、《作者权利法》(*Law on Author's Rights*)等。另外,各州在社会保障、税收支持、劳动保护、财政经费等领域的立法中也有关于文化艺术的规定。通常来讲,社会保障方面的法律,一般都要求地方政府为其管辖范围内的文化艺术从业人员提供社会保险和社会福利;税收方面的法律,通常鼓励企业捐赠资助文化艺术,并在一定范围内给予免税优惠;劳动保护方面的法律,相应地保护文化艺术从业人员的合法权益。有些州的法律还明确规定了支持文化发展的资金保障额度,如《阿尔高州法》(*Law of the Canton of Aargau*)规定,政府上一年度税收收入的1%,必须用于发展文化艺术。

五、乌克兰文化管理概况及其文化法

1. 文化管理框架

乌克兰政府文化艺术的主管部门是文化部(Ministry of Culture of Ukraine,简称 MCU),除了文化部之外,国家文化政策的制定和出台还依赖于三大机构:政府的部长内阁(Cabinet of Ministers)、议会的文化与精神遗产委员会(Committee on Culture and Spiritual Heritage),以及总统办公室。另外还设有一个文化艺术领域的特殊工作机构——总统公共慈善委员会(The Public Humanitarian Council at the Presidency,简称 PHC),承担政府咨询顾问的角色。同时,乌克兰外交事务部也是政府文化政策制定的参与者,尤其是在对外文化政策的制定方面。

除此之外,乌克兰还有大量的国家文化事业单位,如剧院、剧场、博物馆、图书馆等公共文化机构均包含在内。截至 2005 年年底,乌克兰共有国家级剧院 135 所,各级博物馆 394 家,电影厂 7 家,电影放映场所 4.1 万个,各类图书馆 2.03 万个,藏书 3.36 亿册,国家级文物保护单位 2 万多个①。

近年来,乌克兰文化部开展了一系列旨在弘扬本国文化的活动,如加大对文化事业的投资力度;大力发展艺术院校和图书馆信息网络建设;扶持地区文化,弘扬民间传统文学艺术;吸引青年从事民族文化活动等。

2. 文化立法

乌克兰文化政策的宗旨是:国家为文化艺术组织机构和艺术家提供法律保障,支持民族文化的发展,不对其实行政治或行政干预;维护文化艺术在其存在和发展过程中所表现出的自身价值和独立性;保证创作自由,保存文化遗产,为各民族人民进一步发展其传统文化创造必要条件;吸引各方资金,以支持文化基层单位和重要文艺机构开展活动。

目前,乌克兰在文化领域的现行法律主要有 22 部,如表 2-6 所示:

表 2-6　乌克兰现行主要文化法律一览表

序号	法案名称	颁布/生效年份
文化政策框架性或原则声明性立法		
1	《文化法》(*Law on Culture*)	2011
2	《乌克兰少数民族法》(*Law on National Minorities in Ukraine*)	1992

① 乌克兰历史文化[EB/OL].[2013-12-29]. http://hi.baidu.com/younghowst/item/da28228228c55f5f26ebd933.

续表

序号	法案名称	颁布/生效年份
	建立和规范文化事业单位范畴、运营、管理架构、经费资助程序等内容的立法	
3	《信息法》(*Law on Information*)	1992
4	《电视广播传播法》(*Law on Television and Radio Broadcasting*)	1993
5	《著作权与相关权利法》(*Law on Copyright and Related Rights*)	1994
6	《图书馆与图书馆员法》(*Law on Libraries and Librarianship*)	1995 颁布 2008 修订
7	《博物馆与博物馆活动法》(*Law on Museums and Museum Activities*)	1995 颁布 2009 修订
8	《国家档案馆基金与档案机构法》(*Law on the National Archive Fund and Archive Institutions*)	1994
9	《政府支持多媒体与记者社会保护法》(*Law on Governmental Support to Mass Media and Social Protection of Journalists*)	1997
10	《专业艺术家与艺术家联盟法》(*Law on Professional Artists and Artists Unions*)	1997
11	《电影艺术法》(*Law on Cinematography*)	1998 颁布 2010 修订
12	《文化遗产保护法》(*Law on Preservation of Cultural Heritage*)	2000
13	《文化产品进出口与赔偿法》(*Law on Export, Import and Restitution of Cultural Goods*)	1999
14	《视听与录音制品复制传播法》(*Law on Distribution of Copies of Audio and Visual Products and Phonograms*)	2000
15	《乌克兰民间艺术与工艺美术法》(*Law of Ukraine on Folk Arts and Crafts*)	2001
16	《文化遗产私有化临时禁止法》(*Law on Temporary Prohibition to Privatise Cultural Heritage Objects*)	2005
17	《剧院与艺术表演活动法》(*Law on Theatre and Performing Arts Activities*)	2005
18	《禁止私有化文化遗产遗迹名录法,与乌克兰法律修正案》(*Law on the List of Cultural Heritage Monuments Prohibited from Privatisation and the Law on Amendments to the Law of Ukraine*)	2008 颁布 2010 修订
	规范财政经费的立法	
19	《乌克兰预算法典》(*Budget Code of Ukraine*)	2002
20	《慈善基金法》(*Law on Charity and Charitable Foundations*)	1997
21	《乌克兰旅游活动法》(*Law on Touring Activities in Ukraine*)	2003
22	《乌克兰税法典》(*Tax Code of Ukraine*)	2010

由此可见,作为除俄罗斯之外欧洲最大的国家,乌克兰不仅有着国家纲领性的《文化法》,还有针对文化艺术和文化遗产机构、从业人员、经费预算、活动运营等方面的法律规范,形成了较为完备的文化事业法律体系,可谓是“麻雀虽小,五脏俱全”。

3.《乌克兰文化法》概述

《乌克兰文化法》(*Law of Ukraine on Culture*)于 2010 年通过,2011 年起正式实施,确立

了文化艺术事业与活动的法律基础，对涉及“文化遗产和文化价值的创造、使用、传播及保护”的社会关系进行调节。法律共分为 10 章 35 条款，分别是：总则（第 1—5 条）、文化领域的权利与义务（第 6—11 条）、文化活动（第 12—21 条）、文化机构的基础网络（第 22—25 条）、文化机构活动的经费保障（第 26—28 条）、文化工作者的社会保障（第 29—30 条）、文化发展中的社会参与（第 31—32 条）、国际文化联系（第 33—34 条）、违反文化法所需承担的法律责任（第 35 条）、附则。

《乌克兰文化法》首先对文化、文化机构、文化设施、文化产品、文化艺术项目及补助金、文化活动等概念进行了界定；规定了法律所调整规范的领域，包括文化遗产、博物馆、图书馆、出版、音像制品的制作和传播、文化艺术教育、文学、电影、戏剧、音乐、舞蹈、体操、造型艺术、实用装饰艺术、建筑、摄影、设计等；声明了国家文化政策的基本原则与优先权。其次，《乌克兰文化法》明确规定乌克兰公民享有创作自由权利、文化机构与资源的使用权利、文化产品与活动的获得权利等；同时也有义务保护文化遗产、财产与公共文化资源。再次，法律分别对文化活动、文化机构的基础网络、文化机构活动的经费保障、文化工作者的社会保障、文化发展中的社会参与、国际文化联系等具体领域的相关问题进行了详细阐释与规定。最后明确了违反文化法的个人或机构所需承担的法律责任。

六、新加坡文化艺术管理与建设概况

1. 现行管理机构

新加坡是一个城市型国家，全国只有中央一级政府，无省市之划分，将全国划分为五大社区（行政区），每个区成立有社区发展理事会（简称社理会），其首长称为市长，级别相当于部长，五大社区又进一步划分为 87 个选区①。

目前，新加坡中央政府全面负责文化艺术管理发展的主管机构是文化、社区与青年部（The Ministry of Culture，Community and Youth，简称 MCCY），其职能为：鼓励社区参与文化艺术、支持公民的文化艺术需求和教育、发展文化产业和公共文化基础设施建设、保存并保护国家艺术藏品和文化遗产等。

文化、社区与青年部下设国家艺术委员会（National Arts Council，简称 NAC）和国家文化遗产委员会（National Heritage Board，简称 NHB）。其中国家艺术委员会成立于 1991 年 9 月，是专责新加坡文化艺术发展的“一臂之距”式的国家代理机构，其目标是培育文化并使之成为新加坡民众生活中不可或缺的一部分。

2. 特色：“文艺复兴城市”战略

新加坡政府一直以管制严格全面而著称，是东亚政府管制模式的典型代表，其国家艺术委员会、国家文物局以及新加坡美术馆、亚洲文明博物馆、国家图书馆体系等行政机构和艺术场所等从建立到运营均由国家直接管控。但是近十余年来，随着全球新经济的出现和放松管制潮流的兴起，新加坡政府的管制模式正在发生变革，在文化方面也开始由严格控制向放松管制方向发展。

2000 年 3 月，当时的新加坡信息与艺术部制定发布了新世纪文化发展战略《文艺复兴城市报告：文艺复兴新加坡的文化与艺术》，推出分阶段的“文艺复兴城市计划”，核心内容

① 新加坡行政区划[EB/OL].[2013－12－29].http://zh.wikipedia.org/wiki/新加坡行政区划.

是要把新加坡打造成为地区的文化、设计和传媒中心，以适应国家在新世纪由工业经济向知识经济转变的文化艺术需求。该计划提出政府将在 5 年内增拨 5000 万新元用于文化艺术发展，通过培养欣赏与从事文化艺术的庞大群体、培养骨干艺术公司、肯定与培育本地人才、提供良好的基础设施、进军国际舞台、发展文化艺术的“文艺复兴”六大策略来构建文化“软件”。事实上，随后的经费支出金额和增长幅度远远超过了设想。据统计，2001 年政府在文化方面的支出就高达 1. 56 亿新元，占政府总支出的 0. 556%；2002 年迅速增至 2. 97 亿新元，占当年政府支出的 1. 05%，增长了近 91%；2003 年政府投入仍维持高速增长，达到 4. 14 亿新元，占总支出的 1. 38%①。

2005 年，新加坡开始实施“文艺复兴城市计划二”，增加资助金额，将重点放在政府和企业合作上，建议公共部门集中资源以发展文化艺术基础建设，借此培养创意人才与观众群体，同时建议发展创意市镇，以整合艺术、商业及科技的概念来规划地方发展，并建立当代博物馆以展示各国的当代艺术设计，同时推广艺术与文化创业精神。项目执行至 2007 年，新加坡每 3 个人中就有 1 人在 1 年内至少参加过 1 次文化艺术活动，而 1996 年这一比例仅为 1/10。新加坡也拥有了一批具有国际声誉的文化设施、文化团体和文化项目。

新加坡政府目前正在实施的是 2010 年开始的“文艺复兴城市计划三”，为期仍是 5 年，主要目标是以宜居的城市环境吸引各国文化艺术人才到新加坡，同时提升公众的文化艺术素养，培育良好的文化艺术氛围，使新加坡成为一个国际化的文化艺术城市。

在实施“文艺复兴城市”系列战略中，新加坡政府还致力于打造文化中心区域，同时鼓励社区积极参与举办各种文化艺术活动，以增强国民认同感。政府通过税收优惠等措施，鼓励私人机构资助文化艺术活动。据官方统计，新加坡文化艺术产业 2009 年的营业收入为 45 亿美元，创造附加值 10 亿美元，其中视觉艺术贡献 40% 多，表演艺术占 20%，书籍出版销售占 30%，其余为博物馆等的贡献。文化艺术产业提供了 2. 48 万个就业岗位，其中视觉艺术、表演艺术和出版业各占 1/3，另有约 1000 多人服务于博物馆等文化机构②。

第六节　国外公共文化保障性政策制定与立法的理论基础与特点

一、福利国家理论及其普惠性特征

“福利国家”（Welfare State）作为一种国家形态，起源于 19 世纪的欧洲，最早见于德国俾斯麦的社会保险体系，后被英国引入。第二次世界大战后，对“战争国家”的反思以及 20 世纪的经济大萧条促使许多国家选择了为公民提供部分或全面社会服务体系的福利国家道路。尽管目前还没有明确一致的定义，但它正在使现代国家理论发生质变这一事实却毋庸置疑。其理念基础是凯恩斯经济学、贝弗里奇的福利思想以及基于平等公民权利的社会民

---

① 杨荣斌，陈超. 世界城市文化发展趋向——以纽约、伦敦、新加坡、香港为例[EB/OL].（2004 - 03 - 14）[2013 - 12 - 29]. http://www. china. com. cn/chinese/zhuanti/2004whbg/503891. htm.

② 新加坡：鼓励多元文化，打造地区文化中心[EB/OL].（2012 - 12 - 10）[2013 - 12 - 29]. http://news. xinhuanet. com/world/2011-12/10/c_111232670. htm.

主主义理论①。

"福利国家"使国家的核心职能从亚当·斯密归纳的国家义务第一条"保护本社会的安全,使其不受其他独立社会的侵犯和践踏",转向了"尽可能保护每一位社会成员,使其不受社会其他成员的欺侮和压迫……建立并管理某些公共机关和公共工程"等公共服务领域,这种转变导致了公共福利支出的迅猛增加,反映在数据上就是以社会福利和社会保障为主的社会政策支出占国民生产总值的比例大幅提升。基于此,可以将"福利国家"理解为以社会福利和社会保障为国家核心职能的国家形态,其主要目标是要让社会全体成员分享所属社会的发展成果②。

福利国家的一个典型特征,就是其社会福利体制的普惠性。通过提供面向所有社会成员的普遍的社会福利,体现了国家在福利体制建设上的责任,也促进均等化的实现。这种普惠性主要表现在基本社会保障的方方面面,避免少数群体由于缺乏保障被排斥在社会体系之外而陷入困境,同时通过福利体制尽可能地促进社会整合与社会平等。

文化权利是人人享有的基本权利,对文化权利的保障也是社会基本保障的一个方面。《世界人权宣言》第二十七条规定:"人人有权自由参加社会的文化生活,享受艺术,并分享科学进步及其产生的福利。""人人对由于他所创作的任何科学、文学或美术作品而产生的精神的和物质的利益,有享受保护的权利。"《经济、社会、文化权利国际公约》第十五条第一款规定:"本公约缔约各国承认人人有权:(甲)参加文化生活;(乙)享受科学进步及其应用所产生的利益;(丙)对其本人的任何科学、文学或艺术作品所产生的精神上和物质上的利益,享受被保护之利。"可见,文化权利是公民的基本权利,是福利国家为其公民所提供保障的一个重要方面。

同时,文化权利的核心是其公平性。文化公平是指人人都拥有平等享受文化资源的机会和权利,每个人所特有的文化需求都能得到满足,这种机会和权利不受性别、种族、身份、阶层等因素的影响。《经济、社会、文化权利国际公约》第二条第二款规定:"本公约缔约各国承担保证,本公约所宣布的权利应予普遍行使,而不得有例如种族、肤色、性别、语言、宗教、政治或其他见解、国籍或社会出身、财产、出生或其他身份等任何区分。"因此,文化权利及其公平性也是福利国家社会福利体制普惠性的具体实现路径之一。

二、公共治理理论对文化政策的影响

20 世纪 90 年代以来,公共治理理论开始在西方社会科学中流行起来,旨在重新探索国家和社会公共事务的管理模式。"治理"的基本含义是指在一个既定的范围内运用权威维持秩序,满足公众的需要。治理的目的是在各种不同的制度关系中运用权力去引导、控制和规范公民的各种活动,以最大限度地增进公共利益。从政治学的角度看,治理是指政治管理的过程,包括政治权威的规范基础、处理政治事务的方式和对公共资源的管理。治理理论与传统政府理论的不同之处在于,治理理论是在国家、市场经济、公民社会这一三维结构框架下探讨政府的作用与能力等问题。其基本前提是,国家的作用和能力都是有限的,因此必须强

① 福利国家[EB/OL].[2014-02-10].http://zh.wikipedia.org/wiki/.

② 章星球.文化本位的福利国家初探[EB/OL].[2014-02-10].http://club.kdnet.net/dispbbs.asp?id=2689016&boardid=1.

调多主体治理以及管理方式和手段的多样化,要求管理对象的积极反馈与参与,以形成上下互动的管理过程;提倡平等协商与合作,反对单纯依靠行政命令或市场机制来进行协调。

基于治理的含义与前提,公共治理可以定义为由开放的公共管理与广泛的公众参与二者相结合而成的公共领域治理模式。公共治理理论的内容对公共文化管理及政策的形成有着重要影响。首先,公共治理要求其治理主体多元化,是一个由多元的公共管理主体构成的公共行动体系,包括政府部门和非政府部门。这就需要政府在自身之外引入其他治理主体,如企业、第三方社会力量等,协助其共同开展公共文化服务,同时围绕这些主体进行政策制定。其次,公共治理需要建立起有效的治理网络体系,其中的各成员依靠自身优势和资源,树立共同的目标开展合作,并共同承担风险。这就需要一整套完善的管理协调制度与政策保障各主体的协调配合、规范各自的行为和责任,做到权责一致。再次,由于不同的治理主体有各自不同的管理方式、手段和依据,因此需要依照公共文化领域治理的实际需要,在进行综合分析的基础上,决定并制定不同的工具标准和政策规范。以此三方面来真正实现公共文化治理的主体多元化、管理民主化和手段市场化。

三、国外公共文化管理及其法律政策体系的特点

(1)通常将州/省和地方政府作为政府提供和开展公共文化服务的主要事权责任主体,联邦政府只负责宏观指导,同时多以项目资助形式提供定量的经费支持。

(2)大都通过立法设置半官方性质(或称联邦独立机构)的文化艺术基金会/委员会,政府通过这类中介机构对文化艺术领域的非营利性机构和个人提供拨款与赞助。

(3)通过制定法律法规或优惠政策,吸纳并鼓励非营利性文化机构、慈善机构、企业和个人等多元社会力量参与公共文化服务。

(4)大都通过法律条款或年度财政预算案明确规定国家或地方财政对文化的投入规模或标准。

(5)在中央和地方层面虽鲜有专门的文化立法,但由宪法、一般法、文化各相关领域法律法规和政策构成了完善的保障体系。

第三章　公共文化服务设施保障研究

第一节　公共文化服务设施的网点布局

一、网点布局的原则

公共文化设施既是提供、展示、收藏、研究、组织文化艺术产品与活动的机构与设施,也是公众进行文化活动的重要载体和娱乐休闲的主要场所。文化设施的建设能够有效促进区域文化和社会发展,满足公众的文化需求并实现其基本文化权益。在公共文化设施的规划布局中,应始终坚持"以人为本、便捷可达、覆盖全面、功能协调"的原则。

1. 以人为本原则

公共文化服务设施的建设数量、规模要首先要与人口分布、规模、结构特征、流动趋势等相适应。公共文化设施的建设选址应当是人口相对集中的区域,并以服务人口特征为主要依据确定单体设施的建设规模。服务人口的界定标准是公共文化设施服务范围内的规划总人口,包括城镇户籍人口(非农人口及农业人口)和居住半年以上的暂住人口。

2. 可达性原则

公共文化设施的可达性可以理解为居民克服距离和时间等阻力到达某文化服务设施或活动场所的能力的定量表达。影响这种可达性的主要因素有三个方面:第一,居住地与城市公共文化服务设施间的通达性或阻力大小;第二,城市公共文化服务设施的吸引力;第三,居民的个人及家庭属性特征,即个人因素。可达性作为评价空间公正和社会公平最重要的因素之一,为公共文化空间的规划建设提供了科学依据和评价标准,其研究结果对于规划和优化公共文化空间整体结构体系,特别是确定各级公共文化服务设施的服务半径有较高的参考价值,可以作为确定公共文化服务设施服务半径的主要依据。因此,公共文化设施的布局要充分考虑服务对象的交通出行习惯、出行时间和要求,能够让其在较短的时间内较轻松地到达目的地。基于此,公共文化服务设施应设置于交通便利的区域,且至少有一种以上公共交通工具可达。

3. 覆盖全面原则

公共文化服务体系建设的基本要求之一是覆盖全社会,这首先要做到公共文化服务设施的全覆盖,只有有了设施网点的无死角,才能够有效依托于这些设施提供覆盖全社会的公共文化服务和文化活动。

4. 功能协调原则

公共文化设施的规划布局还应当与现代公共文化设施的设计服务理念以及建设要求相适应,如设施的规划功能,环保节能、防灾防火等设施应完善;各类用房所占面积的比例应适当;建筑设施内外环境、外观造型与室内装修应协调;单体公共文化服务设施功能与其他服务设施功能之间应配合协作等。

公共文化服务设施的规划与布局是否合理,可以从公平和效率两个方面进行评价。所谓公平，是指从为居民服务的角度出发，科学地设计公共文化服务设施的覆盖范围，保证惠及所有居民。所谓效率，是要高效地配置公共文化服务设施资源，从政府和规划者的角度，将一定区域内所有公共文化服务设施进行统一规划、组合配置、集中建设、综合使用，以达到节约成本，实现经济和社会效益双赢的效果。以法国巴黎的文化地图为例，如图 3－1 所示：

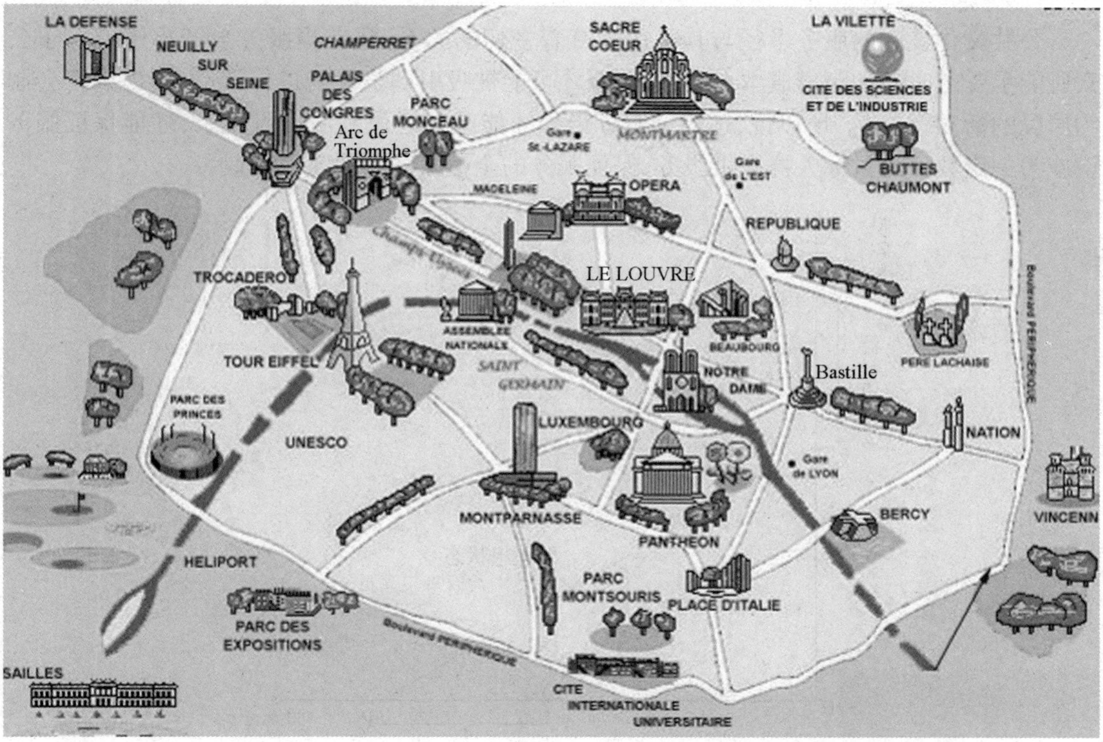

图 3－1　巴黎主要公共文化机构地图①

从图中可以看到，法国著名的文化机构与景观都分布在从巴士底广场到卢浮宫、凯旋门，直到拉德芳新区的、贯穿巴黎市区东西的轴线上，既有轨道交通，又有游船码头，便于步行观赏和交通换乘，加上另一条流动的文化设施观赏路线塞纳河，水上和陆地相互衬托、相互加强，构筑了巴黎的文化设施群落，并带动了许多著名观光区的发展和市民文化活动的进行。

二、公共文化设施的服务半径与可达性问题

服务半径是指人们到达公共文化设施的最远直线距离，它以人们的出行为划定依据，确定不同类型的文化设施有不同的有效服务距离，从而限定了不同的服务范围。在公共文化设施建设中，必须要树立服务半径、覆盖面积的理念。我国在《公共图书馆建设用地指标》与《文化馆建设用地指标》中，均对不同规模设施的最大服务半径做出了明确规定，参见表 3－1：

① 艺术之旅法国篇[EB/OL]. [2013－12－22]. http://www.vsbook.com.tw/PLAY-1.html.

表 3-1　公共图书馆、文化馆服务半径控制指标①(单位:千米)

	大型	中型	小型
公共图书馆②	≤9.0	≤6.5	≤2.5
文化馆③		3.0—4.0	1.5—2.0

公共文化设施的服务半径与其可达性有着密切的关系,只有当服务半径小于或等于公众所能承受的时间和距离成本上限时,公众才可能被吸引到该设施进行活动,超出则将会制约居民的活动行为④。所以说,适当的服务半径才能吸引居民到服务设施来,才能保证服务设施为一定数量的目标人群提供服务,保证服务的全覆盖。如图 3-2 所示:

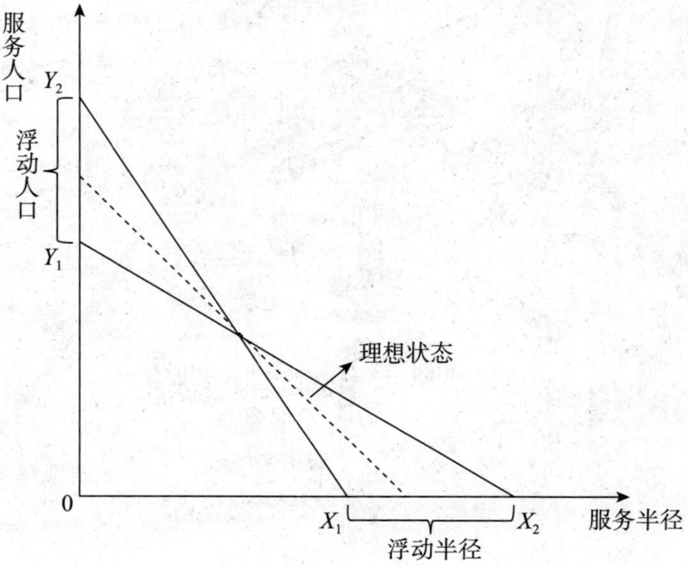

图 3-2　公共文化设施服务人口与服务半径关系图

图中 X1 为单体文化设施的最小服务半径,X2 为其最大服务半径;Y1 为单体文化设施的最小服务人口,Y2 为最大服务人口。当服务半径为 X1 时,表示服务设施覆盖面积较小,大部分居民到达服务设施的距离较近,就会吸引较多的居民到馆,实际服务人口也就越多;当服务半径为 X2 时,表示服务设施覆盖面积较大,部分居民到达服务设施的距离较远,到馆的居民就会相应减少,实际服务人口也就越少;而超出此服务半径范围的居民理论上将不会到该服务设施参加活动。虚线所代表的状态是服务半径与服务人口的最理想状态,即以设

① 根据《公共图书馆建设用地指标》(建标〔2008〕74 号)、《文化馆建设用地指标》(建标〔2008〕128 号)制表。

② 大型公共图书馆:服务人口 150 万以上、建筑面积 20 000 m^2 以上;中型公共图书馆:服务人口 20—150 万、建筑面积 4500—20 000 m^2;小型公共图书馆:服务人口 5—20 万、建筑面积 1200—4500 m^2。

③ 大型文化馆:建筑面积达到或超过 6000 m^2;中型文化馆:建筑面积达到或超过 4000 m^2 但不超过 6000 m^2;小型文化馆:建筑面积达到或超过 2000 m^2 但不足 4000 m^2。

④ 蔡玉军,邵斌,魏磊等. 城市公共体育空间结构理想模式研究[J]. 天津体育学院学报,2012(5):432—436.

施最佳状态覆盖适当的范围、服务适当数量的人口。

然而，由于服务半径受自然地理条件、人口分布情况、其他公共服务设施布局等诸多因素的影响，因此具体到每个具体区域，其服务半径都会不尽相同。但不同级别和类型的公共文化服务机构应该有相应的适当服务半径范围，在此范围内，公众就会到该设施进行活动，否则很可能会导致该设施对超出出行能力的部分公众失去吸引力。

三、以服务半径和可达性为理据的中心城区“文化社区”建设

根据公共文化设施服务半径与可达性理论可知，在地域狭小、人口密集、公共交通发达的城市中心城区，只要将服务半径控制在公众所能承受的时间和距离成本上限之内，同时保证设施以最佳状态覆盖适当的范围、服务适当数量的人口，那么该公共文化服务设施的布点建设就是合理且高效的；如果严格按照行政区划来开展建设，势必会造成重复建设与资源闲置。

以北京市东城区体育馆路街道的建设实践为例。东城区位于北京市中心城区东部，2010 年，东城区合并崇文区，成立新东城区。经首都功能核心区区划调整后，新东城区辖区总面积扩大至 41. 84 平方公里。北部、东部与朝阳区相连，南部同丰台区接壤，西部与西城区相接，东西最宽处 5. 2 公里，南北最长处 13. 0 公里，区内共管辖 17 个街道办事处，其区域特点可以概括为“空间地域狭小、经济文化发达”。

目前，体育馆路街道在社区一级文化活动中心的建设上，采用的是“文化社区”的建设方式。所谓“文化社区”，是从充分考虑资源集中和利用效率的角度出发，在保证服务半径有效和可达性的前提下，建设一个文化活动中心，让两个或两个以上社区合并使用的做法。由于不局限于一个社区内，“文化社区”在选址建设以及功能设计上的自主空间更大，可以选取相对最优的地理位置和较大的面积空间进行建设，对文化资源进行整合，充分考虑文化活动中心的功能性和实用性。事实上这种做法虽然在公共文化服务的设施建设上打破了现有的社区一级行政区划，但通过科学测算和选址，服务不仅可以完全覆盖设定服务半径内的多个社区；同时由于合一后的服务设施场馆面积充裕，不仅能够满足服务半径内覆盖人口的文化需求，还能在一定程度上提升服务效能。

体育馆路街道位于东城区东南部，东起幸福大街，西邻天坛东侧路和崇文门外大街，南到玉蜓桥、京广铁路沿线，北至广渠门内大街，面积 1. 84 平方公里，下辖 10 个社区，常住人口 4. 8 万人，是一个十分典型的地域狭小、人口密集的区域。这 10 个社区分别是长青园社区、西唐社区、西利社区、国家体育总局社区、双玉南街社区、南岗子社区、法华南里社区、东玉北街社区、东厅社区和葱店社区。目前，街道共有社区综合文化活动中心 4 个，总面积 3800 余平方米，分别是辖区南部的街道文化活动中心（也用作双玉南街社区文化活动中心），北部的文化社区，中部的文化社区，以及中南部的东玉北街社区与驻地干休所共建的文化社区，面积分别是 1500 余平方米、1200 余平方米、800 余平方米和 300 余平方米，全部超出了创建标准中 200 平方米的要求。其中，北部的文化社区是由西唐社区、西利社区、南岗子社区、东厅社区和葱店社区“五区合一”的，即五个社区共用一个社区文化活动中心；中部的文化社区是“三区合一”，即长青园、国家体育总局、法华南里三个社区共用一个社区文化活动中心。如图 3 – 3 所示：

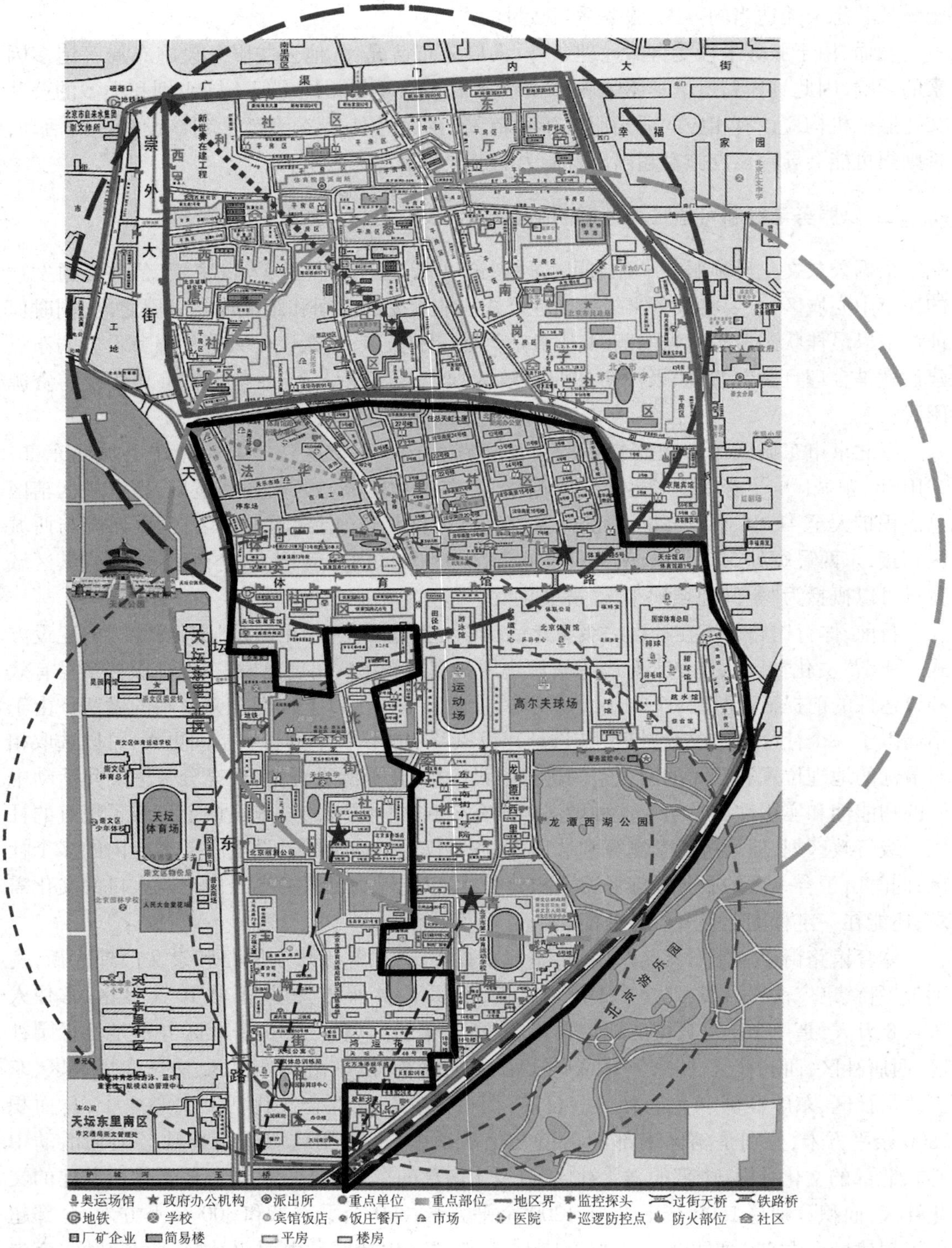

图 3-3　东城区体育馆街道"文化社区"示意图

如图 3-3 所示，4 个五角星分别代表 4 个"文化社区"的具体位置，以它们为圆心可得到相应 4 个"文化社区"的服务圈及最大服务半径。需要特别指出的是，如果一个社区的某居民所住位置距本社区文化活动中心的距离较其他社区文化活动中心的距离更远，那么可以采取就近原则,即所有街道辖区内居民共享该街道的所有"文化社区"设施与服务。

一般来说,健康成年人的步行速度约为4.5—5.0公里/小时,而有老年人或儿童同行时,步行速度下降至约3.9公里/小时。通过实地测算,体育馆路街道辖区居民住宅区距离4个社区服务站的最大半径约为1公里,即文化社区的最大服务半径约为1公里,以老年人或有儿童同行的最低步行时速3.9公里/小时计算,可得出到达文化社区的最大时间为15.38分钟。这意味着辖区内的任何一位居民从家中出发,并以正常的步行速度行走,最多经过15.38分钟,即可到达某一处"文化社区"服务中心。由此可以证明,体育馆路街道公共文化服务体系中的"步行15分钟文化圈"已基本形成。

四、文化服务圈建设

1. 美英等国的文化服务圈

纽约"十分钟步行圈"的目标是保证所有纽约人在步行十分钟内就能够到达一个公共空间,包括公园、广场、剧院、公共文化设施等。其"十分钟"的提法是根据人的步行速度测算而出的,一个成年人以正常速度十分钟可以走大约半英里(约为805米),但如果与老人或是儿童一起出行则只能走1/3或1/4英里(约为536米或402米),据此标准来规划和建设全市的公共空间。2006年,纽约市政府推出了《纽约2030规划》,提出的愿景是"创造一个更加绿色、更加美好的纽约",其中一项指标也明确指出,要通过规划设计和建造,确保所有纽约人居住在公共空间的"十分钟步行圈"内。

2005年9月,针对未来芝加哥都市区将要面临的经济、人口发展不均衡,行政区划复杂等挑战,伊利诺伊州东北规划委员会制定了《大芝加哥都市区2040区域框架规划》,将其区域框架设计为"中心—走廊—绿色空间"。"中心"被定义为由多种交通模式连接,紧凑而混合使用的、适宜居住又具有经济活力和文化氛围的场所。"中心"是个综合性的概念,包括一个或多个核心及周围受影响的地区,区域内的每一个城镇或社区都是一个中心,但其大小和功能不同。根据活动层面、紧凑性和区域影响不同,《大芝加哥都市区2040区域框架规划》中定义了五类中心,即全球中心、大都市中心、社区中心、镇中心和村中心,在每一类中心里,都包含或集成了文化中心的功能。"走廊"代表的是连接中心之间,以及中心和绿色空间的交通网络,以中心区为核心呈扇形向外均匀放射分布。"绿色空间"指的是农田、水资源、绿色廊道等空间,这些空间也可以被植入各类文化元素,形成公共文化空间。这样,整个大都市区就形成了一个巨大的网络,其中的公共文化设施也呈现一个网络状,一个以"文化中心"和"文化空间"为圆点,以"走廊"为连接线连接而成的文化网络①。

在英国,多个公共文化服务标准或评估指标体系中都有与"文化圈"理念相契合的标准和指标。如由英国国家审计署于2002年发布的"地方政府全面绩效评估"(Comprehensive Performance Assessment,简称CPA)指标体系中设置了一项指标:20分钟内(都市:步行,乡村:开车)可达到三种不同的体育设施且其中一种设施达到一定专业质量认证标准的人口所占比例,2007年的标准时最低30%,高标准为50%,即有一半的居民可以在步行或驾车20分钟内到达有三种及以上体育设施的地点,且这三种体育设施中的一种是达到一定专业质

① The Chicago Metropolitan Agency for Planning. About CMAP[EB/OL].[2013-12-29]. http://www.cmap.illinois.gov/about.

量认证标准的。英国公共图书馆服务标准中有关于图书馆家庭覆盖率的标准如表 3－2 所示：

表 3－2　公共图书馆的家庭覆盖率标准

<table>
<tr><th rowspan="3">类型</th><th colspan="4">覆盖比率(%)</th></tr>
<tr><th rowspan="2">1 英里</th><th rowspan="2">2 英里</th><th colspan="2">人口稀少地区</th></tr>
<tr><th>1 英里</th><th>2 英里</th></tr>
<tr><td>内伦敦区</td><td>100</td><td></td><td></td><td></td></tr>
<tr><td>外伦敦区</td><td>99</td><td></td><td></td><td></td></tr>
<tr><td>大都会区</td><td>95</td><td>100</td><td></td><td></td></tr>
<tr><td>自治区</td><td>88</td><td>100</td><td>75</td><td>85</td></tr>
<tr><td>郡治区</td><td></td><td>85</td><td></td><td>72</td></tr>
</table>

标准要求，在内伦敦区，要使每个家庭在 1 英里的距离内到达图书馆，即使是人口稀少的郡治区，也要有 72% 的家庭在 2 英里范围内得到图书馆的固定或流动服务。其对人口稀少的定义是人口密度最大地区的 10%。

另外，北爱尔兰公共图书馆服务圈的建设与覆盖目标是有 85% 的家庭居住在距离图书馆服务 2 英里的范围内，这里所指的图书馆服务既包括固定图书馆服务，也包括为普通公众服务的移动站点。威尔士图书馆的标准是以人口密度和服务能力测算的。规定当常住人口密度为每公顷 20 人或更多时，应当确保有 95% 的居民在距离固定图书馆服务站 2 英里的范围之内；当人口密度在 1. 1 到 19 人每公顷时，应当确保有 75% 的居民在距离固定图书馆服务站 2. 5 英里（或乘公共交通工具 10 分钟能到达）的范围之内；当人口密度为 1 人或 1 人以下每公顷时，应当确保有 70% 的居民在距离固定图书馆服务站 3 英里（或乘公共交通工具 15 分钟能到达）的范围之内。另外，如果没有达到前三条规定的要求，也应该设置流动服务点，并且要测算并汇报流动服务点 1/4 英里内的居民数，以及 2 英里内提供图书馆其他形式服务的状况。

总的来说，在国外，所谓的“文化圈”“服务圈”并没有固定的时间限制，具体规定多少分钟、多少英里是因地制宜的，是依据城市规模、人口聚集程度等因素来确定方便利用的距离和范围，国际普遍经验是 10—20 分钟之间。其目标都是一致的，既要做到全覆盖，又要布局科学合理、方便快捷。

2. 国内建设现状

近年来，国内各地的公共文化服务体系建设中涌现出了许多诸如“十分钟公共文化服务圈”“十五分钟文化圈”“一刻钟公共文化服务圈”“十里地文化圈”之类的概念和实践。目前“文化圈”已宣布建成的城市也有不少，如苏州城乡居民出门步行只需约 15 分钟，就能享受到公益性文化设施提供的服务；浙江省以“城市 15 分钟和农村 30 分钟文化服务圈”为目标，在县、乡、村层面，统筹规划布局公共文化设施建设，推进公共文化设施建设的规范化、标准化；成都“城市一区（市、县）一乡镇（街道）一村（社区）”四级文化圈层已经实现了全覆盖；另外北京、重庆、昆明、青岛、银川、天津、广州等地也均建成或在建各具特色的“文化圈”。

国内的“文化圈”建设以上海的“15 分钟公共文化服务圈”启动最早、也最具代表性。上海于“十一五”期间实现了15分钟公共文化服务圈，公共文化设施总面积达到295万平方米，人均比“十五”时期增加75%。至2010年年底，上海全市共有博物馆114家（其中被列入国家文物局公示名单的博物馆有74家），美术馆32家（其中以民营非企业登记的公益性美术场馆14家），公共图书馆237个，文化馆（中心、站）245个（其中社区文化活动中心203家），村（居委）综合文化活动室5245个，文化信息资源共享工程等国家重大工程村级基层服务点1697家，工人文化宫（俱乐部）19个，青少年活动中心、少年宫、少科站、活动营地36所，容纳200至1500人以上公共文化活动广场近百个，加上遍布社区和农村基层的东方社区信息苑、东方农村信息点，基本实现了对市、区（县）、街镇、村（居委）的全覆盖。同时，广播电视村村通、文化信息资源共享、乡镇综合文化站、农村电影放映、农家书屋工程等各项国家级文化惠民工程，也已经完成了上海农村郊区的全覆盖。“十一五”期间，全市开展的群文活动超过200万场次，参与人次逾1.7亿，与“十五”期末相比分别提高了150%和66%。随后的“十二五”期间，随着一批区县文化设施的陆续启用，以及免费开放政策的推进，上海又开始着手全面提升15分钟公共文化服务圈的效能。

“文化圈”在完善各种馆舍建设和管理的同时，应当进而关注并重视服务运行中的效能问题。如何根据群众文化生活的需求提供服务，如何做才能吸引并满足更多群众的文化需求，如何使设施最大限度地发挥作用、服务于群众，这些运行中的问题都是“文化圈”建成后需要面对的。要解决这些问题，关键在于对设施、服务、活动效能的反馈与评价。

3. 建设依据与评价标准

“文化圈”建设的主要依据有两个：一是所处的地域单元状况，如城市、乡镇还是农村，人口聚集程度如何，密集还是分散，是否均匀，不同地域有着不同的规划方式和特点，因此地域差异是“文化圈”规划建设的前提条件；二是地区内居民不同的文化活动差异，这也是规划“文化圈”的重要依据，不同的喜好和习俗，自然会有不同的规划。在具体的网点布局上，要考虑单体设施的服务半径，并将社会化设施全部纳入；在基础资源保障方面，要使资源达到一定规模、接近临界点；同时，更应当注重设施与空间的利用率和效能。

在“文化圈”的建设与运行中，最核心的考量指标应当是以人本，即能否达到建设之初所设计的那样，真正做到使所有目标人群在设定时间内可达、并享受到设施所提供的有效服务，也就是对“文化圈”服务效能的考量。

“文化圈”的效能主要体现在公益性公共文化设施场所的吸引力、文化产品的有效性以及文化服务活动的覆盖面三个方面。追求“文化圈”的效能，要求在公共文化公益性的基本前提下，考核设施提供产品和服务的实际运行、运作效果。一是要考核参与文化设施服务与活动的人数，将其作为服务机构绩效考核的基本指标，也迫使文化设施和机构不断提升完善服务质量和品质，丰富活动内容，优化内容形式，吸引群众的参与；二是要考核文化服务活动的质量与效果，这是检验“文化圈”具体运作效果和提供服务活动品质的重要标准，“文化圈”里各类文化设施组织开展的服务与活动，应力求新颖、独特、益智、有趣，让群众乐于接受、乐于参加；三是要考核文化服务活动的覆盖面，要把文化服务活动的辐射力，落实到“文化圈”内的各类单位和机构，同时还要涵盖残疾人、青少年、老年人、外来务工者等各类人群。

另外，在“文化圈”的建设中，在统筹全局、构建服务网络的同时，也可以从细微处着眼，将每一个公共文化场馆或设施都打造成一个“微型的”公共文化服务圈，再将一个又一个“小圈”连接起来，最终形成覆盖全社会、使每个公民都能够受益的“大圈”。

五、流动服务设施建设

目前,我国公共文化服务设施网络体系中的最大短板就是流动服务设施不健全,直接导致服务体系无法真正成行。如在图书馆领域,国际图联提出每 4 公里设立一个较大的图书馆,而我国县级公共图书馆的服务半径一般都在 10 公里以上。从布局上看,县级的公共文化设施一般都建在县政府所在地(城镇),下属乡镇很多,服务半径很大。即便是城市,也存在着公共文化服务设施覆盖不到的区域。国内外的经验都表明,没有流动网点作为固定网点的补充,公共文化服务的“普遍均等、惠及全民”就难以完整实现。着眼于构筑公共文化服务体系,着眼于资源利用效益最大化,应将流动图书车、流动舞台车等流动服务设施作为公共文化服务固定设施的有效和重要补充。鉴于此,我国在《“十二五”时期公共文化体育服务国家基本标准》中提出了要“建立灵活机动、方便群众的公益性流动文化服务网络”,“中西部地区争取每县配备 1 台流动文化车”也被纳入《文化部“十二五”时期文化改革发展规划》主要指标。

公共文化的流动服务实质上是一种“上门服务”,是把公共文化服务送到群众身边、送至群众家门口的服务,能够体现公共文化服务的诚意和主动性。各级图书馆、群艺馆、文化馆、文化站等公共文化服务机构在其固定场所开展的阵地服务,大多数是等待群众前来接受文化服务,服务单位处于被动地位,而流动服务则是一种“主动出击”的服务,更能表达公共文化服务的诚意,体现公共文化服务的主动性和亲和性。尤其是在地域广阔、人口稀散的地区,基层文化站、文化室的阵地服务范围和人数都十分有限,而居住地距文化设施较远的群众也很少能够参加文化站(室)的活动,享受公共文化服务的机会很少,基本文化权益难以得到保障。流动文化服务机动灵活、简便易行,一辆机动文化车可以承载着图书、展品、电影、小型文艺演出队,以定时、定点的方式开展流动文化服务,以流动的方式把公共文化服务输送到远离城镇的地区,使这些地方的群众也能享受到公共文化服务,从而体现了公共文化服务的公益性、基本性、均等性和便利性。换言之,开展流动文化服务可以使地区文化资源得到更加充分的利用。

但现实中,如何科学合理地规划、安排流动设施及其服务的开展,保证达到全覆盖的目标,是一个较为复杂的问题。这需要综合考虑开展服务区域的地理、气候、人口、风俗习惯等方面的因素,以人口分布密度和设施的服务能力为主要依据,规划流动服务设施的数量、配备标准,以及开展服务的地点、时间和次数。以下以我国的香港公共图书馆的流动图书车服务和国际中法国的流动文化设施为例。

1. 香港公共图书馆的流动图书车服务

香港公共图书馆是全香港的公共图书馆系统①,由康乐及文化事务署管理,其下包括 67 所图书馆及 10 所流动图书馆。这些不同规模和类型的服务点平均分布于香港的每个区域,并且经由图书馆自动化系统连接起来,为不同年龄和不同需求的读者提供简便快捷的多元化公共图书馆服务。

作为固定场馆服务的补充,这 10 所流动图书馆的足迹遍布港岛、九龙和新界。10 所流动图书馆被分为港岛区与九龙区流动图书馆服务站和新界区流动图书馆服务站,编号为“流动图书馆一”至“流动图书馆十”,其中流动图书馆一、二、三、四、五和十在新界区流动服务;

① 香港只有一个公共图书馆体系,采用总分馆形式建设,总馆是香港中央图书馆,位于港岛区的湾仔。

流动图书馆六、七、八、九在港岛区和九龙区流动服务。流动图书馆的服务地点以两周为一个周期进行安排和变更，每个流动图书馆开放的时间也不尽相同。图 3－4 所示是香港九龙区的公共图书馆分布状况：

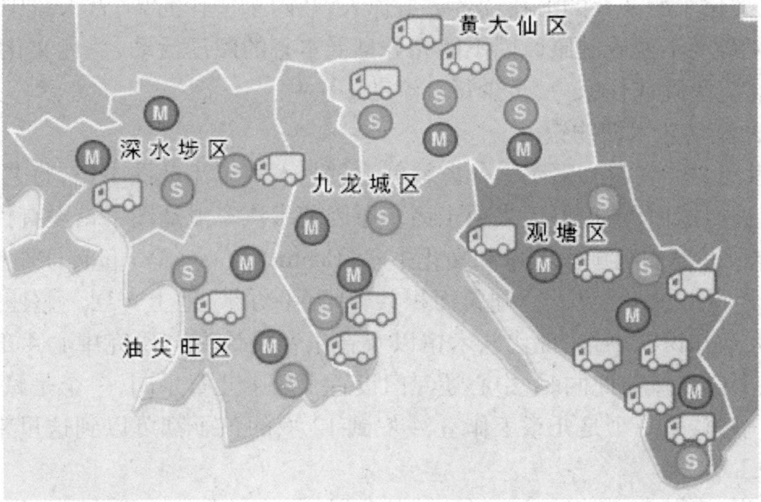

图 3－4　香港九龙区公共图书馆分布示意图

图中“M”代表主要/分区图书馆，“S”代表小型图书馆，代表流动图书馆。从图中可以直观地看出，流动图书馆是中小型图书馆的有益补充，使得公共图书馆的服务网络覆盖整个区域，没有死角。这些流动图书馆的服务地点是根据人口分布的密度来安排的，在未建设分馆和小型馆、但人口聚集程度又相对较高的地区，如新建楼盘社区、游人集中的景点等处，安排流动图书馆开展服务，因此流动图书馆的服务地点大多在住宅楼下、停车场内或广场公园内。另外，服务的地点和时间也不是一成不变的，而是充分考虑服务对象的流动性，并根据变化及时调整，如周末时会将流动图书馆的服务地点设置在商业区或公园旁。

2. 法国的流动文化设施

（1）遍布各地的特色汽车流动图书馆

法国公共图书馆事业较为发达，早在 1921 年就出现了第一个汽车流动图书馆。1981 年，在文化与通讯部的支持下，每个省都购置了流动图书车，使图书馆的服务触角延伸到法国的各个角落。法国的汽车流动图书馆服务独具特色，除了提供标准化服务的流动图书馆外，还有许多针对不同目标人群的特色流动图书馆。如塞纳马恩省于 1991 年设立的婴幼汽车流动图书馆，其中配备的藏书包括婴幼儿（6 岁以下）的画册、连环画、装帧漂亮的图书、婴幼读物、盒式和 CD 音像制品等，还有为母亲和婴幼工作者配备的图书、杂志。到 1995 年，这个流动图书馆的服务面覆盖了 21 个村镇的 25 000 人口。

上科西嘉省的音乐流动图书馆是一辆能够装载 500 册图书、1500 张 CD 盘和 1500 盒录音带的流动图书馆车，内部装有空调，装修舒适，有 3 个座位、3 副耳机，还有 1 套高功率的“发烧”音响用来供读者选听 CD 盘或录音带。至 1995 年年底，上科西嘉的音乐流动图书馆能够提供服务的馆藏增加到 14 057 件，累计服务的人口数量占该省总人口的 12%①。

① 罗志勇. 法国富有特色的汽车流动图书馆[J]. 图书馆论坛（双月刊），1998（2）：54—55.

阿尔岱什省的"兰色文化车"是针对老年人的流动图书馆,这项服务在法国乃至整个欧洲都是首创。它专门为年迈体弱、活动不便、不能独自去图书馆或流动站的老人提供特种阅读服务,为他们送书上门或请他们在车上听音乐、上网浏览,通过各种活动提高老人们的生活情趣。兰色文化车所涉及的潜在读者数量惊人,在阿尔岱什的 27 万人口中有 5 万人为年迈老人,他们因行动不便或健康原因不能充分享受本省的阅读活动,兰色文化车流动地点一般固定在养老院、医院或住家户,至少每月流动一次①。

(2)蓬皮杜流动艺术博物馆

早在 20 世纪 80 年代初,阿尔岱什省就创建过艺术汽车流动图书馆,将艺术品运送到省内的各个村镇进行巡回展览,但后来由于诸多原因艺术汽车流动图书馆没有持续开展服务。

1977 年建成的蓬皮杜国家艺术和文化中心(Centre Georges Pompidou)外观独特,像一座工厂,因此又被称作"文化工厂"。建筑面积共 10 万平方米,地上 6 层。整座建筑共分为工业创作中心、大众知识图书馆、现代艺术馆以及音乐音响谐调与研究中心 4 部分,供成人参观、学习,并从事研究。与此同时,中心还专门设置了两个儿童乐园,一个是藏有两万册儿童书画的儿童图书馆,另一个是儿童工作室,4 岁到 12 岁的孩子都可以到这里来学习绘画、舞蹈、演戏、做手工等。

2011 年 9 月,蓬皮杜艺术中心宣布启动流动博物馆计划——取名为"移动的蓬皮杜艺术中心"(The Centre Pompidou Mobile),旨在"送艺术下乡",深入法国各地,向所有法国人,尤其是那些地处偏远、不易接触到文化艺术生活的民众提供直接接触、了解和欣赏现当代杰出艺术作品的机会。蓬皮杜艺术中心联合政府及私人机构赞助,选出法国 7 个艺术"特困"城市,在 2011 年至 2014 年间对其进行流动巡展。

"移动的蓬皮杜"的第一站是肖蒙市。2011 年 10 月 18 日,蓬皮杜流动艺术中心在肖蒙市正式向公众开放,开幕展名为"五彩缤纷",免费展出了多件现当代艺术杰作,都是艺术中心现代和当代艺术中最好的收藏作品。在肖蒙停留 3 个月后,流动艺术中心于 2012 年 2 月到法国北部的坎博雷市展出,接下来的 5 月在滨海布劳涅市展出,2012 年年底转至利布穆市。2013 年,彩色的帐篷到达勒阿弗尔市(诺曼底地区),然后是大西洋卢瓦尔省的省会南特市,最后在法国南部欧巴涅画上句点。

"移动的蓬皮杜"在市镇展出时,自己携带并搭建流动展厅。展厅采用了游乐场和马戏团大篷的概念,共有 650 平方米。整个可移动帐篷搭建而成的展厅由三个部分组成,第一个空间用于接纳前来参观的民众和学生团体,其他两个空间则用于展出艺术作品。建筑物由建筑师帕特里科 · 布香设计,结构轻便灵巧,易于携带,无须固定设施和过多投资,适应各种环境,只需有 3000 平方米的空地即可满足流动艺术中心安营扎寨的需求。

这项"移动的蓬皮杜艺术中心"共投入资金 250 万欧元,资金来自于法国文化与通讯部,以及蓬皮杜艺术中心的私人合作机构,包括道达尔基金会、法国电力局、巴黎老佛爷百货商店等。每一站 3 个月的展览费用大约需要 40 万欧元,其中 20 万欧元由展览举办方投资,另外 20 万欧元则由地方政府出资(市、镇、大区、省)②。

---

① 梁建生. 法国阿尔岱什省的汽车图书馆[J]. 图书馆杂志,2000(2):58—59.

② 蓬皮杜中心的流动帐篷,为期三年的"艺术下乡"计划[EB/OL]. [2013 - 12 - 29]. http://news.zhuokearts.com/newsview.aspx? id = 175597.

图 3－5　蓬皮杜流动帐篷博物馆

六、现代公共文化服务设施网络体系的构成与统筹建设

党的十八届三中全会提出推进国家治理体系和治理能力现代化，明确提出构建现代公共文化服务体系的目标任务，表明公共文化服务已经成为党中央全面深化改革战略部署中的重要战略任务，成为“推进文化体制机制创新”的一项重要内容。公共文化服务体系不仅是现代化国家治理体系的组成部分，也是构成国家治理能力现代化的必备要素。

公共文化设施体系是公共文化服务体系的基础。公共文化设施是人民群众开展文化活动的基本场所，是传播先进文化、建设社会主义核心价值体系的重要阵地。公共文化设施建设是文化建设的重要内容，是各级政府履行在文化领域公共职能的重要体现。具体而言，公共文化设施是指由各级人民政府举办或者社会力量举办的，向公众开放用于开展文化体育活动的公益性的图书馆、博物馆、纪念馆、美术馆、文化馆（站）、体育场（馆）、青少年宫、爱国主义教育基地、工人文化宫等建筑物、场地和设备。

公共文化设施与公共文化服务本身一样，具有一定的天然垄断属性，具有明显的公共物品（Public Goods）属性。“公共物品”是相对“私人物品”而言的概念，通常公共物品又被称为“公共品”“公共产品”或“公益物品”等。公共物品是西方福利经济学和公共选择理论的重要研究对象。在西方福利经济学研究史上，美国经济学家保罗·萨缪尔森是公共物品理论的奠基人，他在 1954 年发表的《公共支出的纯理论》（*The Pure Theory of Public Expenditure*）一文中最先给“公共物品”以严格的定义，认为公共物品是“每一个人对该物品的消费不会造成其他人消费的减少”的物品①，萨谬尔森把同时具有非排他性和非竞争性特征的物品称之为公共物品。在这一层面上理解，公共文化服务设施体系建设就是国家主导建设公共文化服务设施，并将其免费、普遍、均等地提供给全社会公民使用，公民作为纳税人则享有各类公共文化设施的使用权及其主办活动的参与权。

“十五”以来，我国陆续实施了县级图书馆、文化馆设施建设专项，乡镇综合文化站建设

① 李政军. 萨缪尔森公共物品的性质及其逻辑蕴涵[J]. 南京师大学报（社会科学版），2009（5）：45—51，92.

工程,地市级公共文化设施建设规划,县级图书馆、文化馆修缮等公共文化基础设施建设重点工程。通过10多年来的持续建设,目前,我国的公共文化服务设施建设已经形成了六级设施网络,即中央、省、市、县(区)、乡镇(街道)、村(社区)。中央级的公共文化设施主要有中国国家博物馆、中国国家图书馆、中国美术馆等,省、市、县(区)的公共文化设施主要有博物馆、图书馆、文化馆、群众艺术馆、美术馆、纪念馆、非物质文化遗产传习所等,乡镇(街道)的公共文化设施主要是综合文化站,村(社区)的公共文化设施主要是综合文化室。

表3-3　全国公共文化服务设施一览表(截至2012年)①

	省级(个)	设置率(%)	地市级(个)	设置率(%)	县市级(个)	设置率(%)
公共图书馆	38	123	354	107	2683	94
文化(群艺)馆	31	100	351	106	2919	102
博物馆	103	省均3.3个	720	市均2.2个	2240	78.5

由上表可知,截至2012年年底,我国省、地市、县三级的公共图书馆、文化(群艺)馆设置率已基本达到甚至超过100%,仅有县级公共图书馆的设置率为94%。除此之外,我国还有各类美术馆400余家②;乡镇/社区综合文化站40 575个,较上年增加0.5%;艺术表演场馆2364个,较2011年增长20.9%。从总体数据上看,我国已基本实现了"县县有图书馆文化馆,乡乡有文化站"的目标,覆盖城乡的公共文化设施体系框架初步形成。但需要注意的是,公共文化服务设施的"全覆盖",是指公共文化服务设施具有覆盖所有人的能力,而"县县有图书馆文化馆",只是一个公共文化服务设施"全设置"指标。均等化的公共文化服务,需要具有"全覆盖"能力的公共文化服务设施体系支撑。由"全设置"走向"全覆盖",是公共文化服务设施网络体系最终形成的标志。

事实上,目前我国公共文化服务设施建设仍有空白点,虽然基本实现了按行政层级的"全设置",但农村基层特别是城乡结合部、贫困地区、少数民族地区、边疆地区还有空白点。报告显示,截至2013年年底,全国仍有619个县级公共图书馆和791个县级文化馆建筑面积小于800平方米,分别占县级公共图书馆和文化馆总数的22.8%和27%。全国有4876个乡镇综合文化站建筑面积小于300平方米,占文化站总数的14.2%③。

今后,公共文化设施网络体系建设整体思路和重点应当是:统筹规划、合理布局,将公共文化服务机构的阵地设施建设、流动文化服务设施建设和数字文化设施建设三者并重,构筑起多层级、立体的设施服务网络,努力形成覆盖城乡、结构合理、功能齐全、实用高效的公共文化设施网络。在建设公共文化设施时,要以服务人口为主要依据,充分考虑服务半径和覆盖面积,在重视设施设置率、消除设施空白的同时,更加重视设施的有效覆盖率,避免出现"设施孤岛"现象,使设施网络体系形成对服务人口的有效覆盖。要制定和完善建设标准和设施配置标准,推进公共文化设施建设的规范化、标准化。

党的十八届三中全会提出要"构建现代公共文化服务体系",构建现代公共文化服务体

① 文化部.中国文化文物统计年鉴(2013)[M].北京:国家图书馆出版社,2013:208—221.

② 王嘉.我国民营美术馆超过美术馆总量三分之一[N].成都日报,2013-09-16(9).

③ 雒树刚.加快构建现代公共文化服务体系从六方面着力[N/OL].(2015-04-23)[2015-04-23].http://www.ccdy.cn/xinwen/wenhua/xinwen/201504/t20150423_1091052.htm.

系要统筹服务设施网络建设,促进基本公共文化服务标准化、均等化。基本公共文化服务标准化、均等化的实现,需要以服务设施网络建设为前提和基础。作为公共文化服务的主要载体和场所,服务设施网络建设对于促进基本公共文化服务的标准化、均等化具有基础性决定作用。现代公共文化服务设施网络体系是现代公共文化服务体系的重要组成部分,是开展现代公共文化服务的硬件基础和保障。

现代公共文化服务设施网络体系主要包含三个方面的内容:①传统场馆设施。由政府主办的公益性文化机构实体,如图书馆、博物馆、纪念馆、美术馆、文化馆(站)、体育场(馆)、青少年宫、爱国主义教育基地、工人文化宫等建筑物、场地和设备。②流动服务设施设备。在人口分布稀少的地区,建立固定场馆会造成各类资源的极大浪费,而在人口较为密集地区,单单依靠固定场馆不能满足所有服务对象的需求。在这种情况下,流动服务设施就有效弥补了传统服务场馆的缺陷和局限性。通过科学规划和安排,流动服务设施可以将文化产品与服务送到实体场馆辐射不到或能力不足的区域,真正实现公共文化服务的全覆盖。③数字服务设施设备。数字公共文化服务设施设备是实体设施和服务的有效补充,与实体场馆、流动设施一起形成了全方位立体的公共文化服务网络。在现代技术发达并广泛应用的前提下,应当充分利用数字服务设施、设备和网络技术,推进数字化公共文化服务网络的建设,如搭建数字公共文化服务平台、数字网络化文化信息管理系统、特色资源数据库等,有效整合各类文化资源,提高公共文化服务的效能。

在现代公共文化服务设施网络体系建设中,应当做到四个"统筹":

(1)统筹服务设施网络建设的组织机构。坚持以政府为主导、以公共财政为支撑、以公益性文化单位为骨干,统筹服务设施网络建设中各级、各类组织机构的条块关系。纵向的"条条"之间做好协调,防止政策执行过程中的失真问题;横向的"块块"之间做好合作,防止出现设施"孤岛现象"。

(2)统筹服务设施网络建设的类型结构。要按照类型多样、结构合理、功能协调、管理科学的基本原则,不断完善省、市、县、乡、村等多级公共文化服务设施网络。在标志性公共文化服务设施方面,要积极推进图书馆、美术馆、博物馆、影剧院、文化广场等大型文化设施建设,充分发挥其引领和辐射功能。在基层公共文化服务设施方面,要不断扩大文化馆、文化站、文化室、农家书屋的覆盖面,打造以图书馆、文化馆为龙头,以乡镇文化站为枢纽,以社区和村文化室为基础的基层公共文化服务设施网络。

(3)统筹城乡之间的服务设施网络建设。在政策、资金、人才、技术、产品、服务等方面加大向农村地区的倾斜力度,建立以城带乡联动机制,完善农家书屋、文化室、文化大院、广播电视村村通等农村文化服务设施网络建设,打破公共文化服务设施网络建设的城乡二元格局。

(4)统筹区域之间的服务设施网络建设。要全面、准确评估各区域建设现状,把不同区域作为有机整体统筹兼顾,积极推进公共文化资源的区域流动、重心转移,不断加大对革命老区、民族地区、边疆地区、贫困地区公共文化服务网络建设的支持和帮扶力度,实现公共文化设施建设从少到多、从欠缺到完善、从结构性失衡到动态性平衡的转移①。

① 张健华.统筹服务设施网络建设,促进基本公共文化服务标准化、均等化[N].天津日报,2014-01-06(理论版).

第二节 公共文化服务单体设施建设

一、设施建设的责任主体

国务院2003年制定的《公共文化体育设施条例》直接规范了公共文化设施的建设行为。《公共文化体育设施条例》明确规定公共文化设施的数量、种类、规模以及布局,应当根据国民经济和社会发展水平、人口结构、环境条件以及文化体育事业发展的需要,统筹兼顾,优化配置,符合国家关于城乡公共文化设施用地定额指标的规定。《公共文化体育设施条例》明确规定由各级人民政府举办的公共文化设施的建设、维修、管理资金,应当列入本级人民政府基本建设投资计划和财政预算。条例还明确规定,公共文化设施的建设选址,应当符合人口集中、交通便利的原则;公共文化设施的建筑物设计,应当符合实用、安全、科学、美观等要求,并采取无障碍措施,方便残疾人使用。

基于此,县级以上各级人民政府应当是公共文化服务设施网络体系建设的责任主体,同时应当将本行政区域内的公共文化服务场所和设施的建设纳入当地国民经济和社会发展规划。

二、设施建设标准

为公共文化设施建设确立规范标准,旨在保障公共文化服务的可持续发展,是促进公共文化服务均等化的重要途径。公共图书馆、文化馆(站)、博物馆等公共文化服务机构设施的建设应当符合国家公布的有关用地和建设标准。

根据《公共文化体育设施条例》,关于公共文化设施的规划,一般由国务院发展和改革行政主管部门会同国务院文化行政主管部门,将全国公共文化设施的建设纳入国民经济和社会发展计划;县级以上地方人民政府应当将本行政区域内的公共文化设施的建设纳入当地国民经济和社会发展计划。关于公共文化设施建设用地定额指标与建设标准,一般由国务院土地行政主管部门、建设行政主管部门分别会同国务院文化行政主管部门制定。关于公共文化设施的建筑设计规范,一般由国务院建设行政主管部门会同国务院文化行政主管部门制定,有的上升为国家标准加以强制执行。

目前,建设用地指标和建设标准类规范标准,主要是以政府部门规章的形式出现,直接使用者是各级政府的决策部门和审查监督部门,主要用于规范政府对公共文化设施建设项目的立项与投资审批,以起到保障作用。虽然冠名为"标准"或"指标",但它们既不是工程技术标准,也不是项目施工标准,没有纳入国家标准化范畴,不是强制执行的技术或质量标准。而建筑设计规范类规范标准,目前虽然还有部分政府部门规章,但以强制性或推荐性国家标准形式出现的居多。

根据内容和性质的不同,公共文化设施建设的规范标准,可以分为建设用地指标、建设标准和建筑设计规范三种类型。

1. 建设用地指标类规范标准

主要用于合理确定公共文化设施的建设项目用地面积,以及在城市规划中预留公共文化设施的建设用地。一般而言,用地指标既规范单体公共文化设施的建设用地,也规范一个地区公共文化设施服务网络的规划用地。通俗地说，建一个公共文化设施需要多少土地，一个地区需要建多少个公共文化设施并预留多少建设用地，用地指标会给出一定的指导标准。目前，国务院有关部门已经制定实施的公共文化设施的建设用地指标主要有《公共图书馆建设用地指标》（建标〔2008〕74 号）、《文化馆建设用地指标》（建标〔2008〕128 号）。另外，《博物馆建设用地指标》已经完成初稿。

2. 建设标准类规范标准

建设标准类规范标准主要指用于规范公共文化设施建设项目的规模分级和项目构成，给出公共文化设施总建筑面积和分项面积控制指标，提出公共文化设施建设选址、总体布局的原则要求，明确公共文化设施建设项目实施过程中的基本标准。目前，公共文化服务设施的建设标准编制工作已经制定完成并开始实施的主要有《公共图书馆建设标准》（建标〔2008〕150 号）、《文化馆建设标准》（建标〔2010〕136 号）、《乡镇综合文化站建设标准》（建标 160—2012）、《档案馆建设标准》《科学技术馆建设标准》等。《博物馆建设标准》的编制工作也已经启动，《剧场建设标准》等编制工作也正在酝酿之中。

3. 建筑设计规范类规范标准

建筑设计规范类规范标准一般是以强制性或推荐性标准形式出现的公共文化设施建设的工程技术标准、项目施工标准，一般纳入国家标准化质量体系的范畴。如《民用建筑设计通则》《建筑工程抗震设防分类标准》《建筑结构可靠度设计统一标准》《城市道路和建筑物无障碍设计规范》《建筑设计防火规范》《高层民用建筑设计防火规范》《建筑内部装修设计防火规范》《公共建筑节能设计标准》《民用建筑热工设计规范》《建筑采光设计标准》《建筑照明设计标准》等，以及特定用途的公共文化设施建筑设计规范标准，如文化馆须遵循《文化馆建筑设计规范》，公共图书馆须遵循《图书馆建筑设计规范》《公共图书馆建筑防火安全技术标准》，博物馆须遵循《博物馆建筑设计规范》《文物系统博物馆安全防范工程设计规范》《博物馆照明设计规范》等。

三、从公共文化场馆到公共空间——以英国概念店为例

一定区域范围内的公共空间决定着该区域的文明程度、文化品质以及区域内居民的幸福指数。公共文化设施单体，如公共图书馆、博物馆、美术馆等应当突破现有的服务和展览功能，向公共空间方向拓展，丰富其职能与作用，公众置身其中，不仅能感受人文艺术的气息，还能够参与更多的文化活动、学习培训，乃至完成诸多生活事项，成为城市的“第三空间”、群众的“第二课堂”、家庭的“文艺天地”和大众生活的“便利站”。

以英国伦敦陶尔哈姆莱茨区的概念店（Idea Store）打造为例。实际上，概念店是社区图书馆的升级与改造，但它打破了传统图书馆的内涵，是一种新型的图书馆，将信息、学习和阅读融为一体的现代公共文化设施，是社区的公共文化空间。目前，该区域共有 9 家概念店。

概念店的成立是陶尔哈姆莱茨区对传统图书馆理念的一次重新思考，由于地理位置不方便，设施设备较落后，现代化程度低等因素，使得以前本地居民与公共图书馆发生了脱离。基于此，陶尔哈姆莱茨区计划投资 3000 万英镑建立概念店，它将公共图书馆与具有现代技术和设备的学习空间融合在了一起。2002 年，第一家 Bow 概念店成立，之后又相继成立了 4 家，这些概念店都坐落于社区中央或靠近大型商场超市，方便居民到达和使用。概念店可以满足不同人群的需要，增强了社区凝聚力，提供图书馆、学习、信息获取、小组讨论、文化活

动、求职就业指导等一站式服务①,是社区名副其实的公共文化空间。同时,还定期有志愿者参与服务。

Bethnal Green 图书馆是 9 家概念店之一。馆内有一个资料室、两个图书室和一个大讲堂,并建有无障碍通道。其中大讲堂内有可以移动和租用的桌子和椅子、迷你舞台和储藏室,资料室和图书室也配备有可移动的桌椅。提供的硬件设备包括笔记本电脑以及免费的无线网络。这些设施和设备都可以出租使用,每小时的租金为 50 英镑,但如果是本社区居民或团体租用,则为每小时 25 英镑。这是在目前英国政府文化经费大幅削减的情况下的一种应对措施,也是除了政府拨款、社会捐助之外的有效经费补充途径。

图 3-6　Bethnal Green 图书馆的建筑与内部空间

概念店是将图书馆服务、成人学习课程、交友集会和其他各种生活、健康服务融合在一起的综合性文化空间。它既丰富了图书馆的内涵,也拓展了图书馆的外延,使其成为城市的“第三空间”,使图书馆不再单纯地提供信息资源,同时还提供空间资源和人力资源。这也是英国图书馆在经济危机、财政预算紧缩时的一种探寻,图书馆升级概念店,不仅能够适应经济低增长、经费缩减的困境,而且还受到了公众的广泛欢迎。

---

① Background of Idea Stores, Tower Hamlets Transforming Local Library and Learning Serices[EB/OL]. [2013-02-20]. http://www.homesandcommunities.co.uk/idea-stores-tower-hamlets.

四、"艺术百分比"构筑文化空间

围绕公共建筑的公共艺术空间形成主要依靠雕塑、壁画、缩微景观等公共艺术作品的设计、制作和安放，这项工作通常由对建筑具有所有权或管理权的政府或公司机构负责完成。国外许多政府在开展基础建设的同时，积极鼓励公共艺术空间的创作和形成，并通过一些政策措施予以保障，其代表性政策是"艺术百分比"（Percent for Art）项目，即从公共建筑的建设经费中扣留出一定的百分比用于公共艺术空间的设计、装饰和建设，通常以1%的比例为基准，但具体比例和实施方式因地制宜。目前，大部分的欧洲国家、部分非洲国家，以及澳大利亚和美国大部分州、城市都有"艺术百分比"项目或计划。第一部关于"艺术百分比"的立法于1959年在美国费城通过并实施。

此类项目的具体条件和实施要求各不相同。加拿大的魁北克省要求所有新建的由公共资金资助的建筑，必须从其预算中留出1%用于艺术作品；纽约市制定颁布了《艺术百分比法案》（*Percent-for-Art Law*），规定了阶梯式的用于艺术作品的公共建筑预留费，即在2000万美元以内至少预留1%，即不少于20万，而超出2000万的部分则至少预留剩余总金额的0.5%；多伦多市要求将所有建设成本的1%用于公共艺术，且不设上限。在英国，艺术百分比是由地方政府设定的，因此有些尚达不到1%，而爱尔兰则广泛执行着1%的比例①。

美国洛杉矶市区的"百分比为艺术"项目始于1989年，起初的规定是将全市改扩建经费的1%留出投入公共艺术空间及作品，后又增设了"公共场所的艺术中心"（Downtown Art in Public Places）计划，规定将新的商业和商品房开发经费的1%扣除，用于支持艺术家以及市区文化信托基金（Downtown Cultural Trust Fund）。类似的政策还存在于临近的圣塔莫尼卡、西好莱坞、比利佛山庄以及卡尔佛城。其他西海岸城市的政策也较为类似，如旧金山和圣迭戈留出合格公共工程成本的2%用于艺术，同时还将经费提供给一些私人项目；当建筑价值超过500万美元时，圣迭戈还会强制性地再多扣留出0.5%—1%的费用，用于非住宅的文化设施建设项目。而在东海岸，经典的1%政策也被一系列城市所采用，如纽约、费城、华盛顿、匹兹堡、夏洛特和纽黑文等。在这些城市中，艺术百分比法令既适用于公共建设项目，也适用于私人开发项目②。以下以巴尔的摩、丹佛和内布拉斯加州为例具体说明。

如马里兰州的巴尔的摩公共艺术委员会认为，公共艺术可以提升城市空间、生活质量以及艺术创作氛围。巴尔的摩市1% for Arts法令于1964年通过，规定将城市基本建设项目预算的1%用于公共建筑的艺术作品创作。巴尔的摩是继费城之后全美国第二个通过此类法令的城市。该法令于2007年8月重新修订，新的法令规定，将城市基础建设项目经费中的至少1%用于选择、购买、委托、制作、布置、安装、展示和维护优秀的公共艺术作品，同时成立一个由9名成员组成的公共艺术委员会（Public Art Commission）③。

又如丹佛市的公共艺术1%项目（Public Art 1%）。丹佛市始终非常重视繁荣公共文化

---

① Percent for Art. Public Art[EB/OL].[2014-02-18]. http://en.wikipedia.org/wiki/Public_art.

② Sheppard Mullin. Public Art Programs: 1% for the 99%[EB/OL].(2012-10-23)[2014-02-16]. http://www.artlawgallery.com/2012/10/articles/artists/public-art-programs-1-for-the-99-part-one/.

③ 1% for Public Art. City Arts[EB/OL].[2014-02-16]. http://www.bop.org/index.cfm?page=artscouncil&id=15.

艺术,以及为市民打造更具吸引力的公共空间。丹佛公共艺术项目建立于20世纪80年代,旨在为公共艺术提供机遇和资金。1991年,该项目资金有所增加,并与城市新的建筑及翻新项目开展合作,规定凡是预算超过100万美元的建设或改造项目,无论是由公共资金出资建设还是私人开发建设,都要留出其预算总经费1%的资金用于新建筑内的艺术装修。这一项目规定的目标是为了使城市建筑各具特色,充满独特感与创造力,同时激发艺术家的创作热情,并使之有展示的平台与成功的机会。目前,参与此项目的合作建筑有市民中心公园、中心公园娱乐中心、绿色山谷牧场图书分馆、丹佛市政流浪动物收容所、东区社会服务局、警察犯罪实验室、斯泰普尔顿图书分馆、昆西大道、第14街区街景道和人行道、丹佛卫生局、丹佛自然科学博物馆、丹佛植物园等①。

内布拉斯加州1978年颁布了《内布拉斯加1%为艺术法案》(*Nebraska's 1% for Arts Law*),到现在为止根据法案并通过项目化的方式,共为州内的政府建筑、学校、大学等提供了价值超过300万美元的艺术作品。参与项目的建设、重修或翻新建筑必须向公众开放。每当一个项目开始,就会设立一个相应的艺术选择委员会,负责选择适当的地点、艺术形式和艺术家②。

在法国文化领域,除了文化经费预算投入的1%外,还有另外一个1%,即视觉艺术领域的"1% for Arts"原则。这一原则是由专门服务于音乐、戏剧和视觉艺术领域的政府委员会确定的。委员会为此还于1951年专门下设了"1% for Arts"委员会,负责该原则的贯彻执行。此原则的具体内容是:在公共建筑建设、翻新或扩建所花费的总经费中,必须留出1%用于专门为此建筑设计和制作现代艺术作品。这一原则由1951年委员会成立时的法案确立,在20世纪80年代初,特别是1983年《地方分权法》颁布之后扩大至地方政府。据统计,从1983年到2004年,有超过1400件视觉艺术作品受托设计制作,且设计者均为经过委员会挑选、认可并指定的艺术家。后来,经过2002、2005和2006年三项相关法令的实施,这一程序得以简化,由包括地区文化事务委员会主任以及投资人在内的7人组成艺术委员会来确定。

近年来,加拿大渥太华市政府制定并施行了"1%为公共艺术"(1% for Public Art)政策,该政策规定,新城市空间建设经费的1%要留出并用于公共艺术,以妆点空间,并使艺术贴近公众。例如,惠灵顿西街社区的改建计划预算经费为2500万美元,其中的1%,也就是25万美元被扣除用于公共艺术空间的营造。然而,这1%的经费有时也并非完全用于公共艺术,也有部分费用用于维持贯彻执行这一政策的机构的运行③。加拿大大多数省份和城市也制定有并执行类似的公共艺术政策。

综上所述,国外"艺术百分比"政策的最直接效果是将城市建筑打造成了一件件艺术品,并在建筑群落中见缝插针式的形成了多个富有创造力和想象力的公共文化艺术空间,这些由建设经费留出部分支持设计制作的艺术作品和公共建筑融为一体,成为城市和社区的风

① Public Art. Better Denver Bond Program[EB/OL]. [2014-02-13]. http://www.denvergov.org/AbouttheProgram/tabid/PublicArtComponent/tabid/429721/Default.aspx.

② 1% for Art. Public Art[EB/OL]. [2014-02-16]. http://www.nebraskaartscouncil.org/public_art/onepercent/.

③ Kate Wetherow. 1% for Public Art on Ottawa Streets[EB/OL]. (2010-03-22)[2014-02-17]. http://spacing.ca/ottawa/2010/03/22/1-for-public-art-on-ottawa-streets/.

景线。也正是有了这些星罗棋布的公共文化艺术空间，才能真正实现文化氛围的全覆盖，这也是巴黎、纽约之类城市能够成为世界文化中心的原因之一。对于我国的大城市，如北京、上海、广州等地而言，目前基本都已经完成了公共文化设施网络的全覆盖，接下来的任务就应该是构筑公共文化空间、提升城市的整体文化氛围和文化魅力。基于此，国外的这种做法就是很好的借鉴。

五、社区公共文化设施建设费问题

2007 年 8 月，中共中央办公厅、国务院办公厅发布了《关于加强公共文化服务体系建设的若干意见》，在“建立健全公共文化设施网络”中明确提出，“要把社区文化中心建设纳入城市规划，从城市住房开发投资中提取 1%，用于社区公共文化设施建设，同时注意合理布局、综合利用”。这一举措是针对我国公共文化设施建设尚不完善的国情做出的有益尝试，也是加大基层文化设施投入较为直接、较为长效的机制。

政策出台之后，全国多地将这一规定写入了地区的文化发展规划，或根据规定制定了相应的实施办法，如山西太原、湖北咸宁、湖南娄底、浙江嘉兴、浙江绍兴、广东、江苏、海南等地，都在文件中明确了 1% 的社区公共文化设施建设费征收比例；其余部分省市和地区则是以文件形式明确将社区公共文化设施建设纳入城乡规划和设计，将设施建设经费纳入财政预算予以保障，但是并没有具体的比例与金额规定，如济南、上海、北京、南昌等地。

2010 年 6 月，太原市人民政府印发了《太原市征收社区公共文化设施建设资金实施办法》，规定凡在太原市辖区范围内进行住房开发投资的单位和个人均应按开发投资额的 1% 缴纳社区公共文化设施建设资金。社区公共文化设施建设资金专用于社区环境艺术设施（包括城市雕塑、室外壁画、文化长廊、具有艺术造型的城市标识系统、环艺小品、市政配套设施艺术装饰等）、对公众免费开放的社区公共文化设施（包括文化室、图书室、阅览室、文化俱乐部、画廊、室内外文化体育活动场所、露天表演舞台等）、社区公共文化教育推广活动（包括公益广告、展览、比赛、艺术沙龙、对外交流和文化演出活动）等社区公共文化设施建设项目。社区公共文化设施建设资金由太原市地方税务局代征，缴入财政专户，使用由省财政厅统一印制的“山西省行政事业性专用票据”。社区公共文化设施建设资金按照政府专项资金实行专款专用。任何单位和部门都不得随意减免资金。擅自扩大社区公共文化设施建设资金征收范围、提高征收标准和截留挪用的，由其所在单位或上级行政机关对责任人和单位负责人给予行政处分，并责令归还截留挪用资金；构成犯罪的，依法追究刑事责任①。

《咸宁市社区公共文化设施建设费征收管理实施办法》于 2012 年 1 月 1 日起实施，其中规定，社区公共文化设施建设费按住房开发建设投资额的 1% 标准以内征收，具体标准按物价部门核定的面积计费执行。建设费由宣传文化部门主管，地方税务部门代征，缴入财政专户，实行“收支两条线”管理。地方税务部门可按社区公共文化设施建设费实际征收额的 5% 提取管理经费。每年年初，由宣传文化部门根据上年度社区公共文化设施建设费征收额提出资金使用方案，市财政局同意后，报市政府批准，用于社区公共文化服务设施建设。社

---

① 太原市征收社区公共文化设施建设资金实施办法[EB/OL].[2014-03-15]. http://baike.baidu.com/link? url = idHLvk514VSUwVqEsYCOZ1b _ ljSBenJXfthd66vpNFkkAUwME9AjdkI3nv6WxoQLFp11UI-6vgG1KzyuwDwxHq.

区公共文化设施的数量、种类、规模以及布局,应当根据全市经济社会发展水平、人口结构、环境条件以及文化体育事业发展的需要,由宣传文化部门会同有关部门制定社区公共文化设施建设规划,并组织实施,同时对其实施情况进行督查验收。鼓励城市住房开发单位投资建设配套社区公共文化设施,经宣传部门检查验收合格后,可按工程造价审计金额,从住房开发征收的建设费中给予一定数额的补贴①。

湖南娄底《从城市住房开发投资中征收社区公共文化设施建设费的管理办法》于2011年1月1日起执行。其中规定,社会公共文化设施建设费按城市住房开发投资的1%征收,计征方法为:住房建筑面积乘以上年度住房平均建设成本再乘以1%。上年度住房平均建设成本以市住房和城乡建设局公布的数据为依据。由市住房和城乡建设局在建设单位申请办理建设许可证时代征。建设费由市文化体制改革和文化产业发展领导小组办公室、市社区建设领导小组办公室联合管理,实行财政专户储存。市文化体制改革和文化产业发展领导小组办公室每年10月提出下年度社区公共文化设施建设计划和年度资金使用计划,市社区建设工作领导小组提出社区公共文化设施配套建设计划和资金使用计划,一并报市人民政府审批后实施。并规定了建设费专项用于下列项目:①社区公共文化基础设施,包括图书室、阅览室、文化活动室、党报党刊阅报栏、阅报厅等向公众免费开放的公共文化设施;②社区城市雕塑和城市标识系统;③社区市政公共配套设施及室内外文化体育活动场所;④征收管理费;⑤其他社区设施。另外,建设单位不按规定缴纳城市住房开发投资项目社区公共文化设施建设费的,除足额补交外,每月按应缴城市住房开发投资项目社区公共文化设施建设费的1%收取滞纳金②。

另外,《广东省建设文化强省规划纲要(2011—2020)》、江苏省《关于进一步加强社区文化建设的意见》、嘉兴市委市政府《关于推进文化强市建设的若干政策意见》、海南省《关于加快推进文化改革发展的决定》等政策文件中,也都明确了要从城市住房开发投资中提取1%用于社区公共文化设施建设。

然而,由于缺乏法律保障、缺乏相关细则和配套措施,造成了有关部门尽管有据可依,但执行很难,使得政策难以落地。例如广东省,虽然在《广东省建设文化强省规划纲要》中明确了1%社区公共文化设施建设费的征收比例,但在2012年1月1日起实施的《广东省公共文化服务促进条例》中的规定却是:"应当从城市住房开发投资中提取一定比例的经费,用于社区公共文化设施建设。具体实施办法由省人民政府另行制定。"③这样的表述含糊不清,起不到应有的法律和政策保障作用。基于此,最好的解决途径是尽快将其纳入立法保障体系,使行政执行有法可依,以法律法规的强制性作为投入的有效保障措施。

六、设施的维护使用与改扩建

在公共文化服务设施的维护方面,应严格执行《公共文化体育设施条例》和中央《关于

① 咸宁市人民政府.咸宁市社区公共文化设施建设费征收管理实施办法[EB/OL].(2012-07-27)[2014-03-15].http://www.xianning.gov.cn/zwgk/zfwj/201207/t20120727_484765.htm.

② 娄底市文化广电新闻出版局.从城市住房开发投资中征收社区公共文化设施建设费的管理办法[EB/OL].[2014-03-15].http://www.ldwgxj.com/ViewInfo.asp?id=311.

③ 广东省公共文化服务促进条例[EB/OL].[2014-03-15].http://baike.baidu.com/link?url=KzEcKD-CNv4vu_lDX3mPF-RQACe8--U0msyxhEbMs98XbbAZUyK77dSnNwDn6fcmfNRwYDdMUBWM88wecbAuXLK.

加强公共文化服务体系建设的若干意见》《关于进一步加强农村文化建设的意见》等法规文件，维护好博物馆、纪念馆、美术馆、公共图书馆、文化馆（站）等的公益性质，不得以拍卖、租赁等任何形式改变公共文化设施用途，已挪作他用的限期收回。任何单位和个人不得非法侵占公共文化场所和设施的建设预留地或者改变其用途。

因特殊情况需要调整公共文化服务场所和设施建设预留地的，应当依法调整城乡规划，并依法重新确定建设预留地。重新确定的公共文化服务场所和设施建设预留地不得少于原有面积。

因城乡建设确需拆除公共文化设施或者改变其功能、用途的，有关地方人民政府在做出决定前，应当组织专家论证及公众听证会，听取专家及公众意见，并征得上一级人民政府文化行政主管部门同意，报上一级人民政府批准。

经批准拆除公共文化设施或者改变其功能、用途的，应当依照国家有关法律、行政法规的规定择地重建。重建应当坚持先建设后拆除或者建设拆除同时进行的原则。重新建设的公共文化设施，应当符合规划要求，一般不得小于原有规模。迁建所需费用由造成迁建的单位承担。

第三节　公共文化服务设施建设的统筹与协调

一、跨部门、跨系统的设施协调

公共文化服务设施网络体系建设的目标是统筹各类公共文化服务设施，形成覆盖全社会的服务网络。但目前，公共文化设施不能满足群众需求是很多地方都面临的难题，投入建设是提升增量的一个重要途径，但是需要大量的经费投入，且一旦规划不全面，会出现重复建设导致资金和资源的闲置和浪费。现实是仍有大量的公共文化服务设施分散在其他系统或单位机构中，如工会、共青团、妇联、科技、教育、体育、卫生系统，以及学校、军队、大型企业等。如表 3－4 所示：

表 3－4　工青妇科教系统公共文化设施统计（截至 2012 年，单位：处）

	国家级	省级	地市级	县市级	乡镇级	总计
工人文化宫		32	360	910		1302
青少年宫		12	207	420		639
妇女儿童活动中心	2	30	213	369		1200*
科技馆	1	34	128	190		353**
中小学课外活动基地		10	249	2734	194	3187***

注：* 其中具有独立法人资格的 614 处。

** 其中 252 处由各级科协管理，101 处由其他部门管理。

*** 包括教育系统管理的少年宫、青少年学生活动中心、青少年综合实践基地、科技馆、乡村社区青少年校外活动站等。

数据来源：文化部财政部关于推动工人文化宫、青少年宫等校外活动场所、妇女儿童活动中心和科技馆等免费开放调研报告。

据统计，目前工青妇科教系统共有 6681 处公共文化服务设施，这些设施尚游离于现有的公共文化设施网络体系之外，因此，大跨度整合这些设施资源是盘活存量的一个好办法。

但是,有效地集中并整合这些跨部门、跨系统的文化设施,实现资源共享,是构建公共文化服务设施网络体系所面临的一个挑战。要解决这一难题,首先要确定并坚持"政府主导"这一原则,然后从三个方面进行突破。政府主导是公共文化服务体系建设的总体要求,也是建立公共文化服务设施资源跨部门、跨系统协调协作的前提条件,由于设施资源分散于各个部门和不同系统、性质的机构中,因此需要有一个上层的协调者,基于政府的公共文化管理职能和实际状况的需求,这一角色理应由政府来承担。在坚持政府主导的前提下,可以从打破体制障碍、制定补贴政策、引入市场手段三个方面打通壁垒,真正形成跨部门、跨系统的公共文化服务设施网络体系。

首先,要打破行政管理体制中"条块分割"的障碍,协调各部门、各系统协作发展。"条块分割"中的"条",指的是各行业、各系统,"块"指的是不同级别的行政区域,其弊端在于管理形式烦琐,管理效率低下。例如,一级文化主管部门主管各类公共文化服务设施,如图书馆、博物馆、美术馆、文化馆(站)等,但对于学校或科研机构中的图书馆、企业或工厂的文化活动中心、城市公园、广场等文化场所等,却没有管辖权,想要凭借自身主管权力将其纳入公共文化服务设施网络体系中是不可能的。然而使这些设施资源游离于公共文化服务设施网络体系之外,对于社会资源本身来说就是极大地浪费。在这种情况下,只有由政府出面作为协调人,打破"条块分割"的部门、系统与行业壁垒,将所有设施资源都纳入公共文化服务设施网络体系中,再交由文化主管部门具体进行指导,向社会开放并提供设施场地服务。

其次,政府应制定相关的财政补贴政策。对于加入公共文化服务设施网络体系中的、公共文化服务机构以外其他部门和单位的设施,例如一些企事业单位内部的文化娱乐设施和体育设施在向社会开放时,会造成一定程度的设施损耗,以及产生部分水、电等费用,政府应当对此类消耗给予适当的财政补贴。这样可以进一步调动各部门、各系统和各行业参与公共文化服务的积极性,鼓励党政机关、国有事业单位和学校文体设施向社会开放,将闲置分散的公共文化设施资源集中起来,提升其利用率。

再次,在设施场馆的实际开放中,允许适当引入市场化手段,巩固、完善并创新其运营与管理机制。针对一些较为先进、高端和稀缺的公共文化服务设施和设备,如图书馆、文化馆中的音响设备、电子阅览设备、多媒体室等,可以收取适当的费用。另外针对尚不能完全满足公众需求的设施设备,如游泳池、球类场地等,也应采取收费的方式,保障服务质量。其收费标准应由物价部门制定并核准。

目前,这种政府主导,跨部门、跨系统、跨行业整合公共文化和体育设施资源,为民所用的做法,在安徽省马鞍山已经部分运作成功了。该市现有 76 所大、中、小学校的体育场,部分图书馆阅览室,自习室向公众开放,市政府为此专门出台了文件,明确规定这些场馆开放所需的经费由市、区两级财政负担,且体育指导员的工资由市人事与社会保障局发放,学校游泳池及部分室内体育场馆开放的收费标准由市物价局制定,同时,公开招标统一物业管理和专业团队管理文体设施。另外,市政府还打破了系统障碍,整合了原本分属于不同部门的朱然家族墓地博物馆和朱然文化公园,合并管理,提升了服务效能。这种由政府主导、支撑的跨系统文化体育设施资源的整合有序有效,在一定程度上打破了原有的格局,实现了设施资源的共享,为市民提供了可持续的公共文化服务。

二、建立“多位一体”的基层综合性服务中心

进入21世纪以来，文化建设和文化资源配置逐步向农村倾斜，组织部门的党员现代远程教育中心、文化部门的全国文化信息资源共享工程、八部委的农家书屋等工程纷纷强势推进，加上长期存在并几经起落的村图书室，都在农村全面开花。这些针对农村的公共文化或信息服务，由几条线分头实施，政策各异、资源分散，都着重考虑在农村建立服务设施，而没有建立保障这些设施正常运行而应有的资金、人员、资源、机制等方面切实可行的政策和措施，使得服务效益与初衷背离。因此，表面上看乡村的公共文化服务很受重视、项目很多、内容齐全，但实际情况是许多公共文化服务设施开放不正常、服务不规范、资源单一、质量低下，虽然投入很大，但农民并未享受到专业和正规的公共文化服务。因此，在公共文化设施网络体系的末端，应建立功能高度整合的基层综合性服务中心，从组织体系、经费机制、资源配置、人员保障等方面对其资源进行深度整合，形成组织合力和资源优势，有效对接需求，实现“多位一体”的文化服务机制。

1. 吴江区“四位一体”农村公共信息服务中心

2010年，吴江以保障农民基本文化权益为目的，以建立全覆盖的农村公共文化服务体系并实现可持续发展为核心，以农村公共文化服务的普遍均等、服务专业、经济高效为抓手，提出探索整合乡村图书室、农家书屋、党员现代远程教育中心、文化信息资源共享工程基层服务点等农村公共服务资源，建立农村公共信息服务体系试点工作，一个馆舍挂4块牌子，实行统一管理，用同样的成本提供多种公共服务，以实现共建共享、优势互补。

具体做法是：借助农村党员现代远程教育中心的场地和网络提供视频播放；借助文化信息资源共享工程基层服务点的技术装备和数字资源提供数字信息资源服务和远程信息服务；借助农家书屋和乡村图书室的文献作为初始藏书；借助吴江图书馆的专业技术和管理、计算机管理系统、文献资源，统一接受图书馆的资源调配，统一建设标准、服务标准、评估标准，实现服务的正常化、均等化和专业化；借助吴江图书馆的流动图书车定点定时到乡村停靠服务，开展读者活动，并为“四位一体”服务点定期更新调配文献资源及提供技术维护。从而有效地防止了重复建设，有效节省公共资源，提高服务效益，在公共信息服务上实现城乡一体化。在保障措施方面，区政府拨付专款，为吴江图书馆更新了业务管理系统，增加了8个合同制职工编制，购置了两辆图书流动车，增加年度购书经费50万元；又为9个乡镇分馆的工作人员增加年度考核奖金，拨付吴江图书馆统一掌握使用，提高了区图书馆对各乡镇分馆的管理权威，有效实现了总分馆内部的统一管理。还成立了“四位一体”长效管理领导小组，制定了《吴江市图书馆乡镇分馆考核细则》和《吴江市图书馆分馆工作人员季度绩效考核表》。坚持总馆管理，在总馆设立“四位一体”长效管理经费专用账户，做到专户储存，专款专用，接受纪检、监察、审计部门的监督检查。同时，整合软硬件资源，建立专职乡镇（村）馆员队伍。吴江图书馆对全区250个行政村的农家书屋原有图书进行回溯建库，完成了总馆业务管理系统的更新升级，确保文献资源的共建共享和通借通还；创新乡镇（村）馆员招聘制度，全区乡镇（村）分馆共聘用专职馆员43人，专职馆员福利待遇经费列入财政预算。

“四位一体”项目的实施真正实现了农村公共信息服务的全覆盖和普遍均等，成为全区“文化惠民”工程的又一项有力举措。首先是提高了文献流通率，提升了农村公共文化长效服务水平。2010年年底，吴江图书馆总藏量54.7万册，通过将各乡村分散的文献资源回溯

建库,以及政府增加拨款购置资源,2012年年底文献总藏量达138.87万册,年均增长幅度达到76.94%。2010年全市外借图书48万册次,接待读者55万人次;2012年全市外借图书101万册次,接待读者150万人次。外借图书年均增长幅度达55.21%,接待读者年均增长幅度达87%。2012年乡镇分馆的外借图书达543 606册次,与"四位一体"项目实施前,即2010年度相比增幅达274%。通过"四位一体"中心资源共享和按需调配,提高了读者的阅读兴趣,2012年度"四位一体"中心新增有效借阅证7899张,村一级借阅量从无到有,在基层百姓中掀起了一股阅读之风。

其次是创新了服务模式,提升了农村公共文化服务均等化水平。吴江图书馆利用"四位一体"农村公共信息服务中心,每年精心策划和组织"我们的节日"系列活动,形成品牌化、系列化运作模式,把活动向基层、农村大力推广,惠及更多的市民群众,2012年度共举办读者活动181项。

再次,扩大了图书馆的影响力,提升了农村公共文化服务覆盖水平。目前,吴江藏书总量约145万册,实现人均占有图书1册以上的创建目标,"满城书香"已成为吴江的城市新名片①。

目前,吴江全区250个行政村都已建立了集中管理的农村公共信息服务中心。同时,吴江的做法已经在苏州全面实现,并开始在江苏全省推广实施。这种"四位一体"的农村综合信息服务体系建设,通过整合村级图书馆(包括县级流动图书车服务点)、农家书屋、党员远程教育、文化信息资源共享工程的资源,实现了农村公共信息服务的经济、高效和可持续发展。具体做法是:①统筹党员远程教育和文化信息资源共享工程播放室、村图书馆阅览室,形成不低于50平方米的设施场地;②以文化信息资源共享工程基层服务点配置的电脑、书架、阅览座椅、远程监控设备等作为基本设备;③农家书屋资源建设经费使用由县(市)图书馆统筹,农家书屋配置的图书由县(市)图书馆统一加工,回溯建库,纳入图书馆总分馆统一流通体系,保证每一服务点报刊不少于50种;④文化信息资源共享工程的数字资源、各级图书馆自建的数字资源、外购的数据库,利用党员远程教育网络、共享工程VPN虚拟专网共享共用;⑤利用公共图书馆的计算机管理系统实现资源在县(市)域范围内的统一检索、统一调配、通借通还,以及网上参考咨询、QQ工作交流、远程实时监控;⑥县(市)图书馆配备流动服务车,服务点的文献资源至少每月流动调配一次;⑦工作人员由村指定,经县(市)统一培训后持证上岗,接受县(市)图书馆的指导、监督和考核。

总的来说,吴江"四位一体"农村公共信息服务中心的优势在于将原来基层多渠道、多载体的粗放式建设通过资源整合,在"末端"提升了服务效能,同时使得人员、资金、设备的配置问题得以解决,从而最终实现城乡一体化和公共文化服务的均等化。

2. 新加坡的民众联络所

在新加坡,供社区居民集会、休闲娱乐的公共场所被称为"民众联络所""民众俱乐部"或"社区中心"(Community Centre/Community Club,简称CC),与英国的社区中心拥有同一内涵,是由政府直属的人民协会(People Association,简称PA)统一运营管理的,供社区居民开展集体活动、获取社会支持和公众信息的社区服务机构。截至2012年10月,全新加坡共有

① "四位一体"与"末端创新"江苏吴江公共信息服务引关注[EB/OL].(2013-05-20)[2014-03-15].http://www.ccdy.cn/wenhuabao/bb/201305/t20130524_652285.htm.

官方设立的民众联络所 106 家。新加坡统计局(Department of Statistics Singapore)的统计显示,2012 年新加坡共 531.24 万人,其中新加坡居民为 381.82 万人[①]。按 2012 年新加坡本地居民人数计算,大约每 3.6 万人拥有 1 家民众联络所/社区中心。除此之外,还有不少民间建设管理的各类社区中心。

新加坡的民众联络所内设有活动室、羽毛球场、篮球场、会议室、工作室、画室、门球厅、家庭手工制作中心、会议中心、多功能厅、音乐室和阅读室等。民众联络所提供给了一系列设备供民众使用,从最基本的篮球场、羽毛球馆到现代化的舞厅、体育馆,预订联络所的设备可以在 OnePA 网站上进行。

民众联络所开展的服务多种多样,在休闲教育方面,有绘画班、烹饪班、缝纫班、美容班、音乐班等,在职业及技能教育方面,开设有纺织、印刷、手工、木工、纸花、室内设计、电脑等课程。社区还为青年开办训练班,培养年轻人的领导素养和才能,安排与各国青年交流、研讨,举办海外亲善访问团和教育旅行团等。同时,开展健康的社交活动,为 20—35 岁的未婚青年寻找伴侣等。为照顾个人、家庭的需求,联络所也承办各种丰富多彩的家庭和私人聚会[②]。

为了满足不同兴趣爱好人群的需要,民众联络所还设立了多种类型的兴趣小组,以此来吸引不同种族、不同性别、不同年龄段的民众。目前,民众联络所设立的兴趣小组有艺术和生活方式兴趣小组,包括绘画、摄影、唱歌、宠物美容、古董鉴赏、艺术和工艺、电影等;表演艺术兴趣小组,包括芭蕾舞、歌剧、美国排舞[③]、肚皮舞、唱诗班和吉他小组等;体育和健身小组,包括类似曲棍球的球戏、空手道、网球、快步走、气功等;教育和生活技能小组,包括算术、写作、学费、计算机技术、算盘等。如果现有的兴趣小组中没有满足需要的,民众可以召集 5 个人成立一个小组,推举 1 名领导者并赋予这个小组一个名称即可[④]。

民众联络所由人民协会管理,该协会于 1960 年 7 月 1 日成立,目的是促进新加坡的种族和谐,提高社会凝聚力,将民众和民众、民众和政府连接起来,实现"同一个民族,同一个新加坡"(One People,One Singapore)的目标。但其日常管理则是由志愿者负责的,这些志愿者都来自基层民众,他们在连接民众与民众、民众与社区、民众与政府、社区与社区之间发挥着重要作用。成为联络所中一员的志愿者首先要填写申请书,对个人的基本信息、兴趣爱好、特长等进行一个描述和反映,每年还会对优秀的志愿者进行表彰,评选出最杰出的志愿者(Outstanding Volunteers)[⑤]。

民众联络所的经费来源没有单独的统计数据,但从其主管部门人民协会的收入来源中,可以推算出民众联络所的经费来源大致有两个:一是政府补贴,占其经费来源的主体;二是社会募捐和自我创收。同时可以肯定的是,新加坡政府十分注重社区建设的投入,政府投资

① Time Series on Population(Mid-Year Estimates)[EB/OL].[2013-12-01]. http://www.singstat.gov.sg/stats/themes/people/hist/popn.html.

② 许滢冰.新加坡的社区文化中心[EB/OL].(2008-03-13)[2013-12-27]. http://www.wygls.com/Article/200803/1388.html.

③ 排舞,是一种排成一排跳的舞蹈,源于 20 世纪 70 年代美国西部乡村地区舞曲,也叫牛仔舞。

④ Interest Groups[EB/OL].[2013-12-05]. http://www.pa.gov.sg/interest-groups.html.

⑤ Our Volunteers[EB/OL].[2013-12-06]. http://www.pa.gov.sg/our-volunteers.html.

占到90%以上[①]。除了政府补贴外,社区中心还通过开设课程、设备租赁和募捐的形式来筹措经费。

3.“多位一体”基层综合性服务中心的建设与保障

(1)整合多重资源,提高资源利用率

基层综合性服务中心的建设要充分考虑现实条件,不能盲目追求各项服务的独立性,而是尽可能走资源整合的路径。具体做法是将功能相近的场地或资源合并使用;将文化信息资源共享工程、公共电子阅览室、党员远程教育项目所配备的硬件设备和数字资源整合通用;借助农家书屋和村图书室的文献作为初始藏书;借助县图书馆的专业技术和管理、计算机管理系统、文献资源,统一接受县图书馆的资源调配,统一建设标准、服务标准、评估标准,实现服务的正常化、均等化和专业化;借助县图书馆的流动图书车定点定时到乡村停靠服务、开展读者活动。这样做不仅有利于节省资源,降低运行成本,还可以集聚人气,提高资源的利用率。通过有效的资源整合,使基层综合性服务中心真正成为集图书阅读、广播影视、科技推广、科普培训、体育健身、休闲娱乐等功能为一体,服务当地群众的综合性公共文化设施。

(2)加强人才队伍建设

首先要充实基层综合性服务中心工作人员,扩充岗位编制或增加合同制职工编制数量,将员工的福利待遇经费纳入财政预算,使其没有后顾之忧;其次要通过培训、继续教育等方式提高文化站工作人员的素质;最后是要加强岗位管理,做到“按需设岗、按岗聘用、竞争上岗、择优聘用、严格考核”,制定考核细则与人员绩效考核表,并将考核与年度奖金挂钩。

(3)完善管理与保障制度

首先,可以将基层综合性服务中心的使用和管理纳入当地党委、政府目标考核范围,纳入政绩考核评分依据;其次,建立健全基层综合性服务中心的考核激励机制;再次,完善基层综合性服务中心资金划拨、使用和管理办法,设立经费专用账户,做到专户储存,专款专用,接受纪检、监察、审计部门的监督检查;最后,建立服务项目公示制度,充分发挥人民群众的监督职能,促进基层综合性服务中心管理和服务的规范化。

① 张永兴.新加坡:“政府的手”让物管更有效[EB/OL].(2004-12-06)[2013-02-18].http://business.sohu.com/20041206/n223348766.shtml.

第四章　公共文化服务供给保障研究

第一节　公共文化产品服务供给主体、方式与渠道

一、供给主体多元化:政府失灵与职能转变的必然结果

公共文化产品和服务的生产与供给是现代公共文化服务体系最基本的制度安排,这种制度安排决定了现代公共文化服务的内容及整体运行模式。在传统体制中,政府是公共文化服务的唯一供给主体,其基本职能包括:制定公共文化服务政策;监督公共文化产品、生产与提供服务;通过资金投入保证基本公共文化产品的供应,实现公共文化服务的均等化;直接生产或提供某些公共文化服务;引导社会资本有序和规范地进入公共文化服务领域,等等。而在现代公共文化服务体系里,政府依然负有提供公共文化服务的首要责任,但政府主导并不等于政府包办,并不意味着政府就是公共文化服务的唯一供给主体。代表公共利益提供公共文化产品和服务的公共机构是一个以政府为主体的多元体系,政府并不是唯一合法的公共机构和单一的提供者。

在公共文化服务领域引入市场机制,采取中央政府和地方政府,以及政府与非政府公共文化服务机构分权的形式竞争性地提供公共文化产品和服务,已成为目前国际上的普遍做法。例如在全国各地逐步兴起的政府购买公共文化服务模式中,政府就不是直接履行社会管理和服务职能,而是将可以社会化的一部分服务转变为购买和监管,政府与社会组织之间形成了新的契约合作关系,从而提高了公共文化服务的供给效率。供给主体多元化的必要性在于,即使是公共文化产品的消费,也具有“选择性”的特点,政府也有可能提供公众不需要的公共产品而浪费公共资源,就像市场存在“失灵”现象一样,政府也有可能“失灵”。另一方面,政府职能的逐步转移是现代政府公共治理的基本要求之一,政府受能力和预算制约,不可能包揽所有的公共文化服务,将自身不太擅长,或者投入产出比较低的事务交由专业的组织机构来完成,既节约成本,又提高效益。如公共文化服务的诸多领域都需要专业知识和技能,因此就将转移出的职能交由相关的文化事业单位、非营利性文化机构、企业等负责,政府予以监管,以此创新并实现公共文化服务提供主体和提供方式多元化。

需要指出的是,不能将公共文化产品和公共文化服务的生产与供给相混淆,生产者和供给者可以是同一个组织或机构,也可以不是。公共文化产品和公共文化服务供给的关键点是解决谁付费的问题,由谁生产的问题则需要通过公共政策的选择机制来决策。

二、公共文化产品与服务供给的五大主体

1. 政府

公共文化服务,从根本上说是政府的分内事,政府理所应当地属于公共文化资源供给的重要主体。政府作为公共文化资源重要主体主要体现在以下四个方面:一是政府可以通过自身机构提供各类行政服务,或直接安排公共文化产品生产和服务供给,从而直接参与公共

文化资源供给；二是政府运用政策、规划、布局等体制性手段对公共文化资源的生产供给履行宏观指导功能；三是政府发挥统筹协调功能，促进公共文化资源生产供给的均衡性，提高公共文化资源供给效率；四是政府履行运行管理职能，采取资质认定、政府采购、订单管理等必要的组织运行机制，推动公共文化资源生产供给各项具体工作有条不紊地展开。

2. 公益性文化机构

从实际情况来看，公共文化资源的主要部分仍然存在于各类公益性文化机构中。因此，在现阶段，公益性文化机构仍然是公共文化资源供给的核心依托。公益性文化机构中，图书馆、文化馆等是定位明确、功能明确的公共文化资源供给骨干主体，公共文化资源供给应当是这些机构的基本职责，是这些机构存在和发展的理由和根据。此外，政府举办的博物馆、美术馆，政府支持举办的工人文化宫、青少年宫、妇女儿童活动中心、科技馆等，也应结合各自特点，确立在公共文化资源供给体系中的基本定位、特定功能、具体职能和服务方式，逐步纳入公共文化资源供给“政府主导”的基本框架。

3. 国有文化企业

国有文化企业大多由经营性文化事业单位转制而来，是从事文化产品和服务生产经营活动的全民所有制企业，是以营利为目的的经济组织。国有文化企业长期承载、积累了大量丰富的公共文化资源，主要以承接政府采购、市场化提供等方式参与公共文化产品生产和供给。截至 2012 年年末，全国国有文化企业共计 10 852 户（按独立法人统计），资产总额 18 210.3亿元，全年累计实现营业总收入 9022.2 亿元，利润总额 877.9 亿元。在各大类国有文化企业中，新闻出版发行服务企业数量占据明显优势。2012 年年末新闻出版发行服务企业共计 3475 户，占比 32%；数量位列其后的广播电视电影服务企业共计 1416 户，占比 13%；文化产品生产的辅助生产企业共计 1206 户，占比 11.1%。从地域分布看，东部地区国有文化企业资源占用、产出水平保持绝对优势①。

4. 社会力量

党的十七届六中全会《中共中央关于深化文化体制改革推动社会主义文化大发展大繁荣若干重大问题的决定》中明确指出，要“引导和鼓励社会力量通过兴办实体、资助项目、赞助活动、提供设施等形式参与公共文化服务”。吸引社会力量参与公共文化服务，不仅有利于政府更好地履行保障人民群众基本文化权益的职责；有利于创新公共文化服务运行机制，提高服务质量、增强服务效益；还有利于充分调动社会各方面积极性，更好地激发全社会文化创造活力，对于发展公益性文化事业、满足人民群众日益增长的文化需求具有重要意义。

5. 基层文化队伍

我国公共文化服务体系建设强调“以政府为主导”“加强统筹”，将基层人民群众的积极性和创造性纳入“政府主导”框架，以统筹、协调、共享的方式全面发挥人民群众“自我管理、自我发展”的功能。基层文化队伍与基层群众有天然的联系，是基层文化生态不可分割的组成部分。基层文化团队数量庞大、创造力及其产品总量庞大，某种意义上是公共文化服务的天然资源库。培育来自基层、服务群众的供给主体，大力支持人民群众自编自演、自娱自乐、自创自办，既有利于丰富基层群众的文化生活，也有利于提高公共文化资源供给效率。据统

① 国有文化企业发展报告(2013)[EB/OL].(2013-12-27)[2014-03-25].http://www.gov.cn/gzdt/2013-12/27/content_2555667.htm.

计，目前我国城乡基层活跃着30多万支群众业余文艺团队。

三、公共文化产品与服务供给的主要方式与渠道

当前由政府和公共文化服务机构向社会公众提供公共文化产品和服务的主要方式有以下七种：①政府通过公共财政直接提供公共文化资源，由公共文化机构生产并提供公共文化产品和服务；②政府通过设置兴办公益性文化机构提供公共文化服务资源；③政府向社会力量购买公共文化服务资源，即政府采购，政府委托专业化的公共机构，面向社会公开发布采购标书，采购在质量和数量方面符合政府要求的公共文化产品和服务；④委托生产，政府和公共文化机构根据公众需求，通过制定行业和产品标准规范，委托有资质、有信誉的社会机构生产和提供政府规划指定的公共文化产品和服务；⑤通过政策扶持，包括税收减免政策、财政补贴政策等，在政府加强监管的前提下，鼓励社会力量兴办文化机构或向公众免费提供文化资源，积极支持社会资本投资生产并提供公共文化产品和服务；⑥公共文化项目外包，少数缺乏管理和运营能力的准公共文化机构，可以采取政府或公共文化机构提出运营目标，并给予相应的财政或经费补贴，把公共文化项目整体对外承包，以及从市场招聘项目负责人等多种市场化的方式搞活经营管理，提高运营效率；⑦政府或公益性文化机构通过组织志愿者队伍向社会提供公共文化服务资源。

目前我国面向基层的公共文化服务领域，普遍采用的流通渠道有两种：一是自上而下的标准配备制，即指令性地配送内容产品、开展所要求的基本服务；二是小范围的流通制，即本地的文化产品生产和服务单位面向本地基层群众提供服务。这两种渠道都具有一定的局限性，且相互分离、独立运行，一方面产品和服务内容选择的局限性较大，另一方面整体的运行层次较低。针对这一状况，公共文化服务机构应当将传统流通渠道与现代数字网络相结合，实现公共文化服务供给渠道的专业化、规模化、集约化，建立先进、可靠的内容配送渠道系统①。

四、公共文化产品与服务供给的社会化

十八届三中全会《中共中央关于全面深化改革若干重大问题的决定》要求在公共文化领域"引入竞争机制，推动公共文化服务社会化发展。鼓励社会力量、社会资本参与公共文化服务体系建设，培育文化非营利组织"。这是满足人民群众日益增长的公共文化服务需求的必然要求，也是克服传统体制供给不足、水平不均、质量偏低、效率低下等弊端的必然要求。构建国家、市场、社会之间的良性互动机制，建立政府与各类文化非营利组织和市场组织之间的合作伙伴关系，这既是实现国家治理结构的现代化的必由之路，也是构建现代公共文化服务体系的必由之路。

要实现公共文化产品与服务供给的社会化，首先可以采用政府购买、项目补贴、税收减免或者奖励等方式，选择文化事业单位、非营利性文化机构、企业或个人的优秀文化产品用于公共文化服务，或授权其为社会公众提供文化服务。通过公开招标、合同、特许或建立公私合作伙伴等方式让渡给其他主体提供产品和服务。还应注意对包括公共文化事业单位在

① 巫志南．公共文化资源供给的主体、方式、渠道和机制研究[M]//于群，李国新．中国公共文化服务发展报告(2012)．北京：社会科学文献出版社，2012：51．

内的机构一视同仁,进一步降低公共文化服务的单位成本,提升社会化程度。其次,强调社会的广泛参与,通过减税、免税、财政补贴和财政转移支付等多种方式鼓励和吸引民办公益性文化机构、企业、个人参与公共文化产品的创造和公共文化活动的开展。完善相关政策,适当放宽公共文化产品与服务供给的"准入门槛",构建起平等的准入环境。同时,对于志愿参与公共文化产品与服务供给的机构和个人,给予适当的物质奖励或财税、人事等方面的优惠政策。再次,推动经营性文化设施提供低票价或者免费的优质文化产品,促进公共文化服务方式的多元化、社会化。

第二节 基本公共文化服务的标准化与均等化

一、"基本"与"均等化"

基本公共文化服务中"基本"二字的内涵是与我国当前社会发展阶段、政府供给能力和文化服务项目的性质内容等息息相关的,且其范围不是一成不变的,应根据发展状况与时俱进、逐步调整。"基本"公共文化服务是在政府主导下,通过税收和财政投入的方式,向社会整体供应的那部分文化产品和服务。基本公共文化服务在具有公共文化服务一般属性的基础上,还具有如下特殊属性:①以公共财政保障为主,即基本公共文化服务主要以免费或优惠形式提供。②与经济社会发展水平相适应。由于基本公共文化服务主要是免费或优惠提供,所以,需要在公众文化需求和公共财政支撑能力之间寻找平衡,实现二者的统一,即基本公共文化服务水平与经济社会发展水平相适应。目前,我国的基本公共文化服务以保障老百姓听广播看电视、读书看报、进行公共文化鉴赏、参与公共文化活动等基本文化权益为主要任务。③基本公共文化服务提供遵循"四性"原则。"四性"是我国近年来逐步形成的有关基本公共文化服务的理论概括。均等性是基本公共文化服务的本质特点,决定了这类服务是底线型、差异化程度相对较低的服务。基本性即公共文化服务在内容、范围上的"基本",就是均等化提供的"尺度"。基本公共文化服务是全体人民受益的服务,是社会公平正义的体现,因此,基本公共文化服务的成本由全体受益人分担,实现方式就是由税收形成的公共财政支持,这就是基本公共文化服务的公益性。基本公共文化服务必须让老百姓方便享有,所以,便利性是基本公共文化服务实现的前提。

公共文化服务以全体人民为服务对象,均等化是其最核心的理念和最显著的特点。"均等化"是指政府要为社会公众提供基本的、与经济社会发展水平和群众需求相适应的、大致均等的公共文化产品和服务。正确理解均等化,需要厘清两方面的问题。首先,均等化的内容、范围具有相对性。"均等化"并非绝对意义上的完全平均,而是将差距控制在可承受范围之内的相对均衡。从供给内容上看,是指基本公共文化服务的均等供给,不是所有文化服务的均等供给;从供给的数量和质量上看,强调以满足群众基本需求为目标和以公共财政支撑能力为尺度的统一;从实现范围上看,由于经济社会发展水平的地域差异长期存在,大致均等的公共文化服务同样具有地域差异。其次,均等化指的是参与公共文化服务与活动的机会均等,保证公民在实现文化权益时的起点公正,而不是结果平均。政府的责任,是通过均等化的制度安排,保障全体社会成员有公平均等地享受公共文化服务的机会和条件,通过机会均等保证起点公平。但同时，均等化也不排斥公民对文化的自由选择，与多元化并不冲突[①]。

二、"三个不均等"

"促进基本公共文化服务标准化、均等化"是党的十八届三中全会提出的具体要求，对于构建现代公共文化服务体系具有重要意义。但目前我国公共文化服务体系建设的均等化水平尚待提高，从城乡差别看，县级以下基层公共文化资源仍然比较匮乏。2013 年在我国 2712 个县级公共图书馆中，无购书经费支出的有 580 个，占县级图书馆总量的 21.4%。从区域看，中西部地区远远落后于东部地区。2013 年，东部地区文化体育与传媒支出约占全国总量的 44.15%，中部约占 22.57%，西部约占 33.25%。从群体看，当前针对老人、少年儿童、残疾人、农民工和边疆民族地区群众的公共文化体育资源普遍偏少，把农民工纳入城市公共文化服务体系的政策要求在不少地方尚未落实[②]。另外还存在一些问题，如公共文化经费投入结构欠合理，导致了财政投入的城乡"二元结构"与"结构性失衡"；经费投入多数集中在文化设施上，而开展公共文化服务、群众性文化活动的经费未能跟上社会的发展；区域文化发展不平衡现象比较突出，城乡之间、地区之间、人群之间文化发展和服务的差距仍存在。此外，公共文化单位的管理和服务水平还有待提升，部分地区的文化设施存在服务半径不足、资源闲置、利用率不高等现象。

1. 地区间的不均等

具体表现在东、中、西部地区间文化经费投入、设施完善程度及利用效率、人才队伍，以及活动内容的丰富性等多个方面。2012 年，中央和地方财政对文化事业的总投入为 480.1 亿元，其中对东部地区的投入为 211.56 亿元，占总金额的 44.1%；对中部地区和西部地区的投入分别为 107.78 亿元和 139.53 亿元，所占比例分别为 22.4% 和 29.1%。根据 2010 年的数据，上海每万人拥有群众文化设施建筑面积为 485 平方米，是全国平均水平 188.6 平方米的 2.57 倍，紧随其后的是浙江省，达到 432.5 平方米；而最低的是西部贵州省，仅为 81.2 平方米，还不足全国平均水平的一半[③]。在设施和服务的利用率上，地区间悬殊也很大，如 2010 年各地区公共图书馆年总流通人次占人口比重最高的仍是上海，为 80%；最低的为西藏，仅有 1%。另外，在公共文化机构的从业人员中，东部地区的人才比重、结构明显要优于中西部地区，所开展的服务也更丰富。

2. 城乡间的不均等。

首先，农村公共文化投入滞后。2012 年，中央和地方财政进一步加大了对农村基层公共文化建设的经费投入力度，县以下的投入总额达到 237.02 亿元，占中央和地方财政对文化事业总投入的 49.4%，较 2010 年增长了 13.4%。但投入金额仍低于对县以上城镇的投入，2012 年全国财政对县以上城镇的总投入为 243.08 亿元，占总投入的 50.6%。其次，农村地区文化设施相对落后，致使其文化功能逐渐萎缩。再次，不少地区存在"设施孤岛"现象，公

---

① 张永新. 构建现代公共文化服务体系的重点任务[J]. 行政管理改革，2014(4)：38—43.

② 雒树刚. 加快构建现代公共文化服务体系从六方面着力[N/OL]. (2015 - 04 - 23)[2015 - 04 - 23]. http://www.ccdy.cn/xinwen/wenhua/xinwen/201504/t20150423_1091052.htm.

③ 文化部. 中国文化文物统计年鉴(2011)[M]. 北京：国家图书馆出版社，2011：203—211.

共文化设施设备的利用率极低。另外,基层文化从业人员的专业化水平较低,不能完全胜任其工作。最后,城乡居民的文化消费也存在着巨大差距。2010 年,城镇居民家庭平均每人全年文化教育娱乐用品服务支出为 1627.6 元,而农村居民则仅为 366.7 元,相差近 4 倍①。

3. 服务群体间的不均等

我国有着庞大的人口基数,这在一定程度上也加大了均等化的难度,由于个人经济基础、文化水平、生理或心理条件的不同,导致了群体阶层化和贫富化差距,这种现象也映射到了公共文化领域。文化贫乏群体包括残疾人、老年人、未成年、城市贫民、外来务工人员,以及部分少数民族。保障这些群体的文化权益,避免其在公共文化服务进程中被边缘化和孤立化,是推进基本公共文化服务进程中最薄弱、最艰难的环节,其文化需求的满足状况将直接影响全社会文化生活的整体水平,因此理应受到更多的优惠和关注。

三、破解之道:以标准化促均等化

我国从“十二五”开始着手构建基本公共文化服务国家标准。《国家基本公共服务体系“十二五”规划》提出的《“十二五”时期公共文化体育服务国家基本标准》初步规范了包括公益性文化、广播影视、新闻出版在内的服务项目、服务对象、保障标准、支出责任、覆盖水平的国家基本标准。十八届三中全会把促进基本公共文化服务标准化、均等化作为构建现代公共文化服务体系的重点任务之一,体现了以公共文化服务的标准化促进均等化的思想,其中标准化是手段,均等化是目的,标准化是均等化的基础和前提,离开了标准化,均等化就没有尺度和约束,没有衡量准则,也就不能称之为真正的均等化。2015 年 1 月下发的《关于加快构建现代公共文化服务体系的意见》中同时出台了《国家基本公共文化服务指导标准(2015—2020 年)》,对公共文化的基本服务、硬件设施、人员配备做出了标准规定,并附有实施方法及细则。在此之后,广东、上海、苏州、云南等省、市政府也陆续出台了具体的推进实施意见和标准体系。这不仅标志着国家和地方政府在基本公共文化服务标准和指标体系建设上迈出了第一步,也说明了促进公共文化服务标准化、均等化会是当前及今后公共文化服务体系建设的重中之重。

现实中,群众文化需求的无限性和政府责任与公共财政支撑能力的有限性是一对矛盾。如何将实现均等化变为各级政府的自觉行动是其核心问题,这需要有明确具体的标准体系和制度规范,让各级政府知道与自身职责相应的均等化的公共文化服务应该提供哪些内容,提供到何种程度,达到什么样的标准,这些准则就是公共文化服务的标准化。标准化通过制定、发布和实施一系列具有约束性的公共文化服务标准来实现,其目标是追求公共文化服务的最佳秩序和最佳效能。

公共文化服务标准化体系主要包括三方面的标准:一是保障标准,主要是从群众实际需求出发,着眼于保障群众基本文化权益,规范和体现各级政府责任与义务;二是技术标准,主要是关于公共文化服务设施建设、业务管理、服务规范、技术应用等方面的标准;三是评价标准,主要是针对各级政府、公共文化服务机构、服务项目与活动等的具体评价标准②。目前我国公共文化服务标准化建设已经有了一定基础,现有成果集中在业务和技术标准、评价标准

---

① 国家统计局. 中国统计摘要 2011[M]. 北京:中国统计出版社,2011:108,114.

② 张永新. 构建现代公共文化服务体系的重点任务[J]. 行政管理改革,2014(4):38—43.

两方面，如“建设用地指标”系列、“建设标准”系列、“服务规范”系列，以及主要用于评价发展水平的“评估标准”系列等，但是与均等化关系密切的保障标准仍是薄弱环节。

基本公共文化服务“公共性”的特点决定了其由政府主导，公共资金支持的属性。但政府拥有的公共资源是有限的，因而基本公共文化服务往往是底线型、差异化程度相对较低的服务。政府对基本公共文化服务的保障，有效的方式就是形成服务内容、范围、种类、程度的“底线标准”，明确公民基本权利的实现程度，明确各级政府的支付和保障责任。保障标准主要规范基本公共文化服务的范围、种类、内容、程度、支出责任等，是体现基本权益、政府责任、地域特色和发展方向的标准，主要内容应包括公共文化服务设施布局和建设标准、公共文化服务产品和资源配置标准、公共文化服务人才配备和队伍建设标准、公共文化服务经费投入标准等。在我国，保障标准应按照统筹规划、需求导向、因地制宜、分级制定的原则实现体系化。中央政府按照“最低公益原则”，制定在全国范围内具有普适性的、体现我国经济社会发展一般水平的“底线标准”，并不是迁就最低发展水平的“最低标准”，经济欠发达地区达不到“底线标准”的，由中央财政转移支付支持解决；各级地方政府根据当地实际制定不低于“底线标准”的地方标准，以使保障标准与地方经济社会发展水平相适应，体现地方文化特色。通过建立基本公共文化服务保障国家和地方标准，规范各级政府基本公共文化服务的供给范围、规模和质量，明确事权与支出责任，形成政府保障基本公共文化服务的依据，实现基本公共文化服务保障标准的法律化。

在实践中，首先要实现保障标准。努力消除城乡二元结构对公共文化服务的影响，逐步缩小城乡差距、地区差距，不仅做到结果均等，更要努力达到机会均等、过程均等。应当根据群众的基本文化需求和服务供给水平，确定全国统一的最低保障标准，各地按照标准实施，财力较强的地区和省份可以在此基础上适当提高标准；无法实现这个标准的地区，则通过财政转移支付等手段，保障其实现这一标准的服务。其次是公共文化设施建设标准化。通过统筹规划、合理布局，以城乡基层文化设施建设为重点，以流动文化设施和数字文化阵地建设为补充，努力形成比较完备的国家、省、市、县、乡、村六级公共文化设施网络。以服务人口或服务半径为依据，制定和完善设施建设标准和设备配置标准。再次是管理和服务的标准化。明确各项工作的规范化标准，增强服务效能。最后是工作评价的标准化。对政府和公共文化机构在基本公共文化服务供给、投入等方面的完成情况进行考核，建立社会评价标准，独立开展满意度评价。

接下来，要通过标准化服务实现基本公共文化服务的均等化。一是区域均等。通过制定转移支付制度标准，合理配置公共文化资源，使欠发达地区能够和发达地区一样平等地享有基本公共文化服务。二是城乡均等。通过基本公共文化服务一体化规划、标准化建设，使公共文化资源下沉，促进城乡基本公共文化服务的均等。将贫困地区公共文化建设与集中连片扶贫开发、与城镇化和新农村建设结合起来，编制专项规划，谋划实施重大项目，加快推进贫困地区公共文化服务体系建设。三是人群均等。制定相应的保障性标准，保护低收入、外来务工人员和残疾人等弱势群体，推动弱势群体平等参与文化活动，实现其文化权益。

四、资源的共建共享：城乡一体化

所谓一体化是指多个原来相互独立的主权实体通过某种方式逐步结合成为一个单一实体的过程。一体化发展是我国整体推进现代化的发展战略，是我国经济社会全面转型时期落实科学发展观的重要体现。事实上,城乡一体化是一体化实践的主要形式,也是城乡现代化的交汇融合,一体化已经成为我们区域性的发展战略①。

统筹城乡文化发展,打破城乡二元结构,逐步缩小城乡差距,推进城乡文化一体化,是公共文化服务体系建设的重要任务。城乡文化一体化的内涵体现在:对城乡文化建设应一视同仁,一同规划、一同建设、一同推进。要改变过去重城市、轻农村的现象,在城乡文化事业投入、文化设施建设、文化队伍培养、文化资源共享等方面实现城乡一体化。要加大对农村文化建设经费的投入,弥补历史的"欠账"。强化城市对农村的辐射带动作用,促进城乡之间文化要素的双向流动,促进城乡文化共建,协调发展。城乡文化一体化并不是农村和城市文化完全同质化,而是在基本公共文化服务方面实现均等化。

在加强城市对农村的支持,统筹城乡文化资源,将更多的公共文化资源向农村倾斜的同时,还应通过建立城乡文化发展联动机制,推动公共文化资源在城乡之间均衡布局、合理配置,增加农村公共文化服务总量,缩小城乡公共文化服务差距,促进城乡文化协调共同发展。如吴江、宁波等地的"区域文化联动",联合相邻区域多个城乡的现有文化资源,以在各乡镇巡回式的广场文艺联演为主要载体,同时开展电影联展、书画联展、优秀社团联评、文艺创作联动和理论研究联动等活动,通过城乡间的文化资源与活动合作共享,盘活了整个地区的文化资源,特别是丰富了农村的文化生活,被形象地称为各乡镇、村落之间的"文化走亲"。这其中既包含了政府资源向基层的集中供给,也包含了城乡之间的资源交互供给,同时在满足群众文化需求的前提下也充分调动了群众主动参与的积极性和创造性。"区域文化联动"创造了区域文化交流、合作、共建、共享、共同发展的新模式,有助于破解农村公共文化建设中存在的经费紧张、设施落后、人才短缺、艺术水准较低等难题②。

法国的"文化民主化"也是城乡文化一体化的体现。1959 年法国第一个文化部建立,主管全国文化事业,并明确阐述了国家的文化政策:"让尽可能多的法国人看到人类的杰出作品,特别是法国的作品;保证让最多的人欣赏到我们的文化遗产,努力使我们的文化遗产更加丰富艺术创作和精神创造。"此后的历届法国政府都基本上沿袭了此项政策,并采取各种措施促进文化的普及,努力使每个公民都能平等地参与文化活动,并把享受文化的权利作为一种公民意识来培养,把普及文化作为一项社会工作来完成,此项举措被称为"文化民主化"。近年来法国政府还实行文化分权政策,把文化活动、资金和设施分散到全国各地,而不是集中在巴黎等主要城市,这实际上也是文化民主化的手段之一。

法国"文化民主化"的核心是文化的多元化,民主就是要让所有的文化设施、产品、服务和活动扩散到全国各地,让所有公众有均等的受益机会,而不是集中在巴黎。机会均等还体现在国家对艺术的全额资助,高额的政府补贴使老百姓能够消费得起、接触得到一流的艺术,不至于因为买不起票而无法走进剧场等文化场所。例如,一张 100 至 150 欧元的剧院演出票,在政府资助后民众购买的价格平均只有 20 欧元,这其中的差额就由政府来补齐。除了剧场等提供的表演艺术之外,法国民众接受的来自博物馆、图书馆、纪念馆等各种公共设施所提供的基础文化服务也都是由政府出资承担绝大部分的费用。因此可以说,法国的"文

---

① 王景新. 城乡一体化理论和实践的新趋势[EB/OL]. (2006 - 08 - 17)[2014 - 03 - 15]. http://www.snzg.cn/article/show.php? item/page-1.html.

② 程天赐. 吴江:区域文化联动"走亲"忙[N]. 农民日报,2013 - 05 - 04.

化民主化”是靠政府的高额投入实现的。

五、协调机制的建立——以嘉兴城乡一体化公共图书馆服务体系为例

建立公共文化服务体系建设协调机制，是构建现代公共文化服务体系的必然要求，是加快政府机构改革和职能转变的必然要求，是加强改革的协同性、提升公共文化服务效能的必然要求。协同是将各股力量整合、协调起来以发挥整体效应的过程[①]。在公共文化服务多元主体供给中，存在着由多主体和多部门导致的公共文化服务供给碎片化问题，要解决这种碎片化困境，必须探索和构建公共文化服务供给的协同机制[②]。

截至2010年年底，嘉兴市、县两级图书馆（除海盐外）均达到部颁一级以上标准；全市54个乡镇建有高标准的乡镇分馆，已实现乡镇图书馆的全覆盖；同时，以统一采访、统一编目、统一配置为特点的村（社区）分馆建设的试点工作已启动，已建成的15个村（社区）分馆都实现了一卡通行、通借通还；2010年年底嘉兴数字图书馆的开通，使数字资源的免费服务走进了千家万户，以公共图书馆、科技、学校等行业系统图书馆或单位联合加盟的文献信息资源共建共享的图书馆联盟建设业已启动。目前，嘉兴公共图书馆事业的各项指标已远超出国内平均标准，达到和接近国内先进水平。

作为公共文化服务的主要机构之一，图书馆在其自身服务中也同样存在不同主体、不同部门、不同系统之间的服务供给碎片化问题，要超越碎片化形成体系，就需要依据并运用协同机制，构建起一个科学合理的图书馆服务体系，不断突破服务瓶颈、创新服务模式，开展全覆盖的图书馆服务，提升公共文化服务品质。根据协同机制（Synergy Mechanism）的定义，图书馆服务体系管理中的协同机制可以界定为图书馆、行政部门等多类型主体通过互动、冲突与合作，共同努力以实现既定目标或协定目标的过程、作用方式和程序[③]。嘉兴城乡一体化公共图书馆服务体系所建立的协同机制的主要内容包括以下五个方面：

1. 联席会议制度

在嘉兴地区公共图书馆服务体系建设管理的过程中，逐步建立起了市政府、市文化局和图书馆共同参与召开的联席会议制度。联席会议旨在通过召开会议的形式，加强各部门、各单位之间的联系与沟通，在相互了解、理解的基础上，共同研究和探索公共图书馆服务体系建设和可持续发展的新方法、新途径。

嘉兴地区公共图书馆服务体系建设中联席会议的召开根据具体服务层级和范围的不同而有所区别。首先，在嘉兴整个地区范围内，召开由嘉兴市政府、市文化局、市图书馆共同参与的联席会议，统一研究、确定及计划安排嘉兴地区范围内图书馆服务体系建设的相关事宜；其次，在嘉兴市本级，市文化局主导并负责图书馆事业，因此在市本级召开由市文化局、市图书馆参加的联席会议，探讨确定嘉兴市图书馆在市本级的服务体系建设问题；再次，在图书馆行业内部，也建立了联席会议制度，会议参与者为全市各级别、各类型的图

① 曹堂哲. 公共行政执行协同机制研究的协同学途径——理论合理性和多学科基础[J]. 中共浙江省委党校学报，2009(1)：37—42.

② 汪锦军. 构建公共服务的协同机制：一个界定性框架[J]. 中国行政管理，2012(1)：18—22.

③ 曹堂哲. 公共行政执行协同机制——概念、模型和理论视角[J]. 中国行政管理，2010(1)：115—120.

书馆,通过召开联席会议达成行业内部的良好沟通与协调,有利于资源服务工作的高效开展。

2. 评估考核机制

嘉兴在构建图书馆服务体系的过程中,建立健全了以高效服务为导向,以管理责任制为基础的一套评估考核机制,通过组织定期检查考核体系内所有图书馆及图书馆从业人员的工作行为,并以奖惩制度进行正向激励,肯定积极行为、否定消极行为,激励图书馆从业人员不断改进自身行为,提升服务质量。另一方面,按照嘉兴市构建图书馆服务体系建设的相关规定,图书馆也制定了相关指标和计划,定期针对财政拨款、编制分配等现状对政府相关职能部门展开考核,监督并敦促政府及时履行职责,切实保障图书馆服务体系建设过程中人员、资金等的到位。

在评估考核工作的开展中,嘉兴市图书馆、市文化局根据相关政策统筹安排,结合实际情况设计制定了一系列合理的服务体系评价指标体系、评估考核制度以及以奖代补等形式的考评和激励机制,全面评估衡量全市范围内的图书馆公共文化设施及服务的公益性、普遍性、均等性及服务质量、服务效果以及群众满意度等。

评估考核机制有效地推动了各级监管工作的开展,确保了图书馆各项职能的到位,促进其工作效率和质量的提高。但是,由于机制本身的局限性和多种主客观因素的制约,目前公共图书馆服务体系的评估考核机制还存在一些缺陷,有待进一步创新和完善。

3. 督查机制

嘉兴市政府、市财政局、文化局等部门在为图书馆服务体系提供政策、资金和人员保障的同时,也建立了一套较为完善的督查机制,通过电话沟通、上报材料、现场会、视察等方式开展图书馆服务体系建设的督查工作。督查内容包括图书馆对于财政下拨资金的分配使用、人员的招聘管理、资源建设状况以及开展服务的效果等。与此同时,作为嘉兴市本级总馆以及地区中心馆的嘉兴图书馆,对服务体系内的其他图书馆也承担着监督检查的作用,针对图书馆运营管理和服务的全流程展开督查,掌握图书馆服务体系的整体建设状况和进度、发现其中存在的问题,以便进一步调整整体工作思路、完善决策行为。

4. 联盟馆建设协同机制

嘉兴市图书馆服务联盟建设的总体目标是:以政府为主导,在公共资金的支持下,通过统一规划,有效地减少各成员馆在文献信息资源配置上的重复建设,拓展城乡一体化的公共图书馆服务体系,进一步加强嘉兴数字图书馆的功能,联合企业、教育、科研、卫生、部队等行业系统图书馆,改变长期以来条块分割、各自为政、封闭式发展的旧模式,构建覆盖全市、城乡一体、功能完善、优势互补、资源共享、管理规范的图书馆服务体系,在资源、技术、人才等方面实现图书馆间的合作,实现区域内信息资源和服务的优化整合和高度共享,以最少的公共投入获取最大的社会效益,最大限度地满足社会各界用户的不同需求。因此,跨行业、跨部门的协同建设必不可少。

作为构建图书馆服务体系的一个重要组成部分,联盟馆建设是以协同建设为原则构建起的以嘉兴市图书馆为中心馆,以嘉兴市公共图书馆系统和高等院校图书馆为主体,科技、卫生、企业等多行业图书馆共同参与、协同建设、功能完善、管理规范、服务创新的信息资源共建共享的图书馆联盟服务体系。其中,协同建设体现在两个方面,首先是联盟馆系统内部的协同,要求各类型馆以共同的目标为前提,优势互补、协同建设;其次是联盟馆系统与图书馆服务体系之间的协同，要使联盟馆成为图书馆服务体系的有效补充和延伸。

5. 与国家其他重大文化工程的协同建设

近年来，我国开展了一系列重大文化惠民工程，如文化信息资源共享工程、农家书屋、职工书屋、公共电子阅览室工程，以及东海文化明珠工程等。这些工程虽针对不同目标，但在基层的具体建设实施中却难免重复。针对这种情况，也为了避免不必要的浪费，嘉兴市在建设公共图书馆服务体系的过程中十分注意同这些重大文化惠民工程在资源、管理等方面的对接，充分将体系内的现有资源与工程中建设配备的资源进行挖掘、整合，并利用其开展服务；同时，这些重大文化惠民工程大多依托于各级图书馆和图书馆服务体系开展服务与活动，因此，公共图书馆服务体系的建设也可以保障和促进工程的可持续发展。

结合嘉兴市公共图书馆服务体系建设的实际，嘉兴市图书馆及相关行政部门在充分把握重大文化惠民工程的实际要求和现实条件的基础上，充分整合、利用现有资源，以不搞重复建设为原则，做到将这些重大工程建设与图书馆乡镇分馆建设、村（社区）分馆建设、村文化活动中心（图书室）建设相结合，努力实现资源共享，优势互补，一方面充分发挥工程为农民群众提供文化产品和文化服务的作用，另一方面也使图书馆服务真正延伸到体系末端的广大基层。

长期以来，我国的公共文化服务体系建设存在着条块分割、交叉管理、系统壁垒、部门割据的问题，导致有限的公共文化服务资金和资源投入分散，难以形成合力，严重制约了服务效能的提升。十八届三中全会在部署构建现代公共文化服务体系时，首先提出了建立公共文化服务体系建设协调机制的任务，体现了以全面深化体制机制改革为突破口推动现代公共文化服务体系建设的思想。

目前阶段，在协调机制框架内整合资源、统筹发展的重点任务，第一，要协调管理体制，明确各级政府事权责任，解决政府各部门之间的协调问题；第二，统筹公共文化服务设施网络建设，重点是把工青妇科教系统的公共文化服务设施纳入公共文化设施网络体系，盘活存量，优化设施网点布局，完善设施网络体系；第三，整合基层公共文化服务资源和服务，基层宣传文化、党员教育、科学普及、体育健身等设施建设和服务供给要统筹协调、集中资源、融合发展，建设综合性文化服务中心；第四，协调推进重大文化惠民工程。在进一步实施广播电视村村通、文化信息资源共享工程等已有重大文化惠民工程的过程中，加强资源整合，推动项目之间融合发展，促进与群众需求的有效对接，新设立重大文化惠民工程，需要更加突出地强调突破部门界限，从完善社会化的公共文化服务体系着眼做好顶层设计；第五，统筹基层公共文化服务队伍建设，推广以县域为基本单元的图书馆、文化馆（站）总分馆制，在服务体系内部通过适度提高人员管理层级、建立聘用相对分离机制，实现县级政府对城乡公共文化服务队伍建设的统筹。

第三节　政府购买与公共文化服务社会化

一、政府购买公共服务的国际经验

政府采购制度最早出现在美国 1761 年的《联邦采购法》中，而政府购买公共服务则是

20 世纪 80 年代以来出现的新趋势。20 世纪 90 年代,英国率先提出公私伙伴关系的概念,继而在美、德、日等国得到广泛响应。

国际经验显示,大部分国家政府购买公共服务涵盖大多数的公共服务领域,其中的教育、公共卫生、文化、社会服务等领域,是政府购买公共服务的活跃领域。而非营利组织,即公益性文化机构和组织是公共文化服务购买的重要承接主体。有数据显示,欧洲非营利组织收入中普遍有 40%—70% 来自公共财政资源,日本这一数据为 45%,中国香港为 70%—80%,即使是美国这样的市场主导型国家,非营利组织收入总额中来自政府公共部门的资源仍占到其收入总额的约 31%①。

发达国家购买公共服务的方式多种多样,包括合同出租、公私合作、补贴制度和服务消费券等。

1. 合同出租

合同出租(也称服务外包)是指政府决定某种公共服务的数量和质量标准,将公共服务转包出去,由私营部门或非营利部门与政府签订提供公共服务的供给合同,而政府则以纳税人的税收去购买承包商提供的公共服务,并依据合同对承包商的活动进行监督和管理。合同出租在美国、英国尤为普遍。例如,美国加利福尼亚州的米拉达市,人口大约有 40 000 人,仅有 50 多名政府工作人员,该市几乎所有的公共服务都以合同出租的形式交由各类市场主体提供,涉及将近 70 项合同,50 多名工作人员负责管理这些提供公共服务的合同。从联邦政府层面来看,截至 2012 年,美国政府已经与私人公司、非营利机构等签订了大约 2000 万个购买服务合同。

2. 公私合作

公私合作是一种特殊形式的合同出租,与合同出租不同的是,政府不需要出资购买私营部门提供的服务,而是以政府特许或其他形式吸引中标的私营部门参与基础建设或提供某项公共服务,并允许承包商有投资收益权。

3. 补贴制度及服务消费券

补贴制度即政府对提供公共服务的市场主体进行补贴。补贴的形式也非常多样,包括提供税收优惠、低息贷款或贷款担保等。在美国,提供公共服务的市场主体可以免缴联邦和州所得税和财产税。与政府直接从服务供给方购买服务不同,服务消费券则是通过政府给予服务消费者票券或卡,让消费者自行选择服务提供者,从而购买所需的服务。服务提供者则凭借此票券或卡向政府报销。在美国,老年人医疗服务、穷人住房援助服务等公共服务的购买都采取此种方式。荷兰、挪威、英国等国在公共服务提供中也广泛采用消费券形式。

国外公共服务的政府购买通常有一系列较为严格的操作程序。如英国政府采购程序包括八个阶段:制订采购计划,确定采购总负责人和配备律师、会计师或审计师,律师起草和在指定刊物上公布信息,接受咨询,按标准确定合格供应商名单,招标或直接采购,按照合同监督供应商完成服务,独立审计。美国政府采购则由至少六个环节构成:制定统一的单据格式、招标公告以及表述格式、对招标工作人员统一定位、详细制定招标采购操作规程、确定合

---

① 贾西津,苏明,韩俊魁等. 中国政府购买公共服务研究终期报告[EB/OL]. (2010 - 08 - 10)[2014 - 03 - 20]. http://www.docin.com/p-69911928.html.

格供应商名单、招投标、交货追查、进行采购审计和管理审计①。

国外政府购买公共服务的一大特点是法律体系健全。为确保政府购买公共服务的顺利运行、政策有效实施，发达国家都设计了完备的法律体系。美国有4000多部与政府购买公共服务直接或间接相关的法律法规②，涉及政府购买服务的方方面面，规定了政府购买公共服务的组织管理、购买程序等各个方面和环节。如《合同竞争法》《联邦采购条例》《政府绩效和结果法》《采购规则》等，分别从不同侧面对政府购买公共服务进行了约束。除联邦法之外，各州也有针对政府购买公共服务的法律法规。英国2000年出台、2005年修改的《资助和采购最佳实务准则》，详细规定了政府采购公共服务的条件；2009年出台的《服务外包委托指导》，对政府将公共服务委托给社会组织提供指导；2010年，随着卡梅伦"大社会"理念的提出，英国政府对《英国政府和志愿及社会部门关系的协议》进行了修订，加入了更为严格的问责机制，加强了对政府及社会部门的监督；2011年，英国政府又发布了《开放的公共服务白皮书》，其中对如何购买并提供公共服务做出规划；2012年，英国上议院通过《公共服务（社会价值）》，对政府购买公共服务提出了新要求，要求政府部门在购买公共服务过程中不能只考虑价格因素，还必须考虑其所购买的服务带来的社会、经济与环境价值③。2006年，日本政府专门出台了《关于导入竞争机制改革公共服务的法律》，用于规范政府公共服务供给活动，政府购买公共服务同样遵循这一法律④。

国外政府购买公共服务的另一大特点是建立了以结果为导向的评估与监管机制。如，加拿大政府购买公共服务的合同中有严格的问责条件，同时充分利用政府电子投标服务系统、供应商注册信息服务系统等各类数据库将政府的招标信息、合同签订、供应商的资质等相关信息及时公开，确保社会大众、新闻媒体、行业专家等对政府购买公共服务进行有效监督。日本则在内阁府中设立了官民竞标监理委员会，对政府购买公共服务的活动进行监督管理，同时在整个购买服务的过程中，政府会主动公开发布相关信息。

二、政府购买公共文化服务的内涵及其必要性

政府购买公共文化服务，是指政府将原来由政府直接举办的、为人民提供公共文化服务的事项交给有资质的社会组织来完成，并根据社会组织提供服务的数量和质量，按照一定的标准进行评估后支付服务费用，是一种"政府采购、项目补贴、定向投资、贷款贴息"的新型政府提供公共服务的方式。简言之，即政府提供资金、社会组织承包服务，以合同关系实现特定公共文化服务目标的机制，其本质上是公共文化服务的契约化提供模式。

政府购买公共文化服务的核心是建立契约式服务提供模式，而不是建立雇佣关系，它要求作为购买方的政府和作为被购买方的社会组织之间保持独立性，社会组织独立决策、独立运作、承担责任，政府依据合同进行管理，对绩效进行独立的评估。公共文化服务购买的主体包括政府、文化事业单位，以及使用政府经费的群团组织，购买的对象包括文化事业单位、文化非营利组织以及营利组织等。需要强调的是，文化事业单位既可以作为政府购买的主

---

① 贾西津，苏明，韩俊魁等. 中国政府购买公共服务研究[J]. 财政研究，2010(1)：9—17.

② 赵谦. 美国政府采购的特点及经验借鉴[J]. 中国招标，2011(27)：5—9.

③ 陈霞. 政府购买公共服务的国际经验借鉴及思考[J]. 中国政府采购，2013(9)：24—26.

④ 韩丽荣，盛金，高瑜彬. 日本政府购买公共服务制度评析[J]. 现代日本经济，2013(2)：15—21.

体,也可以作为被购买的对象。

总的来说,政府向社会力量购买公共文化服务,是革除政府“办文化”弊端、以市场机制和手段配置公共文化资源和服务的主要实现方式。在推动公共文化服务社会化发展的进程中,政府向社会力量购买公共文化服务需要进一步加大力度、拓展范围、丰富内容、提高效益。其必要性体现在以下四个方面:

(1)政府自身生产和提供公共文化服务的能力有限,不能满足群众的多元文化需求。政府囿于成本、效率、专业化程度等问题,自身生产和提供公共文化服务的能力不足,不能满足公众日益增长的公共文化服务需求。

(2)政府购买公共文化服务有利于改善公共文化服务的质量和效率。通过文化事业单位、非营利性或营利性的文化组织提供的专业化产品和服务,其质量较高、形式多样化,且专业化的人员队伍有利于提高生产服务效率。

(3)政府购买公共文化服务,可以促进公共财政体系建设,转变政府职能。政府购买公共文化服务是将一部分可由市场提供的公共文化服务交由市场来运作和提供,将政府的职能转变为纠正市场失灵。

(4)政府购买公共文化服务,可以促进非政府文化机构和组织的发展,实现公共文化服务主体的多元化,还可以通过建设公共财政制度,实现政府提供公共产品与服务的多元化,实现基本公共文化服务的均等化目标。

三、委托管理/经营制度与指定管理者制度

1. 北京市朝阳区向民营图书馆购买管理服务

2014 年 1 月,北京市朝阳区图书馆、朝外文化服务中心、悠贝亲子图书馆三方签署《社会力量参与朝外地区图书馆运营合作协议书》,朝阳区以政府购买管理服务的形式,委托民营悠贝亲子图书馆管理运营朝外地区文化服务中心所属的朝外图书馆。

具体做法是:朝外文化服务中心负责制定朝外地区图书馆服务标准;对悠贝亲子图书馆的管理运营状况进行考核;据实承担朝外图书馆的物业、水电暖、网络等消耗性支出;负责向悠贝亲子图书馆支付运营管理费用。朝阳区图书馆负责朝外地区图书馆的书刊资源保障,确保年配送图书不低于 2000 册/6 次,订购期刊不低于 60 种,订购报纸不低于 20 种;负责对朝外图书馆的业务指导、人员培训;协同朝外文化服务中心对图书馆的管理运营进行考核。悠贝亲子图书馆负责管理朝外图书馆的设施、设备和资源,按服务标准开展图书馆服务。朝外文化服务中心和朝阳区图书馆按季度对悠贝亲子图书馆进行考核。考核合格,朝外文化服务中心向悠贝亲子图书馆支付运营管理经费。考核不合格,按服务成效酌情付款。连续两个季度考核不合格,终止合同。

其中服务标准的主要指标包括:专职管理人员不低于 2 人;基本服务免费提供;每周开放时间(含数字文化社区)不低于 56 小时,且周六、周日开放;开架图书错架率低于 2%;每月初向朝阳区图书馆报送服务档案资料;年流通总人次高于地区常住人口的 30%;年外借册次高于地区常住人口的 50%;年办证量不低于 150 个;年参加“书香朝阳”活动次数不低于 24 次,参与活动总人次不低于 5000 人次;年开展阅读指导活动不低于 100 次,参与人数不低于 1000 人次;年举办书刊推荐活动不低于 12 次,每次推荐书刊不少于 20 种;年进行读者满意度调查 2 次,调查人次不低于流通总人次的 10%,读者满意率不低于 80%。

2. 日本公立图书馆的指定管理者制度

从20世纪90年代开始,日本的经济萧条导致行政经费不断削减。在此背景下,2003年6月,日本政府对地方自治法做了修改,为吸引民间资本和技术的参与,借鉴西欧公共设施经营的经验,引进了“指定管理者制度”。所谓“指定管理者制度”,就是通过日本地方公共自治团体的指定,将公共设施的管理权限委托给指定团体或公司的制度。日本文部科学省根据修改后的地方自治法,于2003年12月1日在中央教育审议会生涯学习分科会上决定,将图书馆也作为公共设施纳入指定管理者制度,将其管理运营向私营企业或组织开放,并决定只要经过必要的研究和手续,向公众告知后,就不必通过教育委员会,可将图书馆的运营管理直接委托给私营企业或机构进行。根据日本图书馆协会的统计,截至2008年3月31日,已有74个自治团体130个图书馆实施了“指定管理者制度”①。

日本政府在推介指定管理者制度时指出:该制度的目的是为了能有效应对市民多样化的需求,利用民间的资源来管理公共设施,以便提高为市民服务的质量以及节约经费。它与以往外包和委托的根本不同之处在于:政府只在原则上规定需要达到的指标,整个图书馆运作全部由承包者负责,包括职工的人事权以及运作方式。政府实施招投标计划,并与中标者签订合同后,对以后具体的管理运作不再干涉,承包合同确定的政府资金在合同期内不会改变。与以往外包或委托管理相比,指定管理者制度使各级地方政府彻底放开了最终的管理权②。对于这种公共图书馆的经营方法,多数的日本图书馆专家持否定态度,由于指定管理者对于公共设施未能很好地实施管理,被取消资格的事例也不时出现在研究报告和新闻媒体中。

事实上,无论是委托经营管理还是指定管理者制度,都有自身的利与弊。在考虑公共文化服务机构的管理方式时,不能简单地将某一种方式“想当然”地引入机构中,而应首先考虑能否满足公众的文化需求,并确保其公益性与专业性。其次,还要确保公共文化机构在实现外包后业务的持续性与有效性,这有赖于政府、社会和公众的监管监督,以及完备的考核体系。也就是说,推动政府以委托经营管理、指定管理者等制度方式购买公共文化服务,并不是要改变政府主导的核心地位和公共财政支持的基本属性,而是要防止将其异化为政府推责任、“甩包袱”。

四、政府购买公共文化服务的发展与完善

2013年1月文化部印发的《“十二五”时期公共文化服务体系建设实施纲要》,明确提出将“逐步建立公共文化服务政府采购制度,支持民营文化企业的产品和服务进入采购目录,推动公共文化服务均等化”。2015年5月初,国务院办公厅转发文化部等部门《关于做好政府向社会力量购买公共文化服务工作的意见》的通知,提出要积极有序推进政府向社会力量购买公共文化服务工作,要求“明确购买主体、科学选定承接主体、明确购买内容、制定指导性目录、完善购买机制、提供资金保障、健全监管机制、加强绩效评价”,同时营造政府向社会力量购买公共文化服务的良好环境,并制定后附了政府向社会力量购买公共文化服务的指

① 沈丽云.日本公立图书馆“指定管理者制度”实施五年的变化[J].图书馆杂志,2009(9):60—62.

② 鲍延明.日本公共图书馆管理变革与运营研究[J].图书馆杂志,2007(6):61—63.

导性目录①。今后,政府购买公共文化服务将成为公共文化服务产品与服务供给的一项重要手段。根据现存问题,政府购买公共文化服务还需从四个方面加以完善:

1. 进一步拓展购买主体和承接主体

所谓政府购买的购买主体包括三类:一是政府行政机关;二是具有行政管理职能或为行政机关行使职能提供支持保障的事业单位;三是经费由财政负担的群团组织。公共图书馆、文化馆、博物馆等公益性文化事业单位,就属于为政府行使职能提供支持保障的事业单位,因此,它们也属于购买主体。换言之,公益性文化事业单位也可以通过向社会力量购买的形式提供服务。近年来在一些图书馆、文化馆出现的“服务外包”就属此类。拓展承接主体最有效的途径就是培育文化非营利组织,从这个意义上说,没有一大批具有独立法人资格、独立承担民事责任能力、专业化服务水平的文化非营利组织,体现市场化特点的政府购买公共文化服务就难以真正实现。

2. 进一步丰富购买内容

要从主要购买资源、活动、服务向购买岗位、管理发展。公共文化服务体系的末端,需要一支规模宏大、结构合理的人才队伍,通过政府购买基层公共文化服务岗位的形式建设并稳定这支队伍,是行之有效的方式。政府通过购买和契约的形式引入社会力量管理、运营公共文化服务机构,在国外已有较长时间的探索,国内也已开始出现,当前迫切需要认真研究和借鉴国外的经验教训,兴利除弊,完善和创新公共文化服务机构的“委托管理经营”模式。

3. 进一步加强绩效评价

需要建立和完善由购买主体、服务对象及第三方组成的综合性评审机制,对购买服务的数量、质量和资金使用绩效等进行考核评价,其中特别需要强化以需求为导向的群众评价和反馈机制,以及以效益为导向的绩效评价机制。同时,通过绩效考核和监督机制的建立,合理规避政府购买中的风险。

4. 进一步完善政府购买公共文化服务的法律法规制度体系

我国在政府采购方面已经有 2003 年开始实施的《中华人民共和国政府采购法》,但关于政府购买公共服务,则尚未有国家层面的专门立法,仅有 2013 年 9 月国务院办公厅发布的《关于政府向社会力量购买服务的指导意见》,而在地方层面虽然有较多的法规、条例和管理实施办法出台,如江苏省、无锡市、蚌埠市、北京市朝阳区和石景山区等,但仍未形成有效的法律体系。进一步细化到公共文化服务的政府购买,法律法规的规范和保障就更为薄弱。在公共文化服务体系建设的大背景下,应加快对政府购买公共服务进行国家层面的立法,为政府购买公共文化服务提供法律基础和制度保障。在法律中应明确界定和规范政府购买公共服务的标准、对象、市场主体承接公共服务的资质和认证办法、政府购买公共服务的方式和程序、招投标方法、资金审核与管理办法、听证制度、财政预算管理制度、审计制度等。

五、大力推动公共文化服务社会化

鼓励社会力量参与,是我国公共文化服务体系建设一贯的方针政策。2007 年,中办国办

① 国务院办公厅转发文化部等部门关于做好政府向社会力量购买公共文化服务工作意见的通知[EB/OL].(2015-05-11)[2015-05-12]. http://www.gov.cn/zhengce/content/2015-05/11/content_9723.htm.

《关于加强公共文化服务体系建设的若干意见》中就确立了吸引和鼓励社会力量投资兴办公共文化实体、建设公共文化设施、提供公共文化服务的方针。2012 年文化部出台《关于鼓励和引导民间资本进入文化领域的实施意见》,提出了鼓励民间资本参与公共文化服务体系建设的重点领域和发展方向。十八届三中全会提出要推动公共文化服务社会化发展,这是顺应时代发展、构建现代公共文化服务体系的题中应有之义。《关于加快构建现代公共文化服务体系的意见》深入贯彻落实党的十八届三中全会精神,将培育和促进文化消费、鼓励和引导社会力量参与、发展文化非营利组织作为构建现代公共文化服务体系的重要内容,进一步明确了公共文化服务社会化发展的方向、思路和实施路径,必将大大增强公共文化服务的发展动力,有效拓展公共文化服务的广阔空间,切实增加广大人民群众的文化福祉。大力推动公共文化服务社会化发展,应首先重点应解决三个问题:

第一,引入市场竞争机制,引导和鼓励社会力量、社会资本参与公共文化服务体系建设。各级政府应正确处理与市场、政府与社会的关系,通过简政放权,进一步发挥市场在文化资源配置中的决定性作用,充分调动各种市场主体和各种社会力量的积极性,参与到公共文化服务体系建设中来,实现公共文化服务供给主体、供给方式和资金投入多元化,形成以“政府主导、社会参与、多元投入、协力发展”为基本特征的现代公共文化服务治理结构,切实提高公共文化服务供给能力和总体水平。目前,各地已经有了许多探索,形成了多样化的途径和方式,如兴办实体、捐资捐物、资助项目、赞助活动、提供设备等。对各级政府来说,关键是进一步健全和完善引导、鼓励的政策措施,落实财政、税收、金融、用地、精神激励等方面的具体优惠政策,用完善健全的政策措施保证社会力量、社会资本参与的可持续发展。

第二,培育文化非营利组织。非营利组织是强烈体现价值观、责任、使命和志愿精神的组织,其主要的社会功能被概括为资源动员、公益服务、社会协调和政策倡导,服务领域集中在社会基本公共服务、扶危济困等方面,与政府的公共服务职能相辅相成,具有拓宽范围、丰富内容、弥补不足的功效。公共文化服务广覆盖、保基本的特性,决定了非营利组织大有作为的领域。在公共文化领域培育文化非营利组织,有利于动员和聚集全社会的资源与力量参与公共文化服务体系建设,有利于搭建人民群众自我表现、自我服务、自我教育的公共文化平台,有利于形成促进国有文化事业单位改革机制、激发活力的外部动力。

所谓“培育”,各级政府应重点在三个方面做出努力。首先是宣传普及文化非营利组织的理念、功能与价值,让群众认识到由自发兴趣组织转化为文化非营利组织的意义;其次,简化文化非营利组织的登记手续,明确《国务院机构改革和职能转变方案》中所说的“公益慈善类”社会组织包括文化非营利组织,适用于直接向民政部门申请登记的政策;再次,政府管理的公共文化资金、资源、项目向文化非营利组织开放,开辟文化非营利组织的资金来源渠道,培育造血机制,提升服务能力。

第三,加大政府购买公共文化服务的力度,建立健全政府购买服务机制。政府向社会力量购买公共文化服务,是革除政府“办文化”弊端、以市场机制和手段配置公共文化资源和服务的主要实现方式。在推动公共文化服务社会化发展的进程中,政府向社会力量购买公共文化服务需要进一步加大力度、拓展范围、丰富内容、提高效益①。

大力推动公共文化服务社会化发展,归根到底是保障群众基本文化权益,培育和促进文

① 张永新. 构建现代公共文化服务体系的重点任务[J]. 行政管理改革,2014(4):38—43.

化消费，政府工作重点在于创造良好发展环境、提供优质公共文化服务、维护社会公平正义，根据《国家基本公共文化服务指导标准》，保障群众基本文化权益，实现各级政府保障责任和义务的标准化，公共文化设施建设、管理和服务的标准化，同时引导广大人民群众树立健康的文化消费观念和方式，激发文化市场主体的创造活力，增强经济发展的内生动力。

第四节　公益性事业单位的免费开放

一、免费开放历程与意义

公共图书馆、美术馆、博物馆、文化馆（站）是政府主办的公益性文化事业单位，是开展公共文化服务的重要场所，是保障人民群众基本文化权益的重要阵地。推动公共图书馆、美术馆、博物馆、文化馆（站）等公益性事业单位的免费开放，是党的十七大关于社会主义文化大发展大繁荣的具体实践，是加强社会主义核心价值体系建设和公民思想道德建设的有效手段，是进一步提高政府为全社会提供公共文化服务水平的重要举措，也是实现和保障人民群众基本文化权益的积极行动。对提高广大人民群众思想道德和科学文化素质，保障广大人民群众基本权益，促进社会和谐稳定具有重要意义。

早在 2006 年，杭州、深圳等经济较发达地区的公共图书馆率先向社会公众免费开放，不设门槛、一视同仁，主动实现了基本服务免费、无障碍的服务。随后，浙江省图书馆于 2007 年在全国省级公共图书馆中率先实行免费服务。从 2008 年春节起，国家图书馆全面减免服务收费项目，推出基本服务项目免费；中国美术馆实行了部分展览免费开放的办法，在全国公益性文化机构中起到了引领示范作用。

2008 年 1 月，中共中央宣传部、财政部、文化部和国家文化局联合下发了《关于全国博物馆、纪念馆免费开放的通知》，要求“全国各级文化文物部门归口管理的公共博物馆、纪念馆、全国爱国主义教育示范基地全部免费开放”并制定了逐步实施的步骤和保障机制。根据 2010 年国务院《政府工作报告》中提出的“推进美术馆、图书馆、文化馆、博物馆免费开放，丰富人民群众的精神文化生活”的要求，财政部会同文化部就建立完善财政经费保障机制，推进公益性文化设施免费开放工作进行了专题调研，在充分研究论证的基础上，制定并于 2011 年年初联合下发了《关于推进全国美术馆、公共图书馆、文化馆（站）免费开放工作的意见》，要求 2011 年年底之前国家级、省级美术馆将全部向公众免费开放；全国所有公共图书馆、文化馆（站）实现无障碍、零门槛进入，公共空间设施场地全部免费开放，所提供的基本服务项目全部免费。2012 年年底之前各级美术馆将全部向公众免费开放；全国公共图书馆、文化馆（站）中所有一级馆、省级馆、省会城市馆、东部地区馆（站）免费提供的基本公共文化服务质量和水平不断提升，形成两个以上服务品牌，其他图书馆、文化馆（站）健全基本公共文化服务项目，并免费提供。2012 年 2 月，《国家“十二五”时期文化改革发展规划纲要》发布，其中再次明确提出要“加强文化馆、博物馆、图书馆、美术馆、科技馆、纪念馆、工人文化宫、青少年宫等公共文化服务设施和爱国主义教育示范基地建设并完善向社会免费开放服务”。

“免费开放”的重要意义，首先在于确立了公共文化服务机构免费提供基本服务的原则，让公共文化服务的公益性和公共性落到了实处；其次是初步构建了公共文化服务经费由中央财政和地方财政分担的制度化保障机制；再次是促进公共文化服务机构增强服务能力，提高服务质量，改善服务效益。“免费开放”政策取得了巨大的社会效益。进一步扩大范围、完善政策，是“免费开放”的未来走向；让人民群众广泛享有免费的或优惠的基本公共文化服务，是“免费开放”的目标。

免费开放政策的实施，解决了我国公共文化服务中的几个关键性问题。第一，与公共文化服务保障公众基本权益、满足公众基本需求的目标相适应，界定了目前阶段我国基本公共文化服务的内容和范围，划分了政府和市场在公共文化服务中作用的范围；第二，逐步朝着理清各级政府在公共文化服务中的事权责任和支付责任的方向迈进，为建立中央财政和地方财政合理分担的公共文化服务体系建设和运行经费保障机制奠定了基础；第三，以落实基本服务保障经费为基础，逐步解决我国公共文化服务机构长期存在的设施出租和挪用现象，实现公共资源的回归公共；第四，引导公共文化服务机构把主要精力用于开展基本公共服务，健全服务项目，提升服务能力，提高服务质量，改善服务效益。

二、英国博物馆的免费开放

追溯英国博物馆免费向公众开放的曲折历史，归根结底一句话，靠政府的新观念、大决心和大投资。

英国博物馆设立的理念和根本目标是“让民众成为博物馆的核心，让博物馆成为社会的核心”，强调博物馆传递信息和开展活动的“双向性”，注重博物馆与社会公众的密切联系和交流，使博物馆融入民众的生活。同时，英国博物馆还强调服务的均等性，通过完全免费和有条件免费等优惠措施，达成博物馆的可进入性，保证公众享有同等的参观权利。

英国公立博物馆的全面免费开放，始于1997年布莱尔领导的新工党进驻唐宁街后制定的新政策，也是新政府文化政策的一项核心内容。为此，布莱尔政府专门设立了国家遗产彩票基金，通过彩票基金和政府直接拨款，以补贴博物馆因停售门票所造成的经济损失。这项政策在当时存在很多争议，如免费开放导致参观者人数激增，致使博物馆维护费用增加等。英国政府因此谨慎地分成三个阶段进行“三步走”。1999年4月，首先实现所有儿童可免费参观博物馆，当年参观的儿童人数增加了1/5。2000年4月，退休人员亦得免费，老年参观者人数当年激增40%。2000年年底，英国最好的国家博物馆和美术馆相继免费开放，政府在2001年《增值税法》中提议并通过议案，增加了一个补充条款，规定：凡被政府指定免费向公众开放其永久收藏的国家博物馆，返还其全部增值税。以大英博物馆为例，这笔返还的增值税每年可高达200万至300万英镑。这可以说是英国政府实现博物馆免费开放的关键一步。在此之前，英国的博物馆只有卖门票才能要求返还增值税。直到2001年12月，时任英国文化、媒体与体育部部长克里斯·史密斯正式下令英国多家国家级博物馆及美术馆免费向公众开放。到2005年10月，免费开放制度扩大至英国48所大学的校立博物馆。英国文化、媒体与体育部每年需要拨款约4000万英镑用于弥补下属12家博物馆因免费开放遭受的门票损失，另外，该部主管的全部22家博物馆每年还能享受3亿英镑左右的预算经费支持①。

英国博物馆在免费开放10余年后，参观人数从2001年的720万人次增长至2011年的

---

① 综述：英国博物馆免费开放，细化服务[EB/OL].(2008-02-28)[2013-12-29]. http://news.xinhuanet.com/newscenter/2008-02/28/content_7682508.htm.

1800 万人次,是原来的 2.5 倍;其中观众接待量涨幅最大的是利物浦国家博物馆和曼彻斯特科学工业博物馆,分别为 269% 和 200%;国家美术馆、泰特博物馆等国家级博物馆在 10 年间的接待量也增长了 22%。文化、媒体和体育事务部也有数据表明,在英国前 10 个最受欢迎的景点中,有 8 个是政府资助的免费博物馆①。

事实上,英国博物馆的免费开放并非"一刀切",而是"因馆而异",具有相当的选择性,且形式灵活多样。第一,一般而言只有公立博物馆对公众免费开放,私立博物馆则是需要收费的。英国的公立博物馆一般都登记为慈善机构,享受各种税收上的特殊优惠。政府直接拨款和国家遗产彩票基金是其主要资金来源,其次是社会、公司和个人捐助,再次是举办各种活动和特展的收入。英国博物馆专家认为:"最适合免费开放的是国家级的大博物馆,因为它们具有多元化的市场,与许多社会机构建有伙伴关系,地处城市中心,有多种资金来源。相反,那些资金来源单一、自负盈亏,与其他机构无伙伴关系,地理位置也不理想的小博物馆,免费开放很可能会给它们带来灾难。"第二,即使是免费开放的博物馆,如大英博物馆、维多利亚博物馆,也会实行建议门票制(捐赠制),并在博物馆入口处设置捐款箱。第三,临时或特别展览实行分级收费,对享有优惠的老年人、青少年、残疾人、低收入者等人群降低票价或免费。第四,收取相关的服务费,如租借多语言的导览设备、在非开放时间租借场馆设施、参加"博物馆之夜"之类特殊活动等。

而且不可否认的是,免费开放政策虽然带来了博物馆访问量的大幅度提高,但参观量并不能作为衡量免费开放政策成功与否的唯一因素,事实上,免费开放在其他几个关键目标中所取得的成绩并不尽人意。如 2009 年英国《旅游业观察》的研究报告指出,用商业收入来填补门票收入空缺的计划并未实现。尽管博物馆咖啡厅和商店的总收入随着观众量提高也有了一定的增长,但人均消费量并没有提高,而博物馆的其他额外收入与接待量提高带来的损耗刚刚持平。同时,提高低收入和少数族裔群体的参观量的目标也未实现。根据 2009 年至 2010 年度和 2010 年至 2011 年度的调查报告,参观英国国家级博物馆的少数族裔群体在这两年期间增长并不显著,而低收入群体实际上还下降了 7.2%②。

英国博物馆的免费开放有着深刻的"福利社会"烙印和"文化福利"的色彩。政府部门是主要赞助者,肩负宏观调控和有限资助的职责;作为公益性文化机构的博物馆通过举办特别展览、宣传吸纳社会捐赠等方式自主运营并筹集部分资金。政府与博物馆二者之间保持着"一臂之距",形成了"政府与社会双规并行"的免费开放模式。目前,尽管面临严重的财政削减,英国政府仍然做出了在下一轮财政计划中维持博物馆免费开放政策的决议。

三、法国博物馆免费开放始末

文化民主化是法国社会价值的重要组成部分,公共机构体现公益性是文化民主的内容之一。2007 年,法国总统萨科奇上台后不久,便提出要加强文化民主化,扩大公益性文化机构向大众免费或优惠开放的程度,要求文化部在部分博物馆中试行免费开放措施,并逐步推广,试行期为 6 个月。

---

① 英国博物馆美术馆免费开放还能维持多久[N]. 中国文化报,2011-12-21(3).

② 李慧君. 英国博物馆免费开放走过 10 年历程,艰辛多争议多[EB/OL]. (2011-12-22)[2013-12-29]. http://www.bjd.com.cn/10jsxw/201112/22/t20111222_1312976.html.

免费开放试点涉及文化部、国防部和教育部所属的共 18 家国立博物馆，期限为 2008 年 1 月 1 日至 6 月 30 日，免费开放的部分仅限于常设展览。由于每个博物馆的实际情况各不相同，具体措施也有所区别，如卢浮宫、奥塞博物馆、盖·布朗利博物馆和蓬皮杜艺术中心，这 4 家博物馆在没有实行免费开放之前的接待人数已经非常庞大，在此基础上实施对所有观众免费开放恐将超出博物馆的承受能力，所以只是对 18 岁至 26 岁的年青群体试行每周一次的晚间免费参观（晚 6 点至晚 9 点），而其余 14 家博物馆则对所有观众免费开放。试行免费开放的主要目的是分析门票价格因素对观众参观博物馆的影响程度。为了避免其他因素的干扰，政府对另外的 14 家博物馆，在地理位置、藏品年代、主题功能等方面都做了认真的选择，以保证其在法国各类博物馆中具有代表性。同时，法国政府并未对这次免费开放加以宣传，以求降低媒体宣传对观众的影响，真实客观反映门票价格对观众参观博物馆所起的作用。

此次博物馆的部分免费开放是法国在这一问题上的又一次尝试。事实上，自法国第一家博物馆成立到今天，法国文化界在“博物馆如何体现公益性”这一课题上的探索从未停止过。“免费开放”的观念与第一家博物馆同时诞生，1793 年，法国第一家公立博物馆——中央美术博物馆在卢浮宫成立，该馆自成立之日起就对观众免费开放。随后由于欧洲各国在收藏艺术品方面的竞争日益激烈，博物馆经营和管理的成本上升，博物馆是否应该收费成为 19 世纪末法国国民议会的重要辩论内容。1921 年 12 月 31 日，法国政府颁布政令，规定博物馆的门票价格为 1 法郎，周日与节假日仍然免费，法国博物馆从此进入了有偿服务的时代。

在随后的 60 年间，人们虽已接受了博物馆收取门票的做法，但迫于社会舆论的压力，博物馆的门票价格鲜有变动。直至 20 世纪 80 年代，博物馆参观人数骤然上升，一些博物馆相继进行了翻修和扩建，门票价格也随之上扬，再次启动了博物馆对提高收费的大胆尝试。1988 年至 1996 年，伴随着“大卢浮宫改建工程”，卢浮宫的门票价格由 18.26 法郎飙升至 35.73 法郎，付费参观人数上升了 70%，门票收入翻了 3 倍。1990 年，卢浮宫取消了周日免费开放，代之以收取半价。与此同时，其他博物馆也纷纷提高门票价格。1996 年，为了遏制这一趋势，文化部决定试行国立博物馆每月第一个周日免费开放的政策，期限为两年。在试行期满后，政府决定将这项政策无限期执行，范围限制在巴黎大区的 23 家和其他地区的 11 家博物馆。目前全法国已有 21% 的博物馆每月有一次完全免费开放，国立博物馆的观众中有 37% 享受免费参观。

这次历时 6 个月的免费开放试点结束后，官方迟迟没有公布结果，只是通过媒体透露，在免费开放期间，博物馆的参观人数较以往增加了 56%，其中至少有 3/4 是博物馆的老顾客。但是，免费开放造成了一些博物馆和某些展厅人满为患的现象，让博物馆的接待工作承受了很大压力，在一定程度上降低了服务质量，无法为观众提供良好的参观环境，影响了观众的参观质量，从而让博物馆的公益性打了折扣。更令人担心的是，观众过多使文物的安全环境受到威胁。另外，在免费开放试行之初，有人预测观众会将节省下的门票费用用于博物馆内其他形式的消费，而实际情况却并非如此，上述试点博物馆中的商业经营部门的收入并没有相应上升，在某些博物馆反而还呈下降趋势，如集美博物馆在最初两个月中的营业额下降了 8%，人们把这种现象戏称为“免费带来免费”，这在某种程度上挫伤了博物馆的积极性。

虽然官方没有对试点结果做出明确的评价，但各博物馆和众多专家学者对试行免费开放的情况并不看好。另外，不少法国学者认为免费开放对观众影响不大，指出英国的博物馆已经实施了免费开放，但是效果甚微，在2002年至2005年英国博物馆免费开放期间，博物馆新增人群仅上升了1.7%，在大英博物馆的参观者中只有1%是因为免费才前来参观的。

试行结果几乎让所有的人都反对将免费开放政策继续推广。主要有以下三个方面的原因：首先，免费开放的目的不仅仅是参观人数的上升，更重要的是使观众的组成多样化，然而此次试行的结果却表明，免费开放措施并没有达到扩大受众面的目的。其次，在国家逐步缩减对博物馆的经费支持，艺术品价格呈几何倍增长，金融危机影响不断扩大的背景下，继续实施免费开放会让国家本来就捉襟见肘的文化预算雪上加霜。另外，免费开放前博物馆的商业化运作已经引起了一些专家学者的指责，人们担心免费造成的资金缺乏将会迫使博物馆在商业化的道路上越走越远，背离其非营利的性质。再次，法国是世界第一大旅游目的地国，很多游客是专程为参观法国举世闻名的博物馆而来，免费开放意味着最大受益者是外国游客，而不是法国人民。同时，免费开放增加了博物馆爱好者的参观次数，这部分人多为拥有较高学历和一定经济基础的社会中上层人士，而政府因博物馆免费开放给予的补贴是所有纳税人的钱，这显然不利于体现社会公平，与文化民主化的初衷南辕北辙。有些专家一针见血地总结道，免费开放只体现了政府主观的文化民主动机，并没有在客观上真正实现文化的民主化。因此，诸多迹象表明，法国博物馆免费开放的大胆尝试将到此为止，以失败告终①。

四、免费开放存在的问题与解决途径

博物馆、美术馆、公共文化馆等公益性文化机构和设施的免费开放是世界各国公共文化服务的成功经验和通行惯例，这是全球范围内“新公共服务”引发的“服务型政府”建设所带来的必然结果。但是由于各国公共文化体制和模式存在差异性，因此免费开放的理念和实践方式也呈现多样化。

与英法等国不同，我国的免费开放虽然起步较晚，但成效显著。据统计，截至2011年年底，全国各省（区、市）共有省级美术馆15个、公共图书馆2951个、文化馆3285个、乡镇综合文化站34 139个。按照《关于推进全国美术馆、公共图书馆、文化馆（站）免费开放工作的意见》要求，省级美术馆已经全部向公众免费开放，公共图书馆、文化馆和乡镇综合文化站全部实现了无障碍、零门槛进入，公共空间设施场地免费开放，所提供的基本服务项目免费，按时完成了预定目标②。

然而，我国的公共文化服务体系建设尚处于初级阶段，在公共文化服务内容、水平和质量等方面还不能完全满足公众的文化需求，且城乡、地区差别较大。因此，全面推开的免费开放势必会给部分公共文化机构带来诸多方面的压力，进而导致一些亟待解决的矛盾和问题，主要表现在四个方面：

---

① 驻法国使馆文化处. 法国试行博物馆免费开放始末［EB/OL］.（2012－07－24）［2013－12－29］. http://daode.youth.cn/ywjj/201207/t20120724_2285073.htm.

② 文化部财务司. 文化部关于三馆一站免费开放督查工作情况的通报［EB/OL］.（2012－10－11）［2013－12－29］. http://59.252.212.6/auto255/201210/t20121011_29127.html? keywords＝免费开放.

1. 免费开放的概念被泛化

免费开放并不意味着公益性文化机构提供的所有产品与服务均为免费，而是基本服务免费。因此，首先要界定各类免费开放的公益性文化机构的基本服务范畴。

2. 基础设施薄弱，中央专项资金下不去、地方配套资金短缺

这一问题在欠发达地区表现尤为突出。由于历史欠账过重，地级市、县乡基层尤其是中西部地区的公共文化机构基础设施总体水平依然较弱，布局不尽合理，条件落后、设施陈旧、功能不全，环境较差，基本服务项目与阵地活动难以正常开展。实施免费开放后，入馆人数激增，原本薄弱的设施条件首当其冲，面临着严重的硬件不够、条件不足的突出问题。同时，中央划拨的免费开放专项资金被层层截留，真正落到公益性文化机构上的只剩下很小一部分，不足够支撑免费开放的巨大消耗。另一方面，由于没有相应的监管措施，配套资金也很难落实。

3. 设施归口不同造成了免费开放无法真正全面推开

一些图书馆、博物馆、科技馆、文化宫等公共文化设施机构散布于工青妇科教等不同系统中，由于这些系统在行政管理上都是垂直领导的机构，归口不同，因此要协调一致免费开放，具有一定的难度。

4. 内容供需矛盾突出

如果说设施问题更多地带有区域性特点，那么服务需求与内容供给能力之间的矛盾则是公共文化机构普遍存在的突出问题，集中表现为现有公共文化机构可以免费提供的内容总量严重不足与供需错位的双重矛盾。比如图书馆方面，图书文献资料品种数量少、内容陈旧、更新缓慢、新增资源不足；电子阅览室设备老化、数量不足，电子文献资源总量有限。再如文化馆方面，活动内容陈旧、类型单一，缺少当前社会发展的时代性、时尚感，吸引力明显不足，难以满足当前日益丰富的多元化文化需求①。

上述问题的出现，恰恰说明了免费开放进程中政府、公共文化机构与社会需求三者之间存在的不平衡、不协调。针对这些问题，可以通过规范界定公益性文化机构基本服务的范畴、完善经费保障与监督机制、建立系统间协调机制提高免费开放的服务质量与水平等途径来解决。

1. 规范界定公益性文化机构基本服务的范畴

公共图书馆免费开放的内容主要包括：一般阅览室、少年儿童阅览室、多媒体阅览室（电子阅览室）、报告厅（培训室、综合活动室）、自修室等公共空间设施场地免费开放；文献资源借阅、检索与咨询、公益性讲座和展览、基层辅导、流动服务等基本文化服务项目健全并免费提供；为保障基本职能实现的一些辅助性服务如办证、验证及存包等全部免费。文化馆（站）的多功能厅、展览厅、宣传廊、辅导培训教室、计算机与网络教室、舞蹈排练室、独立学习室（音乐、书法、美术、曲艺等）、娱乐活动室等公共空间设施场地的免费开放；普及性的文化艺术辅导培训、公益性展览展示、培训基层队伍和业余文艺骨干、指导群众文艺作品创作等基本文化服务项目健全并免费提供；为保障基本职能实现的一些辅助性服务如办证、存包等全部免费。博物馆和美术馆的基本陈列展览实行免费参观。对于少数特殊展览，可根据实际情况实行低票价。

---

① 胡智锋，杨承虎. 免费开放：国家公共文化服务体系的发展与创新[J]. 清华大学学报（哲学社会科学版），2013(1)：139—146.

2. 完善经费保障与监督机制

目前中央财政资金只是解决免费开放的部分专项投入，而对于公益性文化机构来说，最大的投入在于常规经费。没有常规经费的投入，专项经费投入的作用效果就会大打折扣。针对这种状况，首先需要公益性文化机构对自身经费使用进行合理规划，要保证场馆的基本运行和服务，既要满足公众的基本需求，也要满足公众的多样化需求；其次要通过制定鼓励政策和措施，吸引社会力量参与，拓宽经费来源渠道；同时还应建立经费使用的监督机制，保证资金的去向与花费。

3. 建立系统间协调机制

将工青妇科教系统中的图书馆、博物馆、文化宫、美术馆、科技馆、纪念馆等多种公共文化服务设施纳入免费开放体系中来，打破行业壁垒，落实全面推开的要求。

4. 提高免费开放的服务质量与水平，带动相关产业发展

提高免费开放水平是公益性文化场馆业务发展的迫切任务。可以从五个方面予以加强和提升：一要丰富产品供给。文化产品数量不足是免费开放的最大制约因素，由于资源不足、资源陈旧，中西部地区和很多基层公益性文化场馆门可罗雀，免费开放无实际意义。可以通过申请加大财政投入、区域资源共享、借用利用民间文化资源等手段丰富馆藏资源和服务内容。二要创新服务内容，丰富服务类型。可以借鉴发达国家公共文化机构的开放经验和对文化场馆的职能认知，开展一些新的服务业务。比如将图书馆、博物馆、美术馆等拓展为“公共文化空间”，并提供相应的服务；加大对民间文艺社团和公众文化活动的场地服务和艺术辅导，将文化馆打造成为群众文化展示、创作和开展活动的中心，使之成为以市民活动为主体的服务机构。三要创新服务方式。积极建设网上图书馆、网上博物馆和网上文艺中心，充分利用网络和数字资源开展服务，拓展免费开放时间和空间；开展流动图书和流动演出服务，使免费开放从静态向动态发展；积极尝试建设分馆、基层服务点等方式，实现免费开放的延伸。四要提高工作人员专业水平。目前公益性文化场馆专业人员总数相对较少，知识结构、专业训练与岗位要求脱节比较严重，成为免费开放的短板。应当根据免费开放的新形势和新任务，加大服务队伍建设，短期内可通过培训和内部调整提升专业人员比例，提升专业化程度；长远而言，应当建立一套以岗位履职能力为重心的长效培训机制和淘汰机制，优化服务队伍。五要创立指标体系，加强评估，提升免费开放的标准化水平。指标体系中不仅要包括来自政府自上而下的“投入与产出”绩效评估，确认公共文化机构的职责履行状态，还应包括服务对象的满意度评估，对人们使用图书馆、文化馆的行为特征、频次、偏好及其影响因素开展统计分析，以此调节与提供服务内容和服务方式①。

与此同时，还要通过产品和服务质量、效能的提升，带动公共文化服务上下游相关产业的发展和赢利。根据《英国旅游研究》的统计研究，英国博物馆等文化机构每年可以间接地为英国带来约 10 亿英镑的旅游收入，这表明旅游业及相关产业都已从免费开放政策中获益。据测算，英国政府花费在免费开放中的每 1 英镑都能获得 3.5 英镑的产出②。

---

① 胡智锋，杨乘虎．免费开放：国家公共文化服务体系的发展与创新[J]．清华大学学报（哲学社会科学版），2013(1)：139—146.

② 李慧君．英国博物馆免费开放走过 10 年历程，艰辛多争议多[EB/OL]．(2011-12-22)[2013-12-29]．http://www.bjd.com.cn/10jsxw/201112/22/t20111222_1312976.html.

第五节 公共数字文化服务

现代信息技术的发展,改变了人们的思维模式、行为方式和生活习惯。公共文化服务必须采用现代传播手段,才能更容易被接受和使用。2012 年年初,文化部、财政部联合发布的《关于进一步加强公共数字文化建设的指导意见》明确指出公共数字文化建设是数字化、信息化、网络化环境下文化建设的新平台、新阵地,并提出了"十二五"时期的目标任务。公共数字文化是信息技术、数字技术、网络技术等现代科学技术在公共文化服务中的应用。公共数字文化建设作为公共文化服务体系建设的重要组成部分,是利用信息技术拓展公共文化服务能力和传播范围的重要途径,对于消除数字鸿沟,满足人民群众不断增长的精神文化需求,提高全民族文明素质,构建社会主义核心价值体系具有重要意义。公共数字文化服务体系包括数字化平台、数字化资源、数字化服务等基本要素,主要由制度体系、网络体系、资源体系、管理体系和服务体系构成。

一、公共数字文化服务体系建设的基本要求、重要手段与发展方向

公共文化服务机构具有数字资源提供能力和远程服务能力,是公共数字文化服务体系建设的基本要求。在广播电视村村通、文化信息资源共享工程、数字图书馆推广工程等国家重大文化惠民工程的带动下,目前我国的广播电视覆盖、数字文化资源进村入户、数字图书馆建设成效显著,相比之下,文化馆(站)、博物馆、美术馆、工人文化宫、青少年宫等公共文化服务机构的数字化建设还处于较低水平。2012 年,全国县以上文化(群艺)馆计算机拥有量只及公共图书馆的 18%①。加强薄弱机构的数字化服务平台建设,形成文化馆(站)、博物馆、美术馆等机构数字化资源和服务建设的特点与模式,是公共数字文化服务体系建设的基本任务。

公共文化服务机构开展数字化服务环境建设,是数字时代公共文化服务的重要手段。数字化服务环境包括提供数字创意工具、构建虚拟仿真环境、演绎数字产品内容、营造互动体验空间等,如美国芝加哥公共图书馆的"制造者空间"、上海图书馆的"创 · 新空间"等。数字化服务环境改变了传统公共文化服务机构外在形象、服务形式与服务内容,是公共文化服务机构吸引公众特别是年轻人参与的重要手段。

公共文化服务和移动终端结合,是公共数字文化服务体系建设的发展方向。以智能手机和平板电脑为代表的移动信息终端正在改变着人们接受和输出信息的方式。据"TNS 移动生活研究"(Mobile Life)的调查,2013 年,中国六成城镇居民拥有智能手机。《第 35 次中国互联网络发展状况调查统计报告》的数据显示,截至 2014 年 12 月,我国手机网民规模达 5. 57 亿之多,较 2013 年增加了 5672 万人,网民中使用手机上网的人群所占比重由 2013 年

① 文化部. 中国文化文物统计年鉴(2013)[M]. 北京:国家图书馆出版社,2013:208—221.

的81%提升至85.8%,远高于通过台式和笔记本电脑上网的用户①。建设公共数字文化移动服务集成平台,开发多样化的公共文化移动服务项目、智能手机客户端,让公共文化服务伴随着智能移动终端真正实现泛在服务、随身享用,将极大提高公共文化的覆盖率和服务效能。

二、完善公共数字文化服务建设的重点任务

1. 加强组织领导和统筹规划

各地要高度重视公共数字文化建设工作,将其纳入当地政府文化发展规划和公共文化服务体系建设,切实加强组织领导,做好统筹规划,充分发挥文化信息资源共享工程、数字图书馆推广工程、公共电子阅览室建设计划三大数字文化惠民工程的整体优势,依托各级公共图书馆、文化信息资源共享工程各级中心、公共电子阅览室以及文化馆(站、室)、社区文化中心等公共文化基础设施,注重与教育、科研等系统的合作共建,形成合力,共同促进公共数字文化的建设。要重点做好资源整合建设,共建共享、协调发展,同时开展惠民服务,加大宣传力度,营造全社会共同关注、参与和支持公共数字文化建设的良好氛围,让群众充分享受公共数字文化服务,使公共数字文化建设成果惠及更广泛的基层群众。

2. 建立投入和保障机制

中央财政设立专项资金,对三大公共数字文化惠民工程建设所需经费予以补助。各地要积极争取地方党政领导的重视和支持,确保地方财政资金足额按时到位,并做好经费管理和使用工作,使财政资金充分发挥效益。要研究制定政策措施,鼓励社会力量投资文化建设,逐步形成政府投入为主、社会多渠道筹资为辅的投入格局;加强对公共数字文化建设有关政策法规的研究,完善法律法规,加强政策保障。各级文化主管部门要建立管理和考核机制,对公共数字文化建设工作进行督导和检查。

3. 注重人才培养和队伍建设

建立人才培养机制,为公共数字文化建设提供人力资源基础。充分发挥中央和地方文化单位积极性,通过分级培训的方式,不断提高从业人员的思想水平和业务素质,培养一支既具备较高技术素质和专业知识,又具备实际技能的人才队伍。国家图书馆和全国文化信息资源建设管理中心要组织力量编制教材,面向省级图书馆和省级支中心开办骨干培训班;各地要组织好本地区的培训工作,重点建设一批爱岗敬业、善于管理服务设施和组织基层文化服务项目的专业队伍;要拓宽视野,把社会工作者、志愿者作为人才队伍建设的有机组成部分,切实做好人才配置工作,以适应公共数字文化建设工作的需要。

---

① 中国互联网络信息中心(CNNIC).第35次中国互联网络发展状况统计报告(2005年1月)[R/OL].(2015-02-03)[2015-04-22]. http://www.cnnic.net.cn/hlwfzyj/hlwxzbg/hlwtjbg/201502/t20150203_51634.htm.

第五章　公共文化服务经费保障研究

第一节　各级政府事权责任与支出责任

一、理论背景:从财政分权到财政分税制

财政分权是指中央政府给予地方政府一定的税收权和支出责任范围,允许地方政府自主决定其预算支出规模和结构。地方政府自主权的界定是财政分权的核心,财政分权的过程容易受到经济环境、政治体制、民主发达程度等因素的影响,因而在不同国家体现出不同的分权模式。财政分权理论起源于20世纪50年代,1956年,美国经济学家蒂布特发表了《地方公共支出的纯理论》(*The Pure Theory of Public Expenditure*)一文,标志着财政分权理论的兴起。财政分权理论是为了解释地方政府存在的合理性和必要性,弥补新古典经济学原理不能解释地方政府客观存在这一缺陷而提出来的,即解释为什么中央政府不能够按照每个公民的习惯偏好和资源条件供给公共物品,从而实现社会福利最大化。

美国经济学家乔治·施蒂格勒在其著作《地方政府功能的有理范围》中对其中原因进行了进一步的分析,一是与中央政府相比,地方政府更贴近民众,也更了解其需求;二是民众有权对不同种类和不同数量的公共服务进行投票表决。这就证明了地方政府的存在是为了更有效地配置资源,进而实现社会福利的最大化①。

施蒂格勒的理论仅仅提供了地方政府存在的合理性和必要性,现代财政学之父理查德·马斯格雷夫则明确提出了财政分税制的思想。他从财政的资源配置、收入分配与经济稳定三大职能出发,认为地方政府缺乏充足的财力和经济主体的流动性,后两个职能应由中央政府负责,而资源配置职能则应根据各地居民的偏好不同而有所差别,由地方政府负责,这样更有利于经济效率的提高和社会福利水平的改进。他还指出中央政府和地方政府间必要的分权是可行的,这种分权可以通过税种在各级政府间的分配固定下来,从而赋予地方政府相对独立的权力,这种分税制也被称为“财政联邦主义”。

财政分税制,是指按照公平和效率的原则,在科学合理地划分事权、明确中央和地方税收管辖权的基础上,依据各种税收本身的特征、税源大小和征管难易程度,划分和建立中央与地方两个税收体系,实行分级管理,分别发挥各自税收对宏观与微观经济的调节作用,以确保各级政府职能顺利实现的一种财政管理体制。

政府事权是指法律授予的、政府管理社会公共事务的权力。事权规定了各级政府承担经济和社会事务的性质和范围,是进行政府间支出责任划分、财权配置和财力分配的基本依据。事权体现政府活动的范围和方向,支出责任是政府履行事权的财政支出义务。我国

① 边维慧,李自兴. 财政分权:理论与国外实践[EB/OL]. [2014-02-10]. http://www.mof.gov.cn/zhengwuxinxi/diaochayanjiu/200809/t20080927_78778.html.

1994 年的分税制改革,在中央政府与地方政府之间进行了事权与财权的重新划分。按照分税制改革方案,中央将税收体制变为生产性的税收体制,通过征收增值税,将 75% 的增值税收归中央,而地方只能获得 25% 的收益。中央政府负责国防、外交、转移支付、战略性开发等预算开支,而地方政府则负责提供普通教育、卫生、文化等公共服务。

分税制财政管理体制运行 20 年来,中央财政虽然通过转移支付手段努力实现财政收入分配的均等化,但实际上中央与落后地方在财政收入的初次分配关系上并没有发生根本变化,中央级收入仍占绝对比重,省以下尤其是县、乡财政收入规模很小,加之税收返还政策实际上继续照顾了富裕地区,这些都既不利于调动地方自我发展的积极性,也不利于财政分配均等化目标的实现。

财政分税制在运行过程中存在着事权划分不明晰、转移支付制度不规范、省以下财政体制不健全等问题及偏差,其中前两个问题严重影响并制约着公共文化事业的建设与发展。首先,清晰的事权划分,是分税制财政体制划分财权的基础,也是实现财政分配均等化目标的前提。按照公共产品的层次性划分,全国性公共产品和事项应由中央政府负责;兼有全国性和地方性公共产品特征的事项应由中央和地方政府共同承担,并按具体项目确定分担的比例;中央政府负有直接或间接责任,但更有利于提高效率的事项应由地方政府负责,中央政府根据具体事项给予转移支付,帮助地方完成;其他地方性公共产品和服务,应由地方财政负责。如果中央的财权比例低于事权比例,就会削弱中央宏观调控能力,无力保证缩小地区间差距和正常履行国防、外交等全国性的公共事务;但如果中央的财权比例比事权比例高得太多,也会带来一系列的负面效应。从我国现阶段中央与地方事权和财权的构成比例来看,中央财政收入高于地方,而财政支出却远低于地方政府,十分不匹配。其次,由于现行分税制在中央与地方收入划分上没有根本性的变化,有指定用途且分配透明度不高的专项拨款有增无减,实现政府间财政分配均等化目标的重任就落在了额度不大、分配办法逐步规范的一般性转移支付上。近年来,中央对地方转移支付的财政投入逐渐加大,但中央财政转移支付越来越多,地方政府却越争相向国家有关部委要钱,其根源在于中央转移支付的分配还不够透明,分配办法不够规范,大量资金分散掌握在中央相关部委。因此,重新划分与调配中央与地方的事权与财权,给地方政府相匹配的财权来有效保障事权,具有重要的现实意义。

分税制财政管理体制的重点在于对征税比例的权利划分没有考虑公共产品投入的义务需要,这就导致了我国在公共产品配置方面出现了严重的权利与义务不对等现象。正是由于这种不对等,导致中央政府在教育、文化、医疗、卫生、住房等领域的宏观调控始终难以发挥作用。

二、国外公共文化建设的事权与支出责任级别

1. 美国

美国是一个典型的联邦制国家,其政府体系包括联邦政府、州和特区政府、地方政府(包括县、市、镇、学区和特殊劳务区)三个层级。但所有形式的政府包括地方政府与州政府、州政府与联邦政府之间均没有行政隶属关系,各级政府原则上都是自主治理单位。这种"百衲

被”特色①的精髓就在于其多样性和复杂性，这种多样性和复杂性的地方政府设计是基于这样一种理念：在一个多元化的社会中，由于人们的价值偏好不同，人们对公共服务的质量和数量需求也各不相同，为了尽可能满足不同公民的不同消费需求，就应该允许他们选择能满足其消费偏好的地方政府治理模式。所以，根植于美国地方政府治理体系中的自治原则，即政府采取什么样的组织形式、治理模式、管辖范围等都是公民自主选择的结果，是造成这种复杂性和多样性最根本的原因。

在美国宪法的框架内，各级政府相对独立地行使其职权，各级政府都有明确的事权和支出责任，权力和责任相互区别、各有侧重，同时又相互补充和交叉。法律规定并制约政府的权力边界、活动范围和行为方式，包括政府的财政体制运行。同时，州和地方政府的财政职责划分应遵循“受益原则”和“效率原则”。所谓受益原则就是根据各项财政职责的受益对象和受益覆盖范围，来确定承担该职责的政府级次：凡是以国家为整体，使全国公民共同受益的职责，就是联邦政府的财政职责，如国防、外交等；凡是受益对象具有可分割性、受益范围仅限于州或地方政府的职责，则划为州或地方政府的财政职责，如州或地方基础设施等。所谓效率原则，主要是考虑由哪一级政府完成某项职责的投入产出比更高。

根据上述事权划分原则，美国各级政府的事权和主要职能各有侧重，并相互补充。其中联邦政府主要负责联邦级国防、外交、能源、司法等行政部门、征税、借款和货币发行以及对州与地方政府的补助事务。州和地方政府的主要职责是提供本地区范围内的公共服务和收入再分配，促进本区域的经济发展和提高本区域的竞争力，负责教育、医疗、公共福利、公路、公共设施、保险等事务。

相应地，在支出责任上，联邦政府和州与地方政府的侧重点也不同。2010 财年②美国联邦政府的各项支出金额与比例如表 5 - 1 所示：

表 5 - 1　2010 财年美国联邦政府财政支出状况一览表③

部门/机构 \ 项目	总支出（十亿美元）	占总支出比重（%）
国防部	929. 0	20. 17
卫生部	920. 4	19. 99
社会保障管理局	754. 2	16. 38
财政部	402. 3	8. 74
退伍军人事务部	240. 2	5. 22

① “百衲被”（crazy-quilt）是美国地方政府研究者对美国地方政府治理体系的概括，所谓“百衲被”，原义是指在美国一些地方的婚俗中，年轻人结婚时，家人要取下每个家庭成员衣服上的一小块布，然后用这些五颜六色的小碎布缝制一床被面，以此表达全家人对新人的祝福；而这里的意思则是指，就像一块块杂乱无章的小碎布所组成的“百衲被”，实际上却包含着一个用心设计、自有规律的精美图案一样，美国地方政府治理中也存在一个杂而不乱、和而不同的有序体系。

② 美国的一个财年是指从上一年度的 10 月 1 日至本年度的 9 月 30 日。

③ 美国财政部. 美国联邦政府 2010 财年财政报告（汉译本）[EB/OL]. [2014 - 02 - 10]. http://wenku. baidu. com/link? url = S4XadUSNP9Z14Zl1OWVxLxvZf48PpE6F7YfINKakStx2 _ gLVQHmGqSJgWHELZ-vQI9wGJke_2qYAQwZPm1YelqZHLkjLKXsFVAZBA-fqbBua.

续表

项目 部门/机构	总支出(十亿美元)	占总支出比重(%)
公会总持有的财政部债券利息	214. 8	4. 66
劳工部	179. 0	3. 89
农业部	136. 6	2. 97
教育部	100. 8	2. 19
交通部	80. 4	1. 75
国土安全部	58. 9	1. 28
美国邮政局	57. 3	1. 24
住房与城市发展部	56. 7	1. 23
人事管理办公室	43. 5	0. 94
司法部	32. 7	0. 71
能源部	28. 9	0. 63
国务部	24. 5	0. 53
航空航天局	22. 1	0. 48
内政部	20. 7	0. 45
联邦储蓄保险公司	16. 8	0. 36
商务部	16. 5	0. 36
铁路退休委员会	14. 6	0. 32
环境保护署	12. 7	0. 28
退休金福利保证公司	11. 9	0. 26
国际开发署	10. 7	0. 23
田纳西流域管理局	9. 7	0. 21
联邦通讯委员会	9. 5	0. 21
国家科学基金会	6. 9	0. 15
小企业管理局	5. 4	0. 12
信息合作管理局	3. 2	0. 069
原子能管理委员会	1. 2	0. 026
证券交易委员会	1. 1	0. 024
史密森学会	0. 8	0. 017
联邦总务署	0. 6	0. 013
联邦进出口银行	0. 4	0. 009
其他机构合计	47. 3	1. 03
预算变化损失	132. 9	2. 89
总计	4605. 2	

从上表可知,美国联邦政府在国防、卫生、社会保障、财政、劳工、农业、教育、交通等基础设施和基本生活保障方面的支出比例较高,这与其事权责任也是基本一致的,其中涉及公共文化艺术的领域仅有史密森学会,且金额较小,仅为8亿美元,占财政总支出的0.017%。另外,一些部门收到的联邦财政经费中会有一部分分配给文化艺术领域的相关机构或组织,如国家艺术基金会等。但总的来说,联邦政府对于文化艺术领域的直接财政资金投入比例是相当低的。

事实上,作为社会公共服务的一个组成部分,公益性文化服务的主要事权责任在州和地方政府,另外如电影、演出、新闻出版等可以通过市场化运作开展的文化产业,无论是联邦政府还是州和地方政府,均不予以过多干涉,也不提供固定的经费支持。同样以2010年为例,美国州和地方政府的财政支出分配为:教育27.6%、公共福利14.7%、保险11.6%、公共设施建设6.6%、公路5.0%、医院4.6%以及其他30%,如图5－1所示:

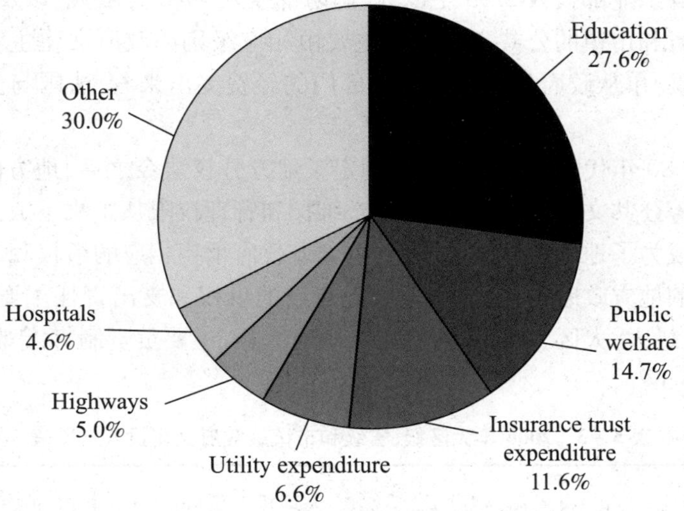

图5－1　州和地方政府财政支出图(2010年)

Source:U. S. Census Bureau,2010 Annual Surveys of State and Local Government Finances.

一般来说,州和地方政府在事权责任又有不同的划分和侧重。其中州政府的财政支出主要用于发展教育、公用福利、公路建设以及医疗卫生事业,而地方政府的财政支出则主要用于社区、图书馆、医院、治安、消防、环卫等具体的服务领域。

因此可以说,美国公共文化事业兴办和发展的主要事权和支出责任是由各州和地方政府承担并履行的,州和地方政府的拨款额度远远超过联邦政府对文化艺术的资助。然而,各州和地方对公共文化领域的拨款额度很大程度上依赖于本地区的经济发展状况与财政税收水平。

2. 法国

法国是一个单一制的中央集权型国家。与美国主要依靠非营利性组织和市场化运作来管理监督文化艺术领域的方式不同,法国政府对于文化事业的介入和管制是相对较多的,在中央政府层面设立有专门的文化与通讯部来处理相关事宜,大区、省和地方政府也有相应的管理机构或人员。反映在各级政府的财政支出上,也是中央政府投入比重高于地方政府,如2002年,中央政府的公共文化支出占各级政府文化总支出的51%,大区和省级政府占12%,地方政府占36%。如表5－2所示:

表 5-2 法国公共文化支出:按政府级别划分(2002 年)①

项目 / 政府级别	总支出(十亿欧元)	所占比例(%)
中央	6.2	51
大区和省	1.5	12
市镇及市镇自治联合体	4.4	36
总计	12	100

但需要指出的是,中央政府投入的这 62 亿欧元中,作为中央政府文化主管部门的文化与通讯部只有 26 亿,其他的 36 亿欧元则是由其他中央政府职能部门投入用于文化的,其中国家教育部(青年与研究)投入 16 亿欧元,外交部投入 11 亿欧元,总理办公室投入 6.13 亿欧元,经济、财政与工业部投入 2.93 亿欧元,国防部投入 3900 万欧元,以及司法部投入 1700 万欧元;而大区、省和市镇的公共文化支出主要由相应级别的政府文化主管机构,即文化事务局负责。所以说,单从政府各级文化主管部门的经费支出来看,法国与美国一样,也是地方政府唱主角。

自从 20 世纪 80 年代密特朗总统主持制定了地方分权法令之后,地方图书馆、文献档案馆、博物馆、剧场等公共文化服务设施的修建、维护和管理权限从中央下放到了地方政府,公共文化服务建设成为了地方政府的职能,并由地方政府承担相应的事权和支出责任。

在不同级别的地方政府中,公共文化服务建设的事权和支出责任主要还在市镇地方政府,其投入比例也最大;大区、省级政府和中央政府一样,主要负责制订宏观战略规划和建设指导。详见表 5-3②:

表 5-3 2006 年大区级、省级和市镇级政府文化投入一览表

项目 / 政府级别	投入额(亿欧元)	人均投入额(欧元)	占同级财政预算比例(%)
大区级	5.556	9.5	2.5
省级	12.92	22.1	2.2
市镇级	43.57	152.1	8.1

事实上,法国的大区、省、市镇政府均有支持文化事业发展的财政预算,且地方政府在文化上的总投入远远超过中央政府,地方举办的文化活动也比中央多。然而不可否认的是,正是中央政府的大量资金投入和监督才调动了地方政府在文化事务方面的参与范围和积极性,从而保证了地方文化事业的发展水平。

3. 瑞士

《瑞士联邦宪法》(*Swiss Federal Constitution*)明确规定了发展文化事业主要是地方政府的职责,其地方政府指的是市镇一级政府,承担文化事业建设的主要事权与支出责任,其次

① County Profile France. Cultural Policies and Trends in Europe[EB/OL]. (2010-10-21)[2013-06-27]. http://ec.europa.eu/culture/policy/strategic-framework/index_en.htm.

② 翟建雄.法国公共财政对文化事业投入情况分析[J].地方财政研究,2012(1):20—26.

是州政府,最后才是联邦政府。但在具体的支出额度上,地方政府和州政府比例相近,一般情况下地方政府的实际经费投入会大于州一级政府,但也有少于州政府的例外出现,例如2006年地方政府的文化事业支出占各级政府总支出的42.6%,而州一级政府则占到了43.2%。如表5-4所示:

表5-4　公共文化支出:按政府级别划分(2006、2007年)①

项目 / 政府级别	总支出(百万瑞士法郎)	总支出所占比例(%)
2006年		
中央(联邦)	350.4	14.2
地区(州)	1067.5	43.2
地方(市镇)	1054.5	42.6
总计	2472.4	100.0
2007年		
中央(联邦)	334.4	14.9
地区(州)	881.4	39.3
地方(市镇)	1024.9	45.8
总计	2240.7	100.0

由表5-4可知,从2006年到2007年,联邦政府和州政府的支出都有明显下降,只有地方政府的支出从10.545亿瑞士法郎将至10.249亿,波动较小。这也从一个侧面说明了在瑞士,地方政府承担着文化事业建设的主要事权和支出责任,其经费投入相对其他两级政府也较为稳定。

事实上早在1998年,英国格雷夫舍姆艺术委员会(Gravesham Arts Council,UK)曾对11个发达工业国家的各级政府在1994年对艺术直接资助的人均金额和比例进行了比较(见表5-5)。首先,该委员会对文化进行了定义,将其定义为:博物馆和美术馆、音乐、歌剧、舞蹈、戏剧、视觉艺术(包括摄影)、社区艺术、音乐节、对文学创造的支持和对电影摄制的支持。表中所统计的经费是政府对文化的直接资金投入,既不包括资本费用,也不包括任何形式的间接支持。

表5-5　英国等11国政府对艺术的资助与来源(1994年)②

项目 / 国家	1994年人均直接消费(美元)	中央投入比重(%)	州/地区投入比重(%)	地方投入比重(%)
英国	26.26	58		42
加拿大	43.81	48	37	14
法国	56.78	43	4	53

① Country Profile Switzerland. Cultural Policies and Trends in Europe[EB/OL]. (2010-10-21)[2013-06-27]. http://ec.europa.eu/culture/policy/strategic-framework/index_en.htm.

② Arts Council of England. Policy Research and Planning Department. International Data on Public Spending on the Arts in Eleven Countries[M]. Ann Arbor: University of Michigan, 1998: 175.

续表

项目 国家	1994 年人均 直接消费(美元)	中央投入比重(%)	州/地区投入 比重(%)	地方投入比重(%)
德国	89.52	8	34	54
美国	5.85	41	17	42
澳大利亚	23.73	40	49	11
意大利		56	13	31
荷兰	47.93	48	5	37
瑞典	64.69	63	12	26
芬兰	111.67	48		52
爱尔兰	9.49	87		13

由上表可知,除爱尔兰、意大利、瑞典和英国外,大多数国家的艺术投入中有半数以上都来自于地区和地方政府,且在地区和地方两级政府之间,地方政府投入占比例大的为多数。

三、地方政府承担主要事权与支出责任的分析

国外大多数国家都采取了三级政府(中央、州和地方)责任共担,但以地方政府为主的模式。从经济学角度看,美国的经济学家乔治·施蒂格勒认为,为了实现资源配置的有效性和分配的公平性,决策应该在最低行政层次的政府部门进行;埃克斯坦认为,管辖范围越小的政府单位,其决策结果与合理的决策越接近;而奥茨则提出,对于某种公共物品来说,让地方政府将一个有效产出量提供给其选民,总是要比由中央政府向全体选民提供任何特定并且一致的产出量有效得多。这些理论都表明,与中央政府集中提供公共服务相比,向地方分权可以更好地选择适合地方的服务计划①。

党的十八届三中全会提出,“财政是国家治理的基础和重要支柱,科学的财税体制是优化资源配置、维护市场统一、促进社会公平、实现国家长治久安的制度保障。必须完善立法、明确事权、改革税制、稳定税负、透明预算、提高效率,建立现代财政制度,发挥中央和地方两个积极性。要改进预算管理制度,完善税收制度,建立事权和支出责任相适应的制度”。而十七大报告中,在财税体制改革问题上使用了“财力与事权相匹配”的提法。从“财力”到“支出责任”这一提法的改变,旨在强调中央和地方权责相适应、有权必有责。具体来说,政府在实现事权的同时,也应承担相应的支出责任。尤其是地方政府在承担本级事权时,应当有相应的财权,能够按照预算承担相应的财政支出。上级政府移交下级政府事权时,应当通过转移支付保证下级政府能承担支出责任。形象地说,过去经常是“中央请客地方埋单”,而改革的目标就是要实现“谁请客谁埋单”。同时,这一新提法将“事权”置于优先位置,表明对“明确事权”的强调。可以预期的是,今后一个时期,中央适度上收事权,应当是一个大的趋势。从财政联邦主义的视角看,虽说越是接近纳税人的基层政府,越是能提供符合该区域纳税人真实需求的公共服务和公共产品,但是,从宏观上进行统筹协调,仍然是较高级次政

① 孙晓莉.中外公共服务体制比较[M].北京:国家行政学院出版社,2007:54—57.

府才能具备的治理能力①。

因此可以说,清晰的事权和支出责任是财力与事权相匹配的重要前提。公共财政支持,是公共文化纳入基本公共服务的重要标志,是现代公共文化服务体系的基本特征。在我国公共文化领域建立事权与支出责任相适应的制度,首先应适度加强中央事权和支出责任,将关系全国统一规划、管理和市场行为的文化事务作为中央事权;其次,将部分文化保障、跨区域重大项目建设维护等作为中央和地方共同事权,逐步理顺事权关系;再次,将区域性公共文化服务作为地方事权。与此同时,中央和地方按照事权划分相应承担和分担支出责任,中央可通过安排转移支付将部分事权支出责任委托地方承担。对于跨区域且对其他地区影响较大的公共文化服务,中央通过转移支付承担一部分地方事权支出责任。

在支付责任上,以地方政府为主,中央政府通过项目补助的方式予以辅助投资。但是这里有一个问题,在我国中央、省、市、县的四级政府行政管理体制中,市和县都称作“地方政府”,那么究竟该由市政府还是县政府来承担较多的支付责任?还是两级共同承担?如果两级共同承担,那么谁的比例应该更大,亦或平分?这些都是需要深究的问题。

第二节　经费的来源与构成

一、理论基础:“公共选择”的契机

公共选择理论(Public Choice Theory)的特征是“经济学在政治科学中的应用”。方法上是用经济学来研究政府的管理活动及各个领域公共政策的制定和执行。其核心是通过政府与市场、政府与社会关系的重新界定来解决政府面临的困境,打破政府对公共服务的垄断,全面引入市场机制,在公私之间形成竞争,使公众有自由选择的机会。

西方公共改革浪潮起源于英国的私有化运动,当时撒切尔夫人就信奉布坎南的公共选择理论,主张以市场机制作为调节资源配置的主要工具,减少国家干预,恢复自由经济。此后,英国政府开始重新审视对艺术和文化部门的资助和管理,在继续保持对其公共部门的资助外,政府希望艺术和文化机构能够寻求新的经济来源以补充收入。同期,法国也认识到对文化事业的鼓励、支持应采取间接的方式,在不排斥政府干预行动的基础上,将市场机制引入公共文化事业中,希望通过市场经济规律,鼓励私人企业投资文化事业。美国同样认为私有化和市场机制比政府的效率更高,倡导消减用于包括文化项目在内的社会服务的公共开支,解除市场管制,允许资本自由流动。因此,美国文化是将其置入开放性的市场经济和民间社会而发展起来的,政府采取间接管理与规划。

公共选择理论在公共文化管理中的运用,是在加强政府财政责任的同时,引入市场机制和社会力量,采取政府与非政府公共文化服务机构分权的形式,来改善公共文化服务供给范围、资金配比结构,并在此基础上提高效率。

---

① 刘剑文.央地财政分权重在“权责统一”[EB/OL].(2013-11-20)[2014-02-10].http://opinion.cntv.cn/2013/11/20/ARTI1384913008142156.shtml.

二、国外公益性文化机构经费来源与构成状况

1. 美国

美国纽约艺术联盟曾于2010年公布了一份纽约市各文化团体经费来源的报告，该艺术联盟分别于2001、2009、2010年3次对纽约文化团体经费来源进行深入调查并撰写报告，3份报告分别截取了3个有代表性的时间点进行研究：2001报告分析了“9·11”事件前后文化机构的资金运营情况，2009报告分析了2008年经济危机导致经济衰退之前文化机构的资金运营情况，最近的2010报告则通过研究2009年数据，展示了经济危机对纽约文化团体资金模式的影响。

该报告数据显示，美国文化艺术团体的运营资金主要来源于3个渠道：自营收入、私人捐赠和政府拨款。其中自营收入主要包括门票收入、场地出租、商店、餐馆、停车场、出版物、银行利息等营业性收入，私人捐助主要是来自个人、基金会、企业等的资助，政府拨款则是来自联邦、州以及地方各级政府的财政支持。

对所有文化艺术团体来说，自营收入是其最主要的收入来源，占总收入的一半以上。而政府财政拨款是收入的最小来源，总体只占14%。另外，纽约文化艺术团体还有一个重要收入来源是私人捐助，占总收入的近1/3。

不过，尽管文化艺术团体的自营收入所占比重最大，但政府投入仍是必不可少的。纽约是文化市场化最成熟、最充分的地方，但政府对文化的投入一直存在。这种投入的比例和总量不高，却依然维持着一定的数量。文化艺术团体自身具有造血和赢利能力，即便如此，在纽约这样的地方自营收入也只略高于总资金需求的50%，很大程度上仍依赖政府和私人捐助的资金支持。

然而，近年来政府的资助在逐年下降。2010报告通过对1995年至2009年间194家文化艺术团体有关资料的统计显示出，政府对各团体的资助呈逐年下降的趋势，而文化艺术团体的自营收入则不断大幅增加。自1995年至2009年的15年间，194家文化艺术团体的总收入增加了56%，由约8亿美元增长到约12亿美元。这其中，自营收入增长最快，增加约136%，而政府资助则大幅减少了约17%，相应的私人捐赠基本保持不变。

虽然政府资助不可或缺，但政府财政毕竟有限。对文化艺术团体经营的大包大揽不但会造成政府的财政负担，更限制了各单位本身的能动性和创造力。在纽约政府资助逐年下降的1995年至2009年的15年间，文化艺术团体的自营收入反而爆发式地增长了136%。由此可见，政府资金的退出机制能一定程度上激发各团体的活力和其在市场中的造血、生存的能力。

根据2009年的样本分析，纽约市文化艺术团体获得政府资助的多少分别与该团体的规模、类型和所处地区有关。例如，公司规模小于10万美元的小团体，获利能力最小，对政府拨款的依赖程度最大（其总资金的约17%来自政府拨款），而资产超过1000万美元的大型团体，由于自身的赢利能力较强，相对而言对政府的依赖程度最低（只有约14%的资金为政府拨款）。

此外，政府拨款还存在区域性区别。作为文化产业最发达的曼哈顿地区，得到的政府资金的绝对数虽然最多，但只占其总资金收入的约13%，而产业相对落后的斯坦顿岛，对政府财政的依赖程度高达48%，为各区之最。

基于文化团体所属门类的差异,获得的政府资助也不同。其中,表演艺术获得政府资助所占比例最小,只有3%;视觉艺术次之,占10%;其他艺术门类获得资金所占比重则明显较高。究其原因,主要是因为前两个门类,特别是表演艺术是市场化最充分的类别,自身的赢利能力最强,因此对政府的依赖度也最低。

综上所述,就纽约市而言,政府对文化艺术团体的资金支持只占文化艺术团体总收入的一小部分,且呈逐年下降趋势;政府根据文化艺术团体的不同规模、不同类别和所处不同区域有区别地提供资金支持。纽约政府的财政资助主要向规模较小、市场化运作中较难获利的团体以及经济、文化相对不发达地区的文化艺术机构倾斜。这样,最大限度地保证了最需获得资金的单位得到资金,同时提高了资金的利用效率。

从政府的差别化扶持可以看出,政府对文化艺术团体的资助应制定合理标准,根据各团体自身不同的情况有所区别。不能指望所有的艺术团体都能按照同样的条件走向市场。即便是同一类型的团体,由于其所处发展阶段和发展条件的不同,也不应武断地一刀切,而应将标准尽量细化、做到公平。

2. 英国

大英博物馆的收入来源大体可分为4个方面:政府补贴、企业赞助、社会捐赠和商业经营性收入。2007年8月的统计数据显示:大英博物馆2007年年收入为7444.7万英镑,其中政府补助4164.8万英镑,占总收入的约56%;社会捐赠和企业赞助436.8万英镑,占总收入的约6%;商业经营性收入2843.1万,占总收入的约38%。由此可见,政府补贴部分仍是大英博物馆的主要收入来源,且较为固定,可变性不大;企业赞助和社会捐赠所占比例较小,且稳定性差;而商业经营性收入所占比例呈逐年递增的趋势,且通过主观努力仍具有增值空间。因此,在免费开放形势下,获取博物馆运营资金的最有效渠道就是博物馆的经营性活动,而在经营性活动中,又以博物馆的文化产品经营和临时展览的门票收入为最主要的收入来源。

另外,英国的文化艺术演出团体,如交响乐、芭蕾舞、歌剧院这等,其经费来源和构成基本上是"1/3格局",即政府拨款占1/3,社会赞助占1/3,票房收入占1/3。

3. 德国

德国公益性文化单位的基本运行经费均由政府财政拨款,公共文化设施建设均由政府财政支持。重要的文化活动采取由德联邦、联邦州及市政、主办方筹集和公司赞助的多种方式投资。比如,瓦格纳音乐节,50%的经费由德联邦投资,33%靠门票收入,17%由企业或公司赞助。德国音乐节、电影节等的经费问题基本都采取多元的方式解决。每年的文化支出先由德联邦文化媒体国务部提出方案,预算委员会审定后上报国会审批,一般都要跨年度。经费开支严格按预算支出,预算以外的资金是无法开支的。

三、经验与启示

总体来说,国外公共文化服务机构的经费来源渠道基本一致,即政府拨款、社会赞助、自营收入三种主要类型,但其结构比例却因机构的性质不同而有所区别。公益性文化机构的经费来源中,政府所占比重最大,社会赞助次之,自营收入最少;营利性文化艺术团体的经费来源中,自营收入所占比重最大,其次是政府拨款和社会赞助,这二者所占比例高低没有一定的规律。另外,社会赞助的比例通常较高,究其原因,这部分费用主要来自基金会、企业或个人的捐赠,乐于捐赠的原因除了民众对文化艺术的由衷热爱之外,还有高额遗产税的压力以及深层次的意识形态认知。

需要说明的是,政府主导文化建设,并不代表政府必须投入全部或大部分经费,恰恰相反,政府应当通过税收减免、优惠等措施拓展公共文化服务经费来源渠道的多元化,减轻自身负担。国际经验表明,理想的公共文化服务经费来源构成是政府投入、公共文化服务机构经营性收入、社会和个人赞助三者并存,且根据组织机构自身的性质和服务类型自动调节其经费来源比例。

而鉴于中国目前的现实情况,公益性文化机构很难依靠社会赞助募得大量资金,因此对政府财政资金的需求、依赖程度相对来说更大,相当长的一段时间内政府的资金支持仍需保持一定力度。所以,我国公益性文化机构的经费投入机制应该是以公共财政支出为主要经费投入来源,以社会力量支持和组织机构的自我发展为重要补充渠道的经费投入模式,这样的模式可以称之为“三轮驱动”模式。在“三轮驱动”模式中,公共财政是大轮、主轮;社会力量和组织机构自我发展是小轮、辅助轮。这种模式的建立无疑会稳步推进我国公共文化服务体系的建设,对提高全民族的思想道德和科学文化素质、建设文明和谐的社会氛围具有重大意义。而营利性的文化机构和团体,则应以自身市场化运作为支撑,形成政府和社会共同投资的新格局。

第三节　经费的总量与增幅

一、现行政策规定

2011 年 10 月,党的十七届六中全会报告《中共中央关于深化文化体制改革推动社会主义文化大发展大繁荣若干重大问题的决定》在“完善政策保障机制”中提出,要“保证公共财政对文化建设投入的增长幅度高于财政经常性收入增长幅度,提高文化支出占财政支出比例。扩大公共财政覆盖范围,完善投入方式,加强资金管理,提高资金使用效益,保障公共文化服务体系建设和运行”。

随后,2012 年 4 月,国家财政部发布了《关于贯彻落实十七届六中全会精神做好财政支持文化改革发展工作的通知》,要求加大财政文化投入力度,建立健全财政文化投入稳定增长机制。保证全年财政预算执行结果实现文化体育与传媒支出的增长幅度高于财政经常性收入增长幅度,提高文化体育与传媒支出占财政支出的比例。通知指出,各级财政部门在安排年度预算时,要认真按照中央要求,积极采取措施,努力调整支出结构,切实增加财政文化投入。各级财政年初预算安排公共财政文化体育与传媒支出(不含基本建设支出)的增长幅度应高于同级财政经常性收入的增长幅度。对预算执行中超收部分的安排,也要按照上述原则增加文化体育与传媒支出预算,保证全年预算执行结果实现文化体育与传媒支出的增长幅度高于财政经常性收入增长幅度,提高文化体育与传媒支出占财政支出的比例。此外,按照政府性基金管理规定,继续做好文化事业建设费和国家电影事业发展专项资金的征收、上缴、预算分配和使用管理等工作,完善相关管理办法。有条件的地方应研究采取相关措施,逐步增加彩票公益金用于文化事业的支出。

其实早在 1996 年,十四届六中全会《关于加强社会主义精神文明建设若干重要问题的决议》就提出了“文化事业经费增长不低于当年财政收入增长幅度”的要求，指出要“加大财政投入力度，认真解决文化站在设施、场所、设备和人员培训等方面的问题，切实保障文化站人员经费和公用经费、专项业务和事业项目经费，逐年增加文化站的经费投入，增长幅度应不低于当年财政收入增长幅度”。

二、财政预算中的“文化百分比”

“1% for Art”（文化艺术百分比）其实并不是一个新的概念，但被人们熟知是缘于法国政府对文化艺术领域的大力支持和投入。在1981—1995年弗朗索瓦·密特朗担任总统期间，法国文化事业获得了较快的发展，中央政府加大了对文化领域的财政投入。密特朗总统曾经强调，“政府的所有部长都是文化部长”，在其任内先后批准了一系列重要文化设施的建设，如新凯旋门、巴士底歌剧院、大卢浮宫和国家图书馆等。1982年，文化部的预算额较以往翻了一番。1993年，预算额从1981年的26亿法郎增加到138亿法郎，约占国家财政预算总额的1%。1995年希拉克总统上任后不久，提出将文化事务的直接预算经费确定为当年财政预算的1%[①]。为了达到这一目标，中央政府将对文化与通讯部的拨款翻了一番，并保持每年持续递增[②]。另外，法国各级地方政府对于文化艺术领域的投入更是远远大于中央政府。

但根据近3年的法国国家财政预算报告，文化投入占国家财政预算的比例已经严重缩水。2014年法国国家财政预算总支出为4073.68亿欧元，其中对公共文化的支出是25.89亿欧元，对文化产业的支出为8.11亿欧元，分别占预算总额的0.64%和0.2%，两者相加占预算总额的0.84%。而2012年和2013年的这一比例分别是1.07%和0.98%（参见第二章第四节中表2－5）。

2007年，哈萨克斯坦文化与信息部制定了发展目标，要在2012年将中央政府用于发展文化事业的财政预算占国内生产总值的比例提升至1%。其2007年用于发展文化事业的国家财政拨款为403亿坚戈（约合3.3亿美元），较2006年增加了60%，占2006年国内生产总值的0.31%。2010年文化预算将达到582.82亿坚戈（约合3.5亿美元）。目前，哈萨克斯坦共有国家级文化艺术单位40家，其中剧院9家、音乐厅6家、图书馆3家、博物馆6家、地方志博物馆9家、电影公司1家。地方文化艺术单位和组织约8000多家，其中博物馆173处、图书馆4078家、俱乐部2859家、剧院44家、音乐厅25家、电影院31家、电影放映室458家、动物园4家、马戏团2家、文化休闲公园26处[③]。但是，由于原文资料的缺失与语言障碍，无法确定哈萨克斯坦在2012年是否达成这一目标。基于常识判断，一国文化事业和产业的经费总投入达到GDP的1%是可能实现的，但仅仅依靠文化事业费达到此目标，其难度是相当大的。以我国国情来看，将这一标准移植到我国尚不现实，也不具有借鉴意义。

---

① 崔洪建：外国政府是如何讲故事的[EB/OL].（2011－11－29）[2014－02－11]. http://www.nx-news.net/wj/system/2011/11/29/010151394_02.shtml.

② 谢武军.“所有部长都是文化部长”——法国公共文化一瞥[EB/OL].（2009－04－09）[2014－02－11]. http://theory.people.com.cn/GB/49157/49165/9216141.html.

③ 中华人民共和国驻哈萨克斯坦共和国大使馆.哈萨克斯坦文化[EB/OL].（2013－08－12）[2014－02－13]. http://www.fmprc.gov.cn/ce/ceka/chn/zhgx/HSKSTGQ/t1065972.htm.

在我国,对于文化事业的财政投入,通常采用的官方表述与指标是"文化事业经费占同级财政经常性收入的比例"。目前,已经先后有黑龙江省牡丹江市、重庆市渝中区、陕西省宝鸡市、安徽省马鞍山市、广东省东莞市、内蒙古鄂尔多斯市等地政府依照各自的实际情况,提出了文化事业经费投入不低于同级财政经常性收入的1%、1.5%,甚至更为高远的目标,以确保文化事业经费的投入力度。

三、保障经费投入比重与增长幅度的途径

目前,我国公共文化经费投入还处于较低水平,文化事业费占国家财政总支出的比重多年在0.3%—0.4%之间徘徊。2013年全国文化事业费为530.49亿元,虽然较上年增长了10.5%,但仍然只占当年国家财政总支出的0.38%,与2012年持平①。文化事业经费投入的城乡差距和区域差距较大,基层和落后地区的财政拨款大部分仅够用于保证人员、公用等基本支出,可支配用来开展业务活动的经费十分有限。另外,国家对文化事业的投入总量虽然在逐年增加,但是与我国GDP的增幅、物价指数的涨幅等因素相比,增长幅度仍较小。

造成这种现状的原因是多重的。首先,我国社会经济发展基础仍相对薄弱,虽然近几年我国的国内生产总值平均增长速度不落后甚至超过了许多欧美发达国家,但是人均GDP与其相比还有较大的差距。其次,缺乏系统的法律和政策保障。虽然从国家和省市层面来看,大都已制定了针对公共文化的专门积极的财政投入政策,但目前有专门法律法规的地方还较少,尚未形成规模和标准。而公共政策的执行落实力度不够,在公共财政支出中,仍然不可避免地侧重于经济发展领域,进而出现公共文化经费投入缺乏科学依据、随意性大等问题,最终导致经费投入总体不足。

基于当前现状并借鉴国际经验,要解决政府公共文化事业经费投入总量不足、比重较低的问题,可以通过以下途径:

1. 完善公共文化事业经费投入的参照标准

国家文化部、财政部曾经制定出"文化事业经费占全国财政支出1%、经费增长幅度不低于经常性财政支出增长幅度"的政策,以占全国财政支出比重、经常性财政支出增长幅度两个指标为经费投入的参照标准。参照标准应当能反映国家和地区真正的经济发展状况,能反映国家和地区的社会生活水平,并能保持数值稳定并持续发展。国外一般对文化艺术的政府经费投入进行总量控制,以占国家财政预算总额的比重作为确定政府投入公共文化经费数额一个参照指标。因此,应保证公共文化事业的经费投入在财政预算指标中占据较稳定的比例,并呈现规划性的增长。以我国目前经济社会发展状况和财力来看,将文化事业经费预算额度设定为国家财政预算的1%,不是能不能做到的问题,而是想不想做的问题。

2. 制定文化事业经费财政保障政策,建立刚性约束机制,真正实现经费制度性增长

目前,公共文化事业经费投入总量不稳定并且存在较大的随意性,究其原因,关键是缺乏相应的刚性约束政策和机制。国家规定,中央和省级财政每年对文化建设的投入增幅不低于同级财政经常性收入的增幅;一些省市也制定了"在财政支出中,用于文化事业的经费应占当年财政支出的1%,其中业务经费要逐年递增20%"的具体细则,但在实际运作过程

---

① 文化部财务司.中华人民共和国文化部2013年文化发展统计公报[R/OL].(2014-05-15)[2015-04-22].http://zwgk.mcprc.gov.cn/auto255/201405/t20140516_30294.html.

中,很少能达到标准。还有许多地方政府并没有根据国家规定制定相应的保障性措施,因此政策执行一直不到位。从“九五”到“十一五”,绝大多数地方文化事业经费占财政支出不到0.5%,很多地方甚至在0.3%以下①。应当吸取过去没有刚性约束机制、政策执行不到位、文化投入不足的教训,在理顺政府间财政分配关系后,省、市、县、镇各级政府都应当按照现有的“文化经费占财政支出1%、经费增长幅度不低于经常性财政支出增长幅度”的原则,制定政策性文件,建立刚性约束机制,公共文化服务经费方有保障的可能。

3. 监督使用好中央专项转移支付资金,建议对老、少、边、穷地区免除专项转移支付配套资金

目前,中央专项转移支付资金大多针对经济欠发达地区,并要求地方有一定比例的资金配套。但现实却是,经济欠发达地区往往拿不出配套资金而得不到专项支付资金,反而是经济较发达的地区获得了更多的专项转移支付,这就违背了项目的初衷②。另外还有不少基层公共文化机构的专项资金部分,甚至全部被截留。因此,要建立严格的专项转移支付资金监督使用制度,防止截留、挤占和挪用,保证专项转移支付的文化建设资金依法高效使用。同时,建议对财政自给率低的老、少、边、穷地区,免除专项转移支付配套资金,才能让其真正得到专项转移支付资金的扶持,促进基层文化事业发展,保障群众文化权益。

公共文化事业的经费来源主要依靠财政拨款,但公共财政支出分配的出发点并不是由文化事业的性质和需求决定的,而是由公共财政本身的规律决定的。在现行的公共财政体系下,公共文化事业经费的投入比例和增长幅度应该综合考虑政府财政收入、非政府经费投入、国家和地方GDP及其增速、地方经济发展速度、恩格尔系数以及公众的文化需求等多重因素,并按照一定的比例将每年经费投入“量”的要求写入公共文化服务保障法,只有有法可依,才能保证公共文化事业经费能够在不完全受经济因素影响的前提下,及时足量到位,从而保证公共文化事业各项工作的有序开展。

① 李雪梅. 文化发展是民生之魂——文化部部长蔡武回顾“十一五”展望“十二五”[N]. 人民日报,2010-11-30.

② 范子英. 降低转移支付对地方政府和地方经济的负面影响[N]. 中国社会科学报,2011-02-22.

第六章　公共文化服务人才保障研究

第一节　人才培养与队伍结构

一、人才队伍存在的突出问题

公共文化人才一般是指为社会发展、群众娱乐提供公共文化产品和服务的文化创作人才、文化成果传播人才、文化事业服务人员及文化服务志愿者等。公共文化人才主要承担着群众娱乐、文化思想宣传与核心价值体系构建等社会职能。推动公共文化服务体系建设,实现全民文化均等化,队伍是基础,人才是关键。高素质的人才队伍是公共文化服务体系建设的必然要求。

在基层和农村,一个"文化能人"往往就能带动一村屯一社区的群众文化活动红红火火,因此,通过完善机构编制、购买岗位、学习培训、待遇保障等方面的政策措施,造就一支有现代公共文化服务理念、具备基本科学文化素养和专业服务能力的专兼职相结合的基层公共文化服务队伍,是人才队伍建设的重点任务。2013 年,全国文化机构从业人员数量已达到 215.99 万人,比上年末增加 6.18 万人①。但是,人才的质量、数量和能力等方面还不能完全适应文化事业发展的要求,在人才观念、人才机制、队伍结构、人才成长环境等多个方面仍然不同程度地存在一些问题和不足,有待进一步加强和改善。这些问题和不足主要表现在以下几个方面:

1. 文化人才意识有待进一步强化

一些地方党委政府没有真正树立科学发展意识和正确的政绩观,对文化建设特别是公共文化服务体系建设重视不够,缺乏文化自觉,一些文化人才政策难以得到有效实施。各级党委政府及文化部门对人才工作在公共文化服务体系中的地位、作用和重要性认识不足,集中表现在:对文化人才队伍工作缺少战略思考和长远规划,没有真正把文化人才工作提上议事日程作为一项至关重要的基础性工作进行部署落实,人才战略与公共文化服务体系建设的任务与工作目标尚未有机结合。人才主体意识缺失,"人才为本"的理念还没有真正树立,对文化人才成长规律缺少全面认识和科学把握,促进人才成长发展的具体措施不多,主动服务人才的意识不强。对文化人才工作的责任落实不够到位,个别领导缺乏加强人才工作的责任感和使命感,工作指导不够、监督不力,对人才工作缺少相应的责任考核制度,统一领导、责任明确、分工协作、齐抓共管的工作格局有待进一步形成。

2. 人才总量不足,结构失衡

人才总量不足的现象在基层表现最为突出,这是由于乡镇机构改革,部分农村基层文化机构被撤销,编制被取消,人员被分流,人才在编不在岗,队伍严重萎缩。结构失衡首先表现

① 文化部财务司. 中华人民共和国文化部 2013 年文化发展统计公报[R/OL]. (2014-05-15)[2015-04-22]. http://zwgk.mcprc.gov.cn/auto255/201405/t20140516_30294.html.

为管理人员与专业人员结构不合理，特别是基层的公共文化服务机构中，专业人员稀缺，不少文化站长吹拉弹唱、琴棋书画都不通，是典型的“门外汉”；其次是文化和职称结构不合理，受过专业高等教育或艺术类专科教育的人才所占比例较低，这也在基层表现最为明显，县级公共文化服务机构具有高级职称的专业人才凤毛麟角，乡镇文化站鲜有中级以上工作人员，多数是初级职称甚至无职称；再次是专业知识结构不合理，许多公共文化服务机构的从业人员中不少人专业不对口，学非所用。

针对人才总量不足的状况，可以借鉴德国的经验。德国政府各级文化管理人员编制都不多，联邦和州两级的文化管理人员只有300人左右，机构简单，人员精干，每个人都从事几种工作。地方基层亦是如此，从事文化工作的固定人员很少，每逢重大的文化活动或音乐节、电影节等，政府和文化机构都根据工作量临时聘用人员来完成，这些人员中既有专业人员，也有体力劳动者。比如每年一度的柏林电影节的用人量就呈现周期变性化，每年4月40人，5月至8月30人，9月80人，12月200人，1月350人，2月达到1000人，活动结束后留守处理日常业务的固定工作人员只有几个。又如霍夫电影节负责处理日常业务的工作人员只有两个，1个主席、1个办事员。

3. 队伍不稳定、服务水平参差不齐

截至2013年年末，全国共有文化单位29.30万个，从业人员215.99万人，比上年末增加6.18万人①。然而相对于体育、卫生、教育等部门来说，各级政府，尤其是基层政府对文化的重视程度还不够高，或者自身财政可支配资金有限，导致对文化的总体投入相对偏少，文化单位处于维持基本生存的状态，直接造成的结果是文化系统人员福利待遇总体较低，高端人才引进困难，现有人才也难以留住的情况时有发生，从而影响了人才队伍的稳定性。另一方面，由于公共文化机构的人员构成较复杂、加之队伍不够稳定，也造成了服务水平的参差不齐。

4. 文化人才工作与发展机制不健全

一是文化人才评价考核缺少科学有效的标准和方法，忽略层次区别和职位差异，工作能力和工作业绩难以充分体现；二是文化人才选用机制不够灵活，部分限制了人才的发展空间，优秀人才难以脱颖而出，人才部门单位的壁垒尚未打破，人才流动不畅，人才资源难以有效整合，人才配置效率不高；三是人才管理的科学性、有效性不足，管理模式粗放化，简单化，停留在事务层面；四是受制度、环境等因素的约束，有效的人才激励机制难以建立，激励空间和作用有限，影响了文化人才队伍建设积极性和创造性的发挥。

在人才的培养与发展上，应坚持以用为本，发挥学校的主体作用，建立起公共文化人才教育和培训体系。针对文化人才选用机制的问题，可以尝试在选拔任用中引入竞争机制。如大英博物馆现任馆长尼尔·麦克格雷戈就是通过面向社会公开招聘的方式，竞争上岗的。当时，英国的《星期日时报》《经济学家》和大英博物馆网站都登载了大英博物馆理事会的公开招聘广告，招聘一位具有文化学术地位和管理才能，强有力的、活跃的、具有策略的大英博物馆新馆长。经过理事会考查及面试，最后选择了原英国国家美术馆馆长尼尔·麦克格雷戈担任新一任馆长。这件事情成为当时社会舆论关注的焦点，博物馆馆长应具备的素质也

① 文化部财务司. 中华人民共和国文化部2013年文化发展统计公报[R/OL]. (2014-05-15)[2015-04-23]. http://zwgk.mcprc.gov.cn/auto255/201405/t20140516_30294.html.

成为当时博物馆界讨论的热点。只有突破人才体制壁垒,建立科学、合理、灵活的柔性人才引入机制,才能真正由以人才引进为主向人才与智力引进并重转变。

二、打造专兼结合、结构合理的人才队伍

社会主义文化大发展大繁荣,队伍是基础、人才是关键。文化人才战略提出要打造三支队伍:一是高层次的领军人才队伍,二是高素质的专业技术人才队伍,三是规模宏大、结构合理的基层文化人才队伍。

首先,造就高层次领军人物和高素质文化人才队伍。遵循文化发展规律和人才成长规律,建立和完善有利于优秀人才健康成长和脱颖而出的体制机制,加快构建一支门类齐全、结构合理、梯次分明、素质优良的思想文化宣传工作者队伍;继续实施"四个一批"人才培养工程和文化名家工程,建立重大文化项目首席专家制度,造就一批人民喜爱、有国际影响的名家大师和民族文化代表人物;加强专业文化工作队伍、文化企业家队伍建设,扶持资助优秀中青年文化人才主持重大课题、领衔重点项目,抓紧培养善于开拓文化新领域的拔尖创新人才、掌握现代传媒技术的专门人才、懂经营善管理的复合型人才、适应文化走出去需要的国际化人才;完善相关政策措施,多渠道吸引海外优秀文化人才;积极支持高层次人才创办文化企业,完善实施知识产权作为资本参股的措施,实施扶持创业优惠政策;落实国家荣誉制度,抓紧设立国家级文化荣誉称号,表彰奖励成就卓著的文化工作者。

其次,加强基层文化人才队伍建设。制订实施基层文化人才队伍建设规划,完善机构编制、学习培训、待遇保障等方面的政策措施,吸引优秀文化人才服务基层;完善基层优秀人才发现培养机制,配好配齐乡镇、街道党委宣传委员、宣传干事和乡镇综合文化站专职人员,提高队伍建设科学化水平;积极推进大学生"村官"计划,鼓励到基层从事宣传文化事业;设立城乡社区公共文化服务岗位,对服务期满高校毕业生报考文化部门公务员、相关专业研究生实行定向招录;重视发现和培养扎根基层的乡土文化能人、民族民间文化传承人特别是非物质文化遗产项目代表性传承人,鼓励和扶持群众中涌现出的各类文化人才和文化活动积极分子,促进他们健康成长、发挥积极作用;制订西部地区基层宣传文化人才队伍支持计划,对西部地区、革命老区、民族地区、边疆地区、贫困地区人才队伍建设予以重点扶持。

再次,建立完善文化人才教育与培训机制。建立健全分类教育培训机制,制订并实施各类人才的教育培训计划;创新人才培养模式,实施高端紧缺文化人才培养计划,搭建文化人才终身学习平台;对于专业人才,要充分发挥高校的主体教育平台作用,将人才培养与学位教育融为一体,同时将高校相关专业毕业生就业与专业院团、行业组织挂钩,形成"学、研、产"的完整链条,同时也使文化人才学以致用,激励其主观能动性;在人才培训上,依托党校、行政学院、干部学院、高等学校、职业院校、定点大型企业,发挥人民团体的作用,加强文化人才政治素养和道德素质教育,开展任职培训、岗位培训、业务培训、技能培训。完善人才挂职锻炼、调研采风、国情考察制度;完善人才培养开发、评价发现、选拔任用、流动配置、激励保障机制,深化职称评审改革,为优秀人才脱颖而出、施展才干创造有利的制度环境;重视发现和培养社会文化人才;对非公有制文化单位人员评定职称、参与培训、申报项目、表彰奖励同等对待,纳入相应人才培养工程。建立完善文化领域职业资格制度。

另外,制定公共文化机构人员编制标准,保障基层文化人才及从业人员的切身利益。首先要重视并解决基层从业人员的编制配备问题,在中共中央办公厅、国务院办公厅《关于进

一步加强农村文化工作的意见》中要求,“乡镇综合性文化站要配备专职人员管理。为完成乡镇文化工作任务,每个综合性文化站至少应有1—2个编制,比较大的乡镇可适当增加编制”。但是在最基层的社区和乡村,工作大多还是由临时聘用人员担任,或由乡镇文化站工作人员兼任。临时聘用人员流动性较大,责任意识差;身兼多职则会使乡镇文化站工作人员无暇顾及基层工作的开展,就更别提满足群众多样化的文化需求了。另外,基层文化从业人员的工资待遇也较差,这也是人员更迭频繁的原因之一。因此,要保证基层服务人员及服务质量的稳定性,必须建立有效的人事与经费保障制度。设立城乡基层公共文化服务专门岗位,并配置由公共财政补贴的专职工作人员。

最后,要加强人才队伍的职业道德建设和作风建设。引导广大文化工作者加强自身修养,做道德品行和人格操守的示范者,努力成为优秀文化的生产者和传播者。引导文化工作者特别是名家名人自觉践行社会主义核心价值体系,增强社会责任感,弘扬科学精神和职业道德,发扬严谨笃学、潜心钻研、淡泊名利、自尊自律的风尚,努力追求德艺双馨,坚决抵制学术不端、情趣低俗等不良风气。积极支持文化工作者特别是文化名家、中青年骨干深入实际、深入生活、深入群众,以人民为师,增强对国情的了解,增加基层体验,增进群众感情。

第二节　文化志愿者服务机制

一、文化志愿者的基本特征及其特殊性

文化志愿者是志愿者中的一种特殊类型,是指不以物质报酬为目的,利用自己的时间、文艺技能等,自愿为社会和他人提供公益性文化艺术服务和帮助的人。与普通志愿者不同之处在于,文化志愿者的专业性更强,强调公益文化艺术服务。党的十七届六中全会《中共中央关于深化文化体制改革推动社会主义文化大发展大繁荣若干重大问题的决定》中提出了“壮大文化志愿者队伍,鼓励专业文化工作者和社会各界人士参与基层文化建设和群众文化活动,形成专兼结合的基层文化工作队伍”的指导性意见,将文化志愿者第一次提上战略高度,并作为我国文化建设与文化发展的重要力量。个人或团体经文化志愿者管理机构审核登记后,即可成为注册文化志愿者或文化志愿团。

文化志愿者是支撑公共文化服务体系的重要力量。目前我国已有上万个文化志愿服务组织,登记在册的文化志愿者达60多万人,进一步完善文化志愿者组织体系对增加公共文化服务供给、推动公共文化服务社会化发展、健全公共文化的组织支撑体系具有重要意义。文化志愿者的主要服务场所为政府文化部门和文化场馆,包括图书馆、博物馆、美术馆、文化馆(站)、文化活动中心、影剧院、音乐厅等,提供的志愿服务包括组织文化志愿服务活动、传授专业知识、开展文化艺术培训、参加公益演出、举办社会文化交流等。

文化志愿者有着四个基本特征:①组织性。志愿者必须依附于某个文化志愿组织,成为其登记在册的志愿者,并经常参与组织开展的活动和服务项目。②自治性。文化志愿者注册并隶属于某个文化自治组织,接受其内部的管理程序制约,而不接受外在政府、企业或其他团体的管辖。③社会公开性。文化志愿者的服务活动有着社会公开性,其使用和提供的都是社会公共资源和服务,其运作过程也是公开透明的,接受社会各方面的监督。④专业性。这也是文化志愿者不同于其他普通志愿者的特征。文化志愿者需要有一定的文化艺术

专业技能、兴趣，或从事文化艺术辅导和管理工作的能力与经验，方能胜任文化艺术领域的志愿服务。

文化志愿者队伍是一支特殊的队伍。首先，文化志愿者都是在文化艺术方面具备一定技能的志愿者，有某一项或多项文艺特长，强调专业性；其次，文化志愿者从事的服务是文化艺术类的服务，自愿为社会和他人提供公益性的文化艺术演出、辅导或帮助，有明显的服务领域；另外，文化志愿者参与的项目和服务类型多样，不仅有大型、重点、导向性的品牌文化活动，也有日常性、生活化的深入基层社区的群众文化活动。

二、文化志愿者组织与管理中的突出问题

我国对志愿者的组织、管理及活动开展始于20世纪80年代的社区志愿者服务，1993年青年志愿者行动的出现标志着我国志愿事业进入全面发展和迅速壮大时期，尤其是在筹备北京奥运会的8年时间里，志愿服务实现了质的飞跃。奥运会后，志愿服务进入了较为平稳的发展轨道，逐步出现了多种类型和服务形式。文化志愿者就是在公共文化服务体系建设的大背景下应运而生的。但在近年来对文化志愿者的组织、管理和活动实践中，也出现了不少突出问题，主要表现在以下四个方面：

（1）管理模式松散，缺乏具体、操作性强的管理制度与细则，如志愿组织方式和纪律、招募志愿者的条件、对志愿者的培训、服务效果的评定以及鼓励和奖惩措施等。目前国内大多数文化机构对志愿者的管理工作采取的还是较粗放的管理模式，缺少专职管理人员，多采用项目工作者兼理志愿者管理工作。尽管项目管理者都有做好志愿者管理工作的预期，但事实上因为工作任务繁重等种种原因，无法完全投入志愿者的组织和管理工作中去。

（2）志愿者的权利与义务不对等，缺少相关的教育与培训机制。文化志愿者培训是指给志愿者传授其完成本职工作所必需的文化艺术或管理专业的知识、技能、能力和态度，同时传播组织文化，强化组织宗旨。但目前，我国的志愿者培训还相对薄弱，尤其是当重大活动举行或工作任务繁重时，往往忽视了志愿者的培训，导致志愿者专业技能提升较慢或不能得到提升，对外输出服务质量较低。这一问题会引发两方面后果：一是无法使文化志愿者在工作中获得个人成长，久而久之反而会使志愿者产生厌倦感，弃离组织，造成组织志愿者流动性强的负面现象；二是催生文化志愿者对所处的组织及行业的发展产生无助感，影响机构与行业的社会形象和发展，造成不该有的负面舆论评价，最终流失更多人才。

（3）志愿者激励机制不完善，这也是国内大多数非政府组织目前最缺少的志愿者管理机制之一。激励机制的建立对留住组织志愿者、激发其志愿服务的主动性等方面，有着不可替代的作用。但目前文化志愿者的组织者大都套用和延续了政府或企业的管理模式，忽视志愿者自身的精神和心理需求，对志愿者的服务也没有给予充分的认可和肯定，更没有精神或物质上的激励。这会导致志愿者慢慢失去工作热情。

（4）保障制度不健全，缺少统一规范志愿服务的权威性专门法律。全国第一部全方位规范志愿服务的地方性法规《深圳市义工服务条例》于2005年7月1日起实施，随后，北京、吉林、广东等地也相继出台了相关的志愿服务条例。针对文化志愿者，广东于2011年3月率先制定出台了《广东省文化志愿者管理办法》，随后青岛、厦门、辽宁、宁波等省市也纷纷制定了相应的管理办法或规章制度。但是，全国大部分城市依然存在着相关法规和制度空白。对于已经颁布的条例或办法，其中有些规定也很难落实。由于文化志愿者是无偿劳动，所以

很难把这样的劳动关系等同于劳动合同法中的劳动关系。但是,在志愿活动中却难免出现一些意外状况,直接或间接伤害到志愿者的人身、财产安全或切身利益,此时并没有相关规定可以给予其法律保障或相应赔偿,这样就会极大地打击当事人甚至整个志愿者群体的服务积极性。因此,保护文化志愿者的切身利益是管理工作中的一个难点,制定规范志愿服务的全国性法律,使文化志愿者的组织、管理与保护从法律层面上有理有据,是保障志愿者切身利益的关键一步。

三、完善文化志愿者服务与管理机制的途径

1. 有计划、有针对性地招募志愿者

国外志愿者组织在招募志愿者之前,通常会进行详细的人力资源需求预算,根据组织现有及未来环境的变化,估算出志愿者人力资源的需求与供给状况。在录用志愿者之前,会做详细的调查分析工作,确定拟录取的志愿者是否具备组织所需要的知识和技能,以及是否有足够的用于开展志愿工作的空闲时间,以确定其是否能胜任该志愿者工作。由于框定了志愿者服务活动的具体内容,包括对志愿者技能、知识掌握程度的要求,从而大大提高了志愿者与空缺岗位的匹配度。例如纽约公共图书馆的志愿者招募报名表中要求报名者填写的内容包括一周中每天的空闲时间、教育背景、掌握和使用电脑以及互联网的程度、所掌握的语言和特殊技能,以及希望从事的志愿服务活动等①。

在我国文化志愿者的招募中,也可以参照这种做法,并且文化志愿者自身的工作性质就要求参与者有所长。通过有计划、有针对性地招募,可以真正发挥每个志愿者的特长和兴趣,提升志愿服务的质量。

2. 将激励放在文化志愿者管理工作的首位

国外志愿者激励工作较为出色的是新西兰。作为移民国家,新西兰针对不同国家移民志愿者的不同需求相应地制定激励机制。如有的移民志愿者希望通过志愿服务搭建自己在新西兰的社会交际网络,以便更好地生存和发展;有的志愿者希望通过参与服务对社会有所贡献,并获得公众和社会对自己的认可。基于多样的心理和精神需求,新西兰的一些志愿者组织会定期举行一些大规模的庆祝活动,在其间对表现优秀或资深的志愿者进行表彰,颁发荣誉奖章,以此激励志愿者再接再厉,同时也促进和加深了组织成员之间的相互了解。除了表彰之外,有的志愿者组织还会在管理上适当下放权力,让志愿者有一定的自主决策权,在肩负责任的使命感下不断成长。

英国志愿者参加志愿活动累计 1 年达到 100 小时以上的,可以得到政府颁发的青年就业证书,达到 200 小时以上的,可以获得证书,并作为上大学和找工作的重要资质;泰国政府对已经参加过 1 年以上志愿服务活动的大学毕业生放宽就业政策;美国许多大学则为参与志愿者活动的大学生颁发奖学金。可以说,国外志愿者激励机制的核心在于充分调动其参与志愿服务的积极性,同时时刻关注志愿者的成长,拓宽其视野,使其提高工作效率并获得

---

① The New York Public Library. Volunteer Application. [EB/OL]. (2013 - 03 - 07) [2014 - 10 - 29]. http://www.nypl.ong/help/about-nypl/volunteer-nypl.

更多的技能①。

同样,在我国应建立文化志愿服务激励制度,增进文化志愿者的社会荣誉感。对在各类文化志愿服务活动中表现优异的志愿者,给予物质或精神上的奖励。通过设立星级制、奖章制等多种奖励、评选办法,调动广大文化志愿者的继续参与社会志愿服务的热情。通过定期评选,树立典型,不断增强广大志愿者自身的成就感和自豪感,在各类文化志愿者、文化志愿团体间营造相互学习的氛围,推动文化志愿者工作朝更高水平发展。

3. 重视对志愿者的培训

与我国相比,国外志愿者组织和管理者更重视志愿者的工作效率,也更关心其发展需求。培训的内容分为专业技术类、组织历程类、工作介绍类。专业技术培训是针对文化志愿者所从事的具体服务有针对性地开展的业务培训,如音乐、舞蹈等培训;组织历程类培训是通过讲座、观看组织成长历程录像等方式实现,使志愿者了解并认同组织的奋斗目标和愿景;工作介绍类培训是对志愿者所从事的工作及其环境进行具体描述,包括工作团队、合作伙伴、自己的角色定位和责任等。另外,还有针对志愿者工作态度、组织文化等精神层面的培训。

对文化志愿者开展培训,第一要明确并区分培训对象,对新加入的志愿者进行上岗培训,对有一定经验的志愿者则进行专业拓展性培训;第二,要规范志愿者培训教材及内容,做好与志愿者服务相关的通用知识培训、专业技能培训和岗位培训,编写统一的文化志愿者培训教材;第三,培训内容要灵活多样,与时俱进,与社会文化的发展方向相一致;第四,要根据文化志愿服务项目的不同和文化创新发展的要求,不断更新组织的培训计划和内容;第五,要使培训方式多样化,运用包括面授讲解、远程教学、公益实践等形式搞好志愿者培训。最后,要加强志愿者培训工作的交流沟通,定期对志愿者培训工作进行检查和考核。

4. 建立健全法律政策保障

国外对于志愿者服务进行立法支持、规范和保护的国家有很多。如美国前总统布什于1990 年 11 月签发了关于创立国家服务委员会和社区服务委员会的法令,12 月又随即出台了关于志愿服务的法案及其补充法案;意大利政府也于 1991 年颁布了有关志愿服务的法律,对志愿者活动在社会生活中起到的作用给予认可和肯定;日本政府则通过立法将邮政储蓄利息的 30% 资金抽出,用于志愿服务活动,并建立了志愿服务活动专项基金②。另外,英国、加拿大、新加坡等国家对志愿服务活动也有资金的支持政策。这种对志愿者组织、志愿者及其服务给予法律规范和政策支持,可以调动公民参与志愿服务的积极性,使志愿服务得以健康可持续的发展。

四、建立两个外部机制:政府与社会

1. 政府促进机制

能否构建和完善我国的政府促进机制,是文化志愿者服务发展机制建设的前提和基础。

---

① 深圳市文化志愿者工作机制研究[EB/OL].[2014 - 02 - 20]. http://wenku.baidu.com/link? url = No4lm6oP7RUv940LSakA0uxLNBTygw39svBXrI_yNgailTsnSIaR9gLT-9LUa0llcuiBz1w5jU4vco7pWixYs4brbCKEyqM-krWmi3uMaxO.

② 北京志愿者协会. 志愿组织建设与管理[M]. 北京:中国国际广播出版社,2006:535.

文化志愿者服务发展的政府促进机制具体包括如下四方面:一是重塑政府与社会的关系,从二元合一到构建政府与文化志愿者组织的互动合作关系,从而确立文化志愿者组织的合法性、保障文化志愿者组织的独立性。二是转变政府职能,改进文化志愿者组织的现行管理体制。首先要理顺政府与文化志愿者组织之间的权力关系,其次要理顺政府与文化志愿者组织之间的利益关系,再次要理顺政府与文化志愿者组织之间的责任关系。同时,政府可以尝试改革对文化志愿者组织的双重管理体制,整合其管理机构。三是夯实文化志愿者组织发展的法制基础,解决文化志愿服务立法与现有法律法规的配套问题,解决文化志愿者和志愿者组织的后顾之忧。四是开展文化志愿者组织管理的创新。完善并构建文化志愿者组织的财政投入和资金筹措渠道,强化对文化志愿者组织的监督管理,如明确政府对文化志愿者组织的风险管理功能,构建社会风险公共信息网络,加强文化志愿保险立法等。

2. 社会协同机制

党的十七大明确提出,“要健全党委领导、政府负责、社会协同、公众参与的社会管理格局,健全基层社会管理体制”。文化志愿者组织属于民间组织,也是服务于社会的公益性组织,要实现对文化志愿者组织的良好治理,除了上述的政府促进机制和文化志愿者组织内部治理机制外,还要培育社会协同机制。实践表明,成熟的公民社会、浓厚的志愿服务精神、深刻的社会文化认同及其广泛的社会监督是社会协同机制的重要组成部分。要完善我国文化志愿者组织发展的社会协同机制,首先必须整合信任、非正式规则、社会网络关系以及文化观念等社会资本,培育深厚的公民社会底蕴;同时,建立文化志愿者组织的社会认同和激励机制,保障文化志愿服务事业的社会化和可持续发展;其次,要正确理解志愿精神的精髓,并结合中国文化中倡导志愿慈善的传统,大力普及和弘扬公众志愿精神和志愿文化;再次,健全对志愿者组织的社会监督机制,包括直接利益相关者的监督、社会公众监督和新闻媒体监督等。

第三节 关于职业资格准入制度的探讨

所谓职业资格准入制度,或职业资格认证制度,是指按照国家或行业组织制定的职业技能标准或任职资格条件,通过政府主管部门认定的考核机构,对其从业者的技能水平和任职资格条件进行考核和鉴定,并对考核合格者授予相应证书的制度。只有通过了职业资格认证,才被允许从事该行业的工作,对于强化组织机构的专业化水平、提升从业者整体素质、提升行业的服务质量和形象起着重要作用。公共文化领域的职业资格准入制度在国外的图书馆、博物馆等行业中普遍存在和应用,如美英等国的图书馆员职业准入制度、韩日实行的图书馆员“司书制度”、日本公民馆实行的“公民馆主事”制度等。

以美国图书馆协会(ALA)的职业资格认证体系为例。该体系分为两个部分,一是“图书馆学高等教育认证”(Librarianship Higher Education Accreditation),这是由 ALA 所属机构对图书馆学和情报学硕士学位的教育机构进行的认可,全美有效;二是各类图书馆员的职业资格认证,包括大学图书馆员职业资格认证、公共图书馆员职业资格认证、学校图书馆员职业资格认证等。二者针对的对象不同,前者保障了图书馆学教育培养的未来图书馆工作者的质量,后者则是提升现有图书馆员工作水平的保证①。

一、图书馆学高等教育认证

ALA 的图书馆与信息学认证计划始于 1925 年。现行的标准是由 ALA 认可委员会(Office for Accreditation)制定的《图书馆与情报学硕士学位计划认可标准》,并由 ALA 理事会于 2008 年 1 月 15 日颁布②。2009 年 ALA 又对之前制定的《认可过程、政策与步骤》进行了修订,成为认可委员会最新的认可工作手册③。ALA 只认可具有硕士学位授予权的院系。得到 ALA 的认可则表明该院系经历了自评的过程,经过同行的评议,并满足《图书馆与情报学硕士学位计划认证标准》的要求。认可委员会根据该院系是否符合认证标准中所规定的使命、目标和任务、课程设置、师资、学生、管理和经费以及物质资源和设施,评价每一个院系。

美国的很多高等院校均设置有图书馆学硕士学位,并附有相应的教学计划。大部分图书馆学硕士学位的招生对象是具有学士学位的文科专业毕业生。而对于多数雇主来说,通常还是更愿意招募经 ALA 认证的 49 家学校的毕业生。许多硕士研究生课程需要用一年时间完成,有的需要两年。目前,ALA 对图书馆与信息学专业认证的硕士课程覆盖了全美、加拿大及波多黎各的高等学校,每年进行一次。

受 ALA 的影响,美国各地方图书馆协会也纷纷对图书馆情报学高等教育进行认证。一般各州都规定,从 ALA 认可的学校毕业的图书馆情报学硕士即可获得较高级别的资格认证,其他则需要经由州级的资格认证管理机构再认证。

二、公共图书馆从业人员的职业资格认证

1. 公共图书馆馆员资格认证

依据公共图书馆馆员资格认证标准(Public Librarian Certification Standards,简称 PLCS)的规定,公共图书馆馆员的职业资格认证是根据各州的情况,制定州立的认证标准和程序。对馆员的要求主要依据该图书馆服务地区的人口来划分级别。这一制度写进地方图书馆法规,受法律保障。虽然每个州制定的认证目标和认证标准各有不同,但从总体上看,美国各州公共图书馆馆员资格认证分为如下三类:

①强制认证(Mandatory Certification):通过法律进行规范;

②自愿认证(Preferred Qualifications or Voluntary Certification):无法律规范,通常由各州图书馆协会主持,遵守协会规章制度;

③无认证(No certification):仍有法律或计划的存在。

以威斯康星州为例。威斯康星法令和管理条例要求所有的公共图书馆馆员必须通过图书馆、技术、团体学习三个方面的内容认证。公共图书馆馆员的资格则由公共图书馆人力开

---

① 初景利,李麟. 美国图书馆员职业资格认证体系[J]. 国家图书馆学刊,2005(3):29—35.

② Standards for Accreditation of Master's Programs in Library&Information Studies[EB/OL]. (2008-01-15)[2012-04-26]. http://www.ala.org/ala/educationcareers/education/accreditedprograms/standards/standards_2008.pdf.

③ Accreditation Process, Policies, and Procedures (AP3), second edition, revised 11/20/2009[M/OL]. (2009-11-20)[2012-05-31]. http://www.ala.org/ala/educationcareers/education/accreditedprograms/standards/index.cfm.

发小组来认定。公共图书馆馆员认证工作由公共图书馆发展小组负责管理。其图书馆馆员认证分为三种类型:定期认证(Regular Certification)、短期认证(Provisional Certification)和临时认证(Temporary Certification)。在馆员取得职业资格认定后,其资格还要进行续认。威斯康星州的续认规则是:一至三级馆员职业资格每5年续认一次,已获得一至三级馆员职业资格认证的馆员必须在5年内完成累计100小时的课堂继续教育。馆员的续认从某种程度上说就是馆员的再教育和培训的过程①。

2. 公共图书馆管理者资格认证

美国图书馆协会联合职业协会(ALA-APA)的"公共图书馆管理者认证项目"(Certified Public Library Administrator Program,简称CPLA)是针对专业人士而非刚刚获取专业学位者的认证。该项目于2002年制定,认证主要要求是:申请认证的图书馆馆员是自愿的且是已获得MLS的图书馆馆员,在ALA每年1月的仲冬会议、春季会议、6月的年会及秋季会议上进行4次评估,参加评估者需要向ALA-APA交纳一定的评估和课程费用。申请认证者必须参加该项目的认证课程,这些课程提供者遍布全国,且许多还提供在线课程②。候选人需要有5年全职的管理工作经验,完成9门课程中的7门,且管理类核心课程由公共图书馆协会(PLA)、图书馆管理协会(LAMA)以及专业及联合图书馆协会(ASCLA)共同制定课程标准③。目前,这些课程包括:预算与金融、管理与技术、组织与人事管理、设备管理与维护、当前议题、市场营销、筹款、政治与网络、多样化人口服务④。此外,候选人必须在专业上活跃,选修或主讲了其他的课程,撰写有论文以及参与专业协会的活动。

3. 公共图书馆辅助人员的资格认证

2003年召开的美国专业教育大会第三次会议(Congress on Professional Education Ⅲ,简称COPEⅢ),提出了对图书馆辅助工作人员进行认证。ALA的图书馆辅助人员利益圆桌会议(Library Support Staff Interests Round Table,简称LSSIRT)也早已认识到这一认证需求的存在,从2004年开始就展开了认证调查。目前,ALA-APA已推出了"图书馆辅助人员认证项目"(Library Support Staff Certification Program,简称LSSC)。该项目是一个展示图书馆辅助人员能力、有ALA授权证明的国家认证项目,得到博物馆和图书馆服务协会的3年拨款,并于2010年1月开始接受认证申请。申请认证者也需要在指定地点进行课程的学习,其中必修课包括:图书馆服务基础、沟通与团队协作、技术;选修课包括:存取服务、成人读者咨询服务、分类与编目、馆藏管理、参考咨询与信息服务、监督与管理、青少年服务⑤。

除了图书馆之外,一些国家还对博物馆从业人员进行职业资格认证。日本的《博物馆法》中规定"博物馆从业人员必须具备学艺员资格"。学艺员的职责是负责博物馆资料的收集、保管、展览、调查、研究等专业事宜以及相关业务的其他事宜,相当于我国博物馆中的研

---

① 冯佳. 美国威斯康星州公共图书馆员认证制度研究[J]. 图书馆杂志,2011(9):68—72.

② CPLA Participant FAQ[EB/OL]. [2012-04-22]. http://www.ala-apa.org/certification/cplafaq.html.

③ National Librarian Certification[EB/OL]. (2008-10-07)[2012-05-31]. http://www.ala.org/ala/mgrps/divs/ascla/asclapubs/interface/archives/contentlistingby/volume27/nationallibrariancertification/certification.cfm.

④ ALA-APA Seeker Providers for Public Librarian Certification[EB/OL]. (2005-08-09)[2012-05-31]. http://www.ala.org/ala/newspresscenter/news/pressreleases2005/august2005/certificationproviders.cfm.

⑤ Course Providers[EB/OL]. [2012-04-26]. http://ala-apa.org/lssc/courseproviders.html.

究员一职。该法的第5条第1款明确规定了对学艺员的资质要求，符合其中任一条件即可，三项条件分别为：①拥有学士学位，并根据文部科学省条例规定在博物馆相关科目中获得了大学学分；②在大学学习两年以上，在上文规定的博物馆相关科目中获得62学分或者更多学分，拥有3年以上的助理学艺员经验；③经文部科学省大臣批准的与上文两款规定的学术能力和经验或文部科学省条例规定的学术能力和经验相等的具有更高水平的人员①。

又如法国在2002年颁布的《博物馆法》中明确规定：“法国博物馆的业务活动由具有职业资格的专业人士负责。”想要进入博物馆工作的相关专业大学毕业生，必须首先经过考试选拔进入法国国家文化遗产学院（INP）接受正规严格的专业教育，才能进入博物馆专业岗位工作②。其具体做法和要求虽然各不相同，但根本目的都是为了提升博物馆服务社会的能力。正是由于实行了这种严格的职业资格认证制度，才能确保博物馆从业人员综合素质和服务质量的提升，进而推动博物馆事业，乃至文化事业的稳步发展。

然而在我国，虽然已经有人大和政协代表将建立图书馆、博物馆等公共文化机构从业人员的职业资格认证制度写入提案并向会议提交，但事实上，我国目前的社会现实与环境并不利于建立此种行业性质的职业资格准入制度，尤其是与学历教育相贯通的制度。这是由于我国现有的人口基数较大，加之近年来就业形势严峻、供求失衡，导致社会舆论压力较大，如果实行职业资格认证制度，势必会造成就业机会的不均等；如果与学历教育关联，则会有更多的应聘者被拦在门外，甚至没有机会参加招聘考试。这样势必会导致问题激化，甚至引发更深层次的社会矛盾。

---

① 日本博物馆法[EB/OL].[2014-01-21]. http://wenku.baidu.com/link? url=ujb_XoRz2ajvq4r3iNKqRO1NzKhbUANmBXwM3C2Bg1CrwxllbbClSif-jTsyCGiLm473VSvMyr0eGohZojhrURRsPG69ubu2-zuiCh0reRC.

② 黄磊.法国博物馆管理体制、发展现状的启示[N].中国文物报，2005-07-22(5).

第七章　公共文化服务组织支撑与绩效评估保障研究

第一节　组织协调机制的建立

在组织保障方面，十七届六中全会的《中共中央关于深化文化体制改革推动社会主义文化大发展大繁荣若干重大问题的决定》把公共文化建设的党委领导责任和政府主导责任提升到"政治责任"的高度，明确要求各级党委政府把文化建设纳入经济社会发展总体规划，纳入"四位一体"总体布局；明确要求把文化建设的成效作为评价地区发展水平、发展质量和领导干部工作业绩的重要内容；明确要求把文化建设的内容纳入各级党校、行政学院、干部学院的教学体系。这些推动文化改革发展的组织保障措施表明中国共产党人对文化建设在经济社会发展中重要性的认识实现了新飞跃，达到了新高度。不可否认，目前在一些地方党委政府工作布局中，公共文化建设"说起来重要，做起来次要，忙起来不要"的现象并没有完全消失，而在我国的体制与政策环境中，没有党政的重视与主导，稳步推进公共文化服务体系建设就失去了第一保障和第一推动力，因此，组织保证措施能否真正落实到位，是未来公共文化服务体系建设能否持续健康推进的关键，从某种意义上说，它比落实经费和人才保障措施更为重要、更为根本。

从协调论的角度来看，公共文化服务体系各个组成部分、要素、因素之间不是杂乱无章的关系，而是有机的联系，并表现为协调一致性、对称性和有序性。根据协调原理，公共文化服务体系及其运行过程中各组成部分、要素之间的比例协调性和结构有序性是其内部关系协调统一的标志。首先，协调统一体各组成成分、要素之间不是杂乱无章、彼此孤立的，而是互为条件、紧密联系、互相依赖、相互作用的；其次，各组成部分、要素之间是协调一致的关系，具有一定的、互相搭配合理的数量比例；再次，在协调一致中建立平衡、有序的整体结构，使得整体各组成部分、要素之间的空间配置、排列顺序表现出一定的规律性；最后，在有机统一整体中，各组成成分、要素相互促进，会使整个体系向着结构越来越合理的方向发展。

一、组织协调机制的内容：两个协调

组织保障的关键在于建立起体系化的协调机制，重点解决部门内部工作效率低、任务庞杂，相关部门间职能交叉、多头管理、重复建设、资源利用率和服务效能不高等诸多问题，目标是通过组织协调机制的建立，对公共文化服务提供良好的组织保障，形成公共文化服务的全社会共建共享机制。组织协调机制是公共文化服务体系建设协调机制的重要组成部分，担负着文化主管部门内部与职能部门之间的协调任务。而政府文化行政管理走向"大部门制"和相关部门建立统一、高效、制度化的协调决策机制，是协调机制真正建立的组织保证。

1. 文化主管部门内部的协调

部门内部的有效协调是确保部门整体运转的基础，是提升部门内部凝聚力的手段，也是降低行政成本、提升行政效率的方式。文化部门的内部协调应当从组织文化、组织结构、内

部沟通等方面入手,形成有效的内部协调机制。首先要通过组织文化建设提升内部凝聚力;其次要对部门内部组织结构进行合理安排,将整体性与专业性相统一;再次要加强内部制度建设,实现内部协调的程序化;另外要建立畅通正式的沟通渠道,保障内部协调的通畅性;最后要建立专门的协调机构,专门负责部门内部的协调事物。

2. 职能部门之间的协调

在组织协调机制中,除了部门内部的管理协调之外,更重要的是跨部门的沟通与协调,这是使公共文化服务体系发挥最大效能的关键。目前在我国现有行政体制框架内,最有效的跨部门组织协调方式是形成体系化的联席会议制度。例如嘉兴市图书馆服务体系建设与管理中的联席会议制度,共分为三个层次,即全市、市本级和图书馆行业内部,这三个层次的联席会议共同形成了联席会议制度化体系。通过召开多层次的联席会议,可以加强嘉兴市各行政职能部门、各图书馆,以及各相关机构之间的联系与沟通,在相互了解、沟通协作的基础上开展各项具体工作。

二、组织协调机制的任务

(1)协调各级政府文化主管部门推进国家、省、市、县公共文化服务专项规划。将公共文化服务体系建设纳入各项政府发展规划,将文化发展相关内容纳入公共文化服务专项规划。

(2)统筹服务设施网络建设。组织协调文化机构和相关部门,建立城市、县、乡公共文化服务设施统一规范;整合基层文化设施与资源,建立村级综合文化服务中心;整合不同部门和系统间散落的设施资源,将其全部纳入公共文化设施网络体系。

(3)统筹建立公共文化服务标准体系,以标准化促进均等化。由文化主管部门牵头,组织协调相关职能部门,制定由保障标准、业务和技术标准、评价标准组成的标准体系,促进并保障公共文化服务的均等化。

(4)统筹公共文化服务经费。协调财政部等职能部门,保障公共文化服务体系的资金投入。协调各级政府及其文化主管部门,将中央政府拨款补助落实到省,再由省一级政府统筹并按比例配置配套资金拨款到地市,地市级政府再将配套资金进行具体分配,同时建立目标考核机制。

(5)协调推进公共文化服务重大惠民工程,组织协调各工程主管部门,加大对已有重大项目的融合发展,同时针对发展需求,设计新项目。

(6)加强人才队伍建设。组织协调各级政府及人事部门,对文化人才的编制、待遇、岗位培训、资格认证等予以规范,从组织制度上保障人才队伍建设的长效性与持续性。

三、组织协调机制的有效补充

1. 建立问责机制

问责机制是问责主体对其管辖范围内各组织和成员承担职责和义务的履行情况,实施并要求其承担否定性后果的一种责任追究制度。在政府主导的公共文化服务体系建设中,虽然有不少针对政府和文化机构的双向考核机制以及督查机制从而保障其建设的持续性和有效性,但针对此过程中出现和待解决的问题,还应当建立起后续配套的问责机制,使得一些问题并不能被正视和解决。

建立问责机制,可以使政府及其公共文化机构切实承担起各自应当承担的责任,接受来自内部和外部的监督，以保证责任的实现，进而使政府真正起到主导作用，使公共文化机构真正做到服务公众。

2. 建立公众参与机制

公共文化机构是面向公众提供文化服务的场所，公众是其安身立命之本，因此，公众参与必不可少且十分重要，然而目前大多数的公共文化服务体系建设却忽视了公众参与，极大削弱甚至是缺少了公众参与的环节。公众参与的缺失会使公共文化机构与公众之间缺少双向交流，公众不能参与到决策过程中，造成信息不对称，就有可能引起公众和公共文化机构之间、公众和政府相关部门之间的冲突。据此，在公共文化服务体系建设与管理中，应当补充建立公众参与机制。

第二节　法人治理结构

一、治理理论与事业单位法人治理结构

治理理念产生于19世纪60年代西方的高等教育实践过程中。当时高校实行教授团与行政人员共同管理的二元一体结构，教授团负责课程设置、实践安排，行政人员则负责行政事务。凡是当行政工作涉及教学内容时，行政人员须与教授团协商，当二者意见不能统一时，学校董事会负责裁决。这种管理模式打破了一贯的单一行政主导的体制，体现了多元民主治理的思想。到了20世纪90年代，西方学者将治理思想进一步系统化，首先在政治学领域形成了治理理论，该理论随后发展到经济学、管理学等领域，并产生了巨大影响。治理理论的创始人之一罗西瑙将其定义为一系列活动领域的管理机制，它与统治不同，指的是一种由共同目标支持的活动。这些活动的主体未必是政府，也不需要依靠国家强制力来实现。治理理论的权威格里·斯托克则概括总结了五种关于治理的观点：治理意味着一系列来自政府，但又不仅限于政府的社会公共机构和行为者；治理意味着在为社会和经济问题寻求解决方案的过程中，存在着界限和责任的模糊性；治理明确肯定了在涉及集体行为的各个社会公共机构之间存在着权力依赖；治理意味着参与者最终将形成一个自主的网络；治理意味着办好事情的能力不仅限于政府以及其发号施令或运用权威。从中可以看出，治理理论的核心体现在五个方面：①管理主体多元化，不仅限于政府或某一强势力量，内部成员、利益相关者、服务对象等都可参与治理；②注意通过协商等方式实现控制，以达到组织目标，而不是单纯地依靠行政命令实行统治；③注重制度在组织中的功能与作用，强调激励机制、监督机制的作用；④注重保护各方面利益相关者的切身利益；⑤是一种“善治”[①]。

2011年3月，中共中央、国务院发布了《关于分类推进事业单位改革的指导意见》（中发〔2011〕5号），明确提出要推进从事公益服务事业单位改革，建立健全法人治理结构，要求“面向社会提供公益服务的事业单位，探索建立理事会、董事会、管委会等形式的治理结构，健全决策、执行和监督机制，提高运行效率，确保公益目标实现”。为落实上述指导意见，同年7月，国务院办公厅下发了《国务院办公厅关于印发分类推进事业单位改革配套文件的通

---

① 贺亚民. 事业单位法人治理结构研究[EB/OL]. [2014-02-23]. http://www.360doc.com/content/09/0111/14/85772_2309932.shtml.

知》(国办发〔2011〕37 号),共包括 9 个配套文件,其中有《关于建立和完善事业单位法人治理结构的意见》,就面向社会提供公益服务的事业单位探索建立和完善建立法人治理结构的基本原则、总体要求、主要内容、组织实施等提出了具体要求。2013 年 11 月 12 日,党的十八届三中全会正式通过《中共中央关于全面深化改革若干重大问题的决定》,在"推进文化体制机制创新"篇章中提出,"明确不同文化事业单位功能定位,建立法人治理结构,完善绩效考核机制。推动公共图书馆、博物馆、文化馆、科技馆等组建理事会,吸纳有关方面代表、专业人士、各界群众参与管理"①。这标志着在公益性文化事业单位推进法人治理结构从试点阶段进入了全面铺开的建设阶段。

所谓事业单位法人治理结构,是指从事公益活动的事业单位,以实现社会公益服务最大化为目标,实行所有权与管理权分离,由决策层、执行层、监督层三者组成的一种组织结构及其运行机制,是上述三者及其他利益相关者之间的权力、利益分配与制衡关系的制度安排。法人治理结构的基本特征在于构建一套激励、约束和控制机制,既保证经营者有充分的经营自主权,又能使经营者按委托人的意愿努力经营,以减少代理成本。在约束方面,事业单位法人治理结构的特点在于分权与制衡,但这种制衡是为了保证事业单位能够提供良好服务、科学决策而进行的制度安排与设计,权力制衡只是一种手段②。

开展事业单位法人治理结构工作,是进一步转变政府职能,创新体制机制的重要内容,是实现政事分开、管办分离的有效途径。首先,通过明确理事会等决策层的决策地位,减少政府主管部门对事业单位的微观管理和直接管理,有利于明确事业单位的功能定位,进一步激发事业单位从业人员的积极性和主动性;其次,通过吸收事业单位外部人员参加决策层,扩大参与事业单位决策和监督的人员范围,有利于进一步规范事业单位的行为,确保公益目标的实现;再次,通过明确决策层与管理层的职责权限和运行规则,有利于进一步完善事业单位的激励约束机制,提高公益服务的质量和效益。

二、事业单位法人治理结构的特点与基本要素

法人治理结构是市场经济条件下,实现各种法人有效治理、平衡各种利益、达到多赢的基本形式。事业单位存在的种种问题实际上是由于事业单位治理不善造成的,而治理不善的根本原因在于治理结构的不合理。建立法人治理结构,其目的是为了推进政事分开,规范、发展、搞活事业单位,使各类事业单位明确各自的功能定位,规范自己的组织和行为,确保公益目标实现,促进社会公益事业和事业单位自身的健康发展,不断满足广大人民群众日益增长的公益服务需求。因此,为了加强对事业单位的有效管理,深化事业单位改革和促进政府职能转变,实现社会公益服务的最大化,就必须建构产权归属清楚、公益目标明确、约束机制完善、微观运行高效的事业单位法人治理结构。

事业单位法人治理结构有以下四个特点:①分权制衡。通过建立法人治理结构明确各利益相关者之间的权力分配与制衡关系,其核心是在法律、法规的框架下,形成保护政府投资者利益、实现公益目标最大化的权力安排、责任分工和激励约束机制。②运作独立。事业

① 中共中央关于全面深化改革若干重大问题的决定[EB/OL].(2013-11-15)[2014-02-12].http://www.sc.xinhuanet.com/content/2013-11/15/c_118164288.htm.

② 廖世铢.建立健全事业单位法人治理结构[N].福建日报,2012-03-20(13).

单位独立运作是建立法人治理结构的基本保证，主要体现在事业单位享有较大的人事和财务自主权，并依法自主管理、自主办理有关业务，独立承担法律责任。③信息公开透明。公开透明是解决信息不对称的重要手段，是保证事业单位接受社会监督的主要原则，事业单位在依法开展业务的前提下，应当尽可能地向社会公开各种信息，接受社会的监督[①]。④公益性。从事业单位设立的目的和功能来看，事业单位法人可以纳入非营利法人治理范畴中。事业单位不以追求利益为目的，更关注的是社会公共利益的实现，以及利益相关者的利益均衡。

事业单位法人治理不仅包括内部治理，还包括外部治理。内部法人治理结构，就是要对事业单位法人的内部运行机制做出全面的界定，使其达到一种相互制衡的状态，主要包括内部组织机构的设置以及组织机构的运行规范。外部治理结构侧重于协调和规范事业单位与政府、社会之间的权力配置关系。通过内外治理的结合，完善各权利主体的责任、权力和利益配置，进而理顺事业单位与政府、社会的关系，促进其健康自主发展。其基本要素框架如图 7－1 所示：

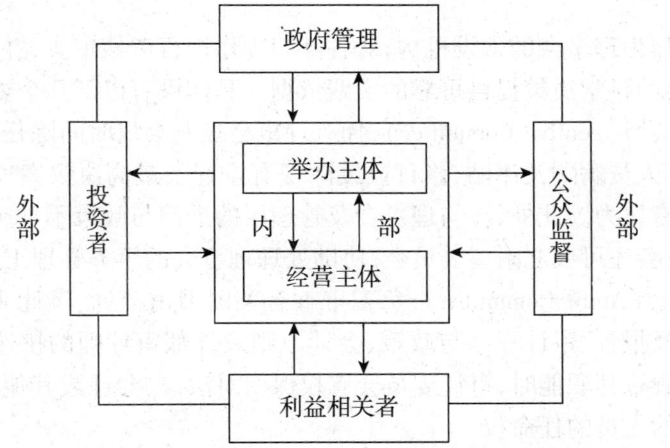

图 7－1　事业单位法人治理基本要素框架图

三、国外公共文化机构的法人治理结构

1. 纽约公共图书馆的法人治理结构

纽约公共图书馆较早就开始了法人治理的探索道路，通过设立理事会、委员会、管理层分权制衡的组织架构，使决策权、执行权、监督权相互分离与制衡，拥有非常丰富的实践经验。

(1)理事会的产生方式及职责

理事会(Board of Trustees)作为图书馆的最高决策机构，具有决定图书馆整体发展战略及发展规划、对重大事项进行决策、对各单位工作进行指导与监督的权力。理事会通过选任制或委任制的方式推选出理事，包括图书馆工作人员、政府部门代表及社会人士。

一般而言，理事会应当包括 25—48 名的表决理事以及若干名名誉理事和终身理事，具

① 肖容梅. 公共图书馆法人治理结构初探[J]. 深图通讯，2008(2)：10—14.

体数目可由理事会通过投票方式进行修改。名誉理事和终身理事在理事会会议中不具有表决权。无论是表决理事还是名誉理事或终身理事,都属于社会公益职位,不接受任何形式的薪酬补助,但可接收作为图书馆管理人员或工作人员等非理事职位服务的工作报酬,并且这些报酬都应当依据理事会的相关政策和程序进行批准并公开。同时,理事还可以报销因参加理事会会议而产生的交通费用及其他合理费用。

表决理事一般由提名委员会进行提名,再经理事会投票表决的方式进行任命的,任期三年,可连任。在表决理事中,有 44 名理事是通过理事会或基金会推选产生的,而另外 4 名理事则来自政府各相关部门的授权任命。为了充分反映各利益相关方的诉求,理事会的成员应当包括图书馆馆长、市长、审计官、议会发言人等,市长、审计官及议会发言人不一定需要亲自参与到理事会的活动中来,可以任命有关人员作为代表行使表决理事的权利及义务。

(2)各类委员会的产生方式及职责

为了监督管理层及各业务部门的具体工作,为理事会决策提供参考建议,理事会还设立了常务委员会(Standing Committee)与特殊委员会(Special Committee),负责具体事务的监督工作。

常务委员会作为理事会的常设机构,对各部门工作进行考核审查,并将审查结果反馈给理事会,为理事会的科学决策提供可靠的实践依据。具体设有以下几个委员会:

①执行委员会(Executive Committee),拥有理事会在非会议时间除任命理事会或委员会新成员、调整工作人员薪酬及津贴、修订或废除现有章程及最高决议案、罢免理事会或委员会成员之外的所有权力。此外,在与理事会及管理层的道德与政策不冲突的前提下,依据相关规定,执行委员会还可成立附属委员会,协助处理理事会的事务管理工作。

②审计委员会(Audit Committee),负责审查有关图书馆会计、审计业务的报告,包括图书馆的财务报表及报告、审计程序与政策、会计原则及外部审计师的挑选等,并据此向理事会提出建议。在履行其职能时,审计委员会有权保留对法律、会计或其他方面的顾问或专家等其认为有需要的人员的任命权。

③资金规划及设施管理委员会(Committee on Capital Planning and Facilities),主要负责审查关于图书馆资金规划与分配、不动产维护项目、基本建设项目和其他不动产业务的报告,向理事会及财政委员会提出图书馆基本建设预算的建议;审查图书馆相关报告、决议案、发展规划和企划,向理事会提出关于图书馆所有不动产或类似性质资产的重用、收购、租赁、销售、修复和改造等整合行动的建议。

④薪酬及人力管理委员会(Compensation and Talent Development Committee),有权代替理事会履行以下职责:审查行政主管、首席行政官、其他高级主管和关键岗位员工的工作表现,并为其确定合理的津贴补助(确定之后应当向理事会报告);审核图书馆日常的人力资源管理的政策、程序,评估其吸引高质量人才的能力;审查图书馆管理结构及关键岗位的继任规划。此外,在其履行职能的过程中,拥有保留其认为有必要的津贴、顾问或专家的权力。

⑤发展委员会(Development Committee),主要负责审查以下几方面工作:图书馆的流动资金、业务收入、捐赠资金等资金筹集项目;对不符合图书馆捐赠接受政策或者其他理事会通过的后续政策规定的其他资金提出建议;领导并监督图书馆资金及资金筹集工作的开展。

⑥财政委员会(Finance Committee),应当有权审查关于以下内容的报告,并据此对理事会提出建议:图书馆的预算报告,包括图书馆预算编制程序和政策;图书馆财务事宜的管理,除了

章程明确规定属于其他委员会(特别是审计委员会和投资委员会)负责主管的情况之外。

⑦投资委员会(Investment Committee),应当有如下权力:代替理事会,处理除了适用于图书馆捐赠接受政策中提到的其他情况外的基于图书馆特定用途、利益或目的而开展的资金的投资与再投资业务;挑选独立投资顾问、投资法律顾问、投资主管、银行或信托公司等投资代理人,并与其签署合同,对其进行授权,根据投资代理人及投资类型分配资金,为投资主管确立投资目标和指导方针,授权支付对他们服务的补偿,审核关于其表现的业绩报告,并且可与上述的任意投资代理人终止合约。

⑧提名委员会(Nominating Committee),负责理事会及委员会成员以及管理层人员的候选人挑选工作,在理事会年会(或者其他可举行选举的理事会会议)召开至少5天之前,向理事会提交候选理事或其他需要理事会、理事会委员会、主席、副主席、行政主管、秘书长、助理秘书长、财务主管或助理财务主管等进行挑选或任命的管理人员及工作人员的名字。

⑨项目规划及政策委员会(Program and Policy Committee),主要负责购买或者通过捐赠等其他形式,添置与指导方针相符、经理事会同意的研究馆藏;依据“图书馆物品出售及处理政策”或其他理事会通过的后续政策的相关规定,进行研究馆藏物品的出售;依据贷款业务指导方针或其他理事会通过的后续指导方针或政策的规定,进行研究馆藏物品的贷款。此外,在满足图书馆用户需要的同时,能够最大限度地利用图书馆空间和资源,项目规划及政策委员会应当有权审查有关图书馆所有非金融业务运行情况、相关政策、项目及展览管理、馆藏和服务建设等情况,并向理事会提出建议。

常设委员会只能由表决理事和终身理事组成,但理事会可任命非理事担任任意常设委员会或其下属小组委员会的顾问、不投票成员。其中,执行委员会至少应当有九名成员,包括理事会主席、行政主管、所有想在执行委员会任职的理事会副主席、所有兼任图书馆管理人员的理事、所有在常设委员会担任主席职位的理事以及其他提名委员会推荐或理事会推选的理事会理事或基金会理事。其他常设委员会则只需有三名以上的表决理事即可。

特殊委员会则是理事会根据特殊事务增设的机构,在特殊事务处理完毕之后即可解散。其中应该包括至少五人,大多数成员应当为表决理事,并且每个特殊委员会都只能拥有理事会决议案中特别授权的权力。

不论是常务委员会还是特殊委员会,其成员一般都是由理事会在年会上指定的,额外的指定或任命可在任意一次理事会的后续会议中进行。在年会之后的第一次会议上,常务委员会和特殊委员会应当选出自己的秘书长,并且秘书长可以不是委员会的成员。之后每次委员会会议都应将会议记录在案,并向图书馆的秘书长提供副本,同时委员会主席本人或授权他人向执行委员会和理事会全体理事提供对其相关举措建议的口头或书面报告。

(3)管理层的产生方式及职责

为了保证图书馆的日常工作能够正常开展,理事会有权根据提名委员会拟定的候选名单,投票推选并任命图书馆的管理层人员,负责领导各具体部门工作人员,完成图书馆日常事务的执行工作。

图书馆的管理层应当包括以下人员:理事会主席;一个或多个理事会副主席;一个行政主管;一个首席图书馆管理者;一个安德鲁·梅隆基金会主管;一个负责公共服务的副行政主管;一个首席运营官;一个首席财务官;一个或多个高级行政主管,副行政主管及助理行政主管;一个秘书长;一个财务主管;一个法律顾问;一个首席投资官以及相应的秘书长助理,财务主管助理和其他理事会选出的管理人员。理事会还可以推选一个或多个可对图书馆事务提出建议,但无需对图书馆事务承担相应责任的荣誉管理人员。

各管理人员分工明确,对理事会及直接上级领导负责,分别负责图书馆不同类型事务的具体执行及管理职责。其中,需要注意的是理事会主席、行政主管及首席图书馆管理者这三者的职责分工内容情况。

理事会主席主要负责领导理事会发挥对图书馆事务的管理及监督作用。具体而言,其职责范围包括主持理事会的所有会议,并且作为所有委员会的成员,拥有所有委员会决议过程中的投票表决权。

行政主管同时也是图书馆的首席行政官,行使对图书馆事务及管理层各高级主管工作表现的监督职责。行政主管也应当被认为是董事会及其下属的除薪酬委员会和审计委员会之外的所有委员会的成员,拥有投票表决权。并且,行政主管还有权对除了内部章程明确规定由董事会任命的所有职员进行任命、停职或移职。

图书馆首席行政官是对图书馆理事会及行政主管负责的图书馆业务主管及馆长,主要负责图书馆具体事务的行政监督权和管理权,如对各分馆具体事务、馆藏资源及服务建设、用户体验调查等方面。并且,其具体的权利及义务范围是由董事会及董事会主席决定的。

这三者在权利及义务上存在重叠部分,如行政监督权,因而容易产生混淆。但是,理事会主席对理事会负责,参与的是图书馆整体发展情况的行政监督权;行政主管则主要负责对管理层各高级主管具体工作的行政监督,对理事会及主席负责;图书馆首席行政官则是在理事会及行政主管的监督下,行使对图书馆各具体事务运作的监督①。

(4)运行机制

图书馆在运行过程中不单单通过内部机构的分工与制衡提高图书馆工作的业务效率,还通过外部的监督约束机制对其工作表现进行评估。

①内部分权制衡制度

内部分权制衡制度具体主要体现在职能分工机制、用人机制、薪酬分配机制和绩效评价这几方面。

在职能分工机制方面,总体上看,纽约公共图书馆是由理事会进行决策,交由图书馆管理层及其下属部门执行具体业务操作,全过程再由理事会及委员会共同监督。上至理事会、委员会,下至管理层各高级管理人员,图书馆都在其内部章程中对其具体职责范围做出了明确规定,使各部门及其工作人员能够各司其职。

在用人机制方面,理事会理事、委员会委员以及各高级管理人员一般都应当由提名委员会拟定候选名单,再经理事会投票决定进行任命。整个过程公开透明,确保人才得到重用。

在薪酬分配机制方面,理事会成员本身并没有薪酬津贴,图书馆管理人员及工作人员是有工作报酬的。并且,为了确保理事会成员没有机会借职务之便谋取私利,薪酬委员会、审计委员会、财务委员会等都制定有比较严格的规定,对理事的行为进一步进行了规范。

在绩效评价机制方面,除了各部门上级领导对其的直接评估之外,理事会设置的各类常设委员会分别负责审核各部门的具体业务,并针对其评估表现,向理事会汇报并提出相关

---

① President and Leadership [EB/OL]. [2014 - 01 - 05]. http://www.nypl.org/help/about-nypl/president-and-leadership.

建议。

这些机制促使内部各部门及工作人员能够明确自身的职责范围，并能够有效对其进行绩效评价与监督，促使各业务部门工作效率能够有效提高。

②外部监督约束机制

图书馆的外部监督约束力量主要来自政府相关部门及社会群众。政府对图书馆进行监督的方式主要有两种：一是派遣代表作为理事会成员，参与到图书馆业务的决策与监督工作中。纽约市市长、审计官、议会发言人等都可亲自参加或者派人参加图书馆理事会的各项工作，监督图书馆是否依照有关法律规定正常运转。二是审核图书馆年度财务预算报告、财务报表等财务报告，以此确定需要向图书馆投入资金的数目。纽约公共图书馆的日常运营及维护资金主要来自基金会收入、社会捐赠及政府投入，并且以政府投入为主。因此，在图书馆定期公开的年度财务预算报告、财务报表等文件中，会具体罗列出各类资金来源的数目，以及该年度图书馆需要支付的各类项目运作、基本建设等所需费用，政府可以根据这些财务报表对其工作进行监督。

社会群众则主要通过图书馆定期公开的财务报表、年度报告等文件，对其工作成效进行监督，并且可通过直接给理事会主席及其他高级主管写信、网络留言等方式行使监督权力。

2. 加拿大国家美术馆的法人治理结构

加拿大民众期望其政府和公共事业单位能够提供高水准的服务效率与效益。加拿大国家美术馆通过采取法人治理结构，力求达到并满足公众的这一期望与要求。在《博物馆法案》的规范要求下，美术馆理事会是其管理运行主体，通过加拿大遗产与官方语言部部长向议会提交报告述职。理事会成员由文化遗产部部长提名、内阁总理任命。理事会负责保证对该机构的资源投入均能被明智审慎地使用，以达成其目标。理事为美术馆提供战略指导，监管其商业行为，关注并恰当解决重要问题。

（1）法人治理的法律基础和管理依据

加拿大国家美术馆的管理运行基于两部法律：《博物馆法案》（*The Museums Act*）和《财政管理法案》（*The Financial Administration Act*）。《博物馆法案》强调加拿大各民族都是文化遗产的重要组成部分，必须为当下和未来子孙保存，加拿大所有博物馆都是依据这项法案建立的。该法案还概括出了国家美术馆的目标、职能和权责。《财政管理法案》为加拿大政府提供了财政管理的法律依据，也为皇家公司的财务管理和运营提供了依据。国家美术馆从1990年《博物馆法案》颁布时就是加拿大的皇家公司之一。

（2）理事会及其职能

加拿大国家美术馆实行的是理事会治理结构，其核心领导决策组织是理事会，共由11位成员组成。其中主席1人，通常由理事会聘请并委派权威担任，对美术馆进行全面管理，现任主席是迈克尔·蒂姆斯，另外设副主席1人，理事9人。理事成员包括政府代表、业内专家以及普通民众。理事会会议按季度召开，其中1次在首都之外地区召开，两次会议召开期间则以电话会议为补充。

理事会的职能包括以下六个方面：确定组织的发展方向，并制订战略规划；监管国家美术馆各方面的运营状况，并负责向国会报告；对组织进行风险管理，如对美术馆的资产、财务状况、重要决策等做出风险评估；建立并执行审计制度；制定相关政策；确定接班人选并履职；开展组织自我评估。

(3)理事会与管理部门组织架构

加拿大国家美术馆理事会共设有6个肩负不同具体职能、分领域协调开展工作的委员会。分别是:执行委员会(the Executive Committee)、并购委员会(the Acquisitions Committee)、审计与财务委员会(the Audit and Finance Committee)、管理与任命委员会(the Governance and Nominating Committee)、人力资源委员会(the Human Resources Committee)、项目与提升委员会(the Programs and Advancement Committee)。其中,执行委员会的主席是由董事会主席兼任的,且董事会主席是理事会的当然委员,在所有委员会中都拥有投票表决权。

国家美术馆的日常管理与运营是由管理团队具体负责的,这个由多个职能部门组成的管理团队可以说是一个职业经理人团队,分工明确、协调配合,共同达成组织目标。在团队中,最高决策领导称为主任和CEO,其下有NGC基金会主任、副执行官、CEO办公室主任、部门主任以及职员共40余人①。其管理与隶属关系如图7-2所示:

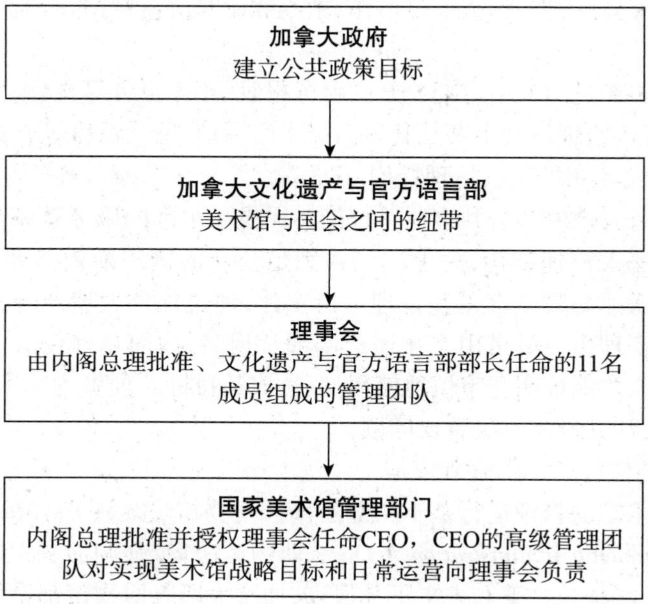

图7-2　加拿大国家美术馆管理与隶属关系图②

四、国内试点理事会的现状与问题

1. 深圳图书馆的法人治理结构③

2007年8月13日,深圳市发布了《深圳市建立和完善事业单位法人治理结构实施意见(征求意见稿)》,提出了事业单位法人治理的框架:事业单位将成立由理事会、执行层和职

① National Gallery of Canada. Gallery Management[EB/OL].[2014-02-28]. http://www.gallery.ca/documents/planning%20and%20reporting/orgEN.pdf.

② National Gallery of Canada. Summary of the Corporate Plan for 2013-14 to 2017-18 and Operating and Capital Budgets for 2013-14[EB/OL].[2014-02-28]. http://www.gallery.ca/documents/planning%20and%20reporting/NGC_CorpPlan13_EN.pdf.

③ 肖容梅. 深圳图书馆法人治理结构试点探索及思考[J]. 中国图书馆学报,2014(5):14—18.

工大会组成的法人治理结构。理事会是事业单位的最高权力决策机构,行使事业单位的决策权。理事会成员由政府部门代表、社会人士、行政执行人等多方组成。理事(含理事长)由事业单位举办主体任免。管理层由行政执行人员及其副职、财务负责人组成,作为法定代表人负责事业单位日常工作。行政执行人由理事会提名,对理事会负责,定期向理事会汇报事业单位的运行管理状况。职工大会决定事业单位涉及全体职工切身利益的重大事项,全体职工 2/3 以上通过后方可提交理事会审议。三者相互分离、相互制衡。深圳图书馆被列为深圳市首批建立和完善事业单位法人治理结构的试点单位之一,同时被列入中央编办与深圳市共抓的试点单位。

2010 年 12 月,市文体旅游局在深圳图书馆举行了深圳图书馆理事会揭牌仪式,聘任了首届理事;随后召开深圳图书馆第一届理事会第一次会议,审议通过了理事会章程及决策失误追究、审计与绩效评估、年度报告、信息公开四个配套制度。以本次会议为标志,深圳图书馆法人治理结构开始进入实施阶段。

此后,按照理事会章程的规定,理事会相对定期地召开会议,到目前为止,已召开 8 次理事会会议。会议议题依据章程规定的理事会职能确定,主要包括审议半年或全年工作报告、次年工作重点、管理层人选、绩效分配方案等。理事会成员对图书馆工作报告进行审议并提出意见,对存在的问题与不足提出改进思路与要求,且非常注重应用绩效指标来考察图书馆业务的增长性。随着理事会的建立和相关工作的开展,图书馆的年度报告制度和信息公开制度等也逐渐规范地建立起来。

目前的情况是,深圳图书馆理事会是深圳图书馆的决策机构,负责确定深圳图书馆的发展战略和发展规划,拥有重大事项议事权和决策权。理事会对深圳市文体旅游局负责。理事会的基本职能包括:审议决定图书馆章程和基本管理制度;审议决定图书馆的长期发展战略和发展规划;审议决定图书馆的年度工作计划、年度工作报告;审议图书馆薪酬分配方案;审议图书馆财务预算草案;审议市文体旅游局提名推荐的馆长(行政执行人)人选;审议馆长提名推荐的副馆长人选;聘任和更换专业委员会或咨询委员会组成人员;评估馆长和管理层的年度工作,组织对图书馆的绩效评估工作;评估专业委员会或咨询委员会的年度工作;促进图书馆与政府、社会公众等的沟通。

理事会由政府部门代表、社会人士、行政执行人等组成,理事暂定 11 名。其中政府部门代表 2 名;行政执行人 1 名;图书馆员工代表 1 名;社会人士 7 名,其中社会科学界 1 名,文学艺术界 1 名,科技界 1 名,教育界 1 名,图书情报界 2 名,读者代表 1 名。理事采用选任制或委任制产生,由市文体旅游局履行任免程序。其中,政府部门代表理事由与图书馆服务相关的政府职能部门推荐,并按规定报组织或人事部门核准;社会人士理事由图书馆行业组织或市文体旅游局认可的其他民间组织推荐。理事每届任期 3 年,可以连选连任。理事空缺时按规定程序补充并委任,新任理事完成当届余下任期。借鉴国外公立机构或非营利组织理事会管理模式,理事为不授薪的社会公益职位,不能领取薪酬,可获得合理范围内的交通补贴。理事会会议一般由理事长定期召集,一般一年不少于两次。理事会会议应由 2/3 以上理事出席方可举行。理事会会议的表决,实行一人一票。会议决议实行多数表决原则,当表决票数相同时,理事长有权投决定票。在理事会闭会期间,可以通过传真、电子邮件等通信表决方式处理事务。涉及全体职工切身利益的重大事项,按照有关规定提请职工代表大会讨论或审议,理事会在决策时应充分考虑职工代表大会的意见。

2. 广州图书馆与顺德文化艺术中心的法人治理

广州图书馆于2012年被纳入广州市事业单位法人治理结构第二批试点单位,于2012年4月起开始了理事会筹建及《广州图书馆章程(草案)》起草的工作,经过4个月紧张有序的工作,市文广新局于7月18日批复同意了广州图书馆理事会成立的申请。7月31日,广州图书馆理事会成立大会暨第一次会议召开,任命分管副局长为理事长,提名并选举图书馆馆长任副理事长,讨论并原则性审议通过了《广州图书馆章程》①。新成立的广州图书馆理事会被定位为广州图书馆的决策机构和监督机构,理事会向举办单位报告工作。理事会共有15名理事,其中5名是政府机构代表,分别来自广州市人大教科文卫委员会、广州市机构编制委员会、市财政局、市人力资源和社会保障局、市文化广电新闻出版局;社会成员代表5名,其中图书馆行业专家1名,文化艺术、地方历史等社会人士代表2名,服务对象代表2名。分别由市图书馆学会、市文史研究馆、中山大学历史系、读者推荐或选举产生;图书馆人员代表5名,由馆长、党委书记担任2名当然理事,副馆长、馆员代表和职工代表各1名,由本馆推选产生。从人员构成上来说,尽可能地体现并兼顾了公共利益。理事每届任期4年,理事会每半年召开一次定期会议,并视需要召开不定期会议。《广州图书馆章程》规定了理事会的宗旨和业务范围、明确了理事会的权利和义务以及理事会的构成和管理制度等相关原则,目标着眼于对涉及重大专业事项、对涉及全体员工切身利益的事项按照有关规定进行讨论或审议。

作为广东省佛山市顺德区首批试点成立的法定机构,顺德区文化艺术发展中心于2012年9月正式挂牌成立。2012年6月由顺德区人大常务委员会通过的《佛山市顺德区文化艺术发展中心管理规定》规定,理事会是中心的决策和监督机构,负责审议该中心的发展规划、重大业务开展计划,可以审议决定本机构的内设机构设置、用人计划、薪酬分配,并可以根据需要提出机构变更和职能调整的建议。

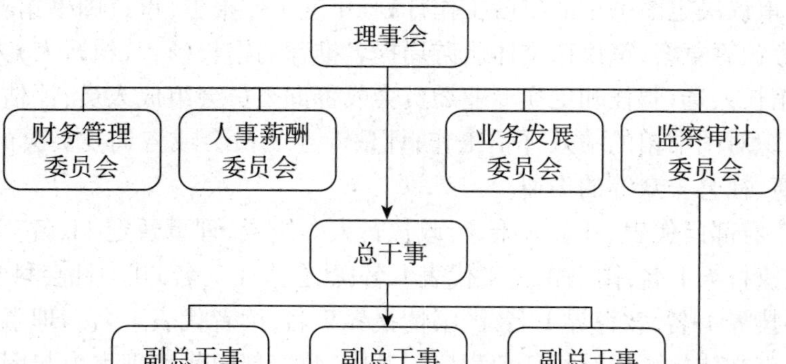

图7-3 佛山市顺德文化艺术发展中心理事会结构示意图

① 广州图书馆理事会成立大会暨第一次会议隆重召开[EB/OL].(2012-08-06)[2014-02-06]. http://news.hexun.com/2012-08-06/144420914.html.

中心的资金主要源于政府拨款,但政府对理事会的决定并没有太多干涉,仅仅是给出一些方向性的指导,并通过考核指标评定理事会的运行水平。理事会成员包括美术、音乐、摄影、演出经纪、唱片等行业的专家,以及律师、会计师等专业人士。虽然规定仍需接受区文体旅游局、相关政策部门的指导和监督,但目前13名理事中,仅有两人为政府部门代表,其余来自区内文化企事业单位、社会组织。不同领域和专长的理事共同参与中心决策工作对有效整合社会资源,举办活动起到了良好作用,如在推荐或介绍一些演艺资源,牵线与社会企业投入资金,挖掘优秀的演出项目等方面,理事们都发挥了重要作用。

3. 实践中凸显的问题

(1)有法人之名、无法人之实,政事不分的体制障碍难以祛除

法人治理结构作为政府转变职能、管理机制体制创新的重要手段,其基本逻辑是将决策权交予理事会(从直接到间接),不再干涉具体事务(从微观到宏观),同时制定法律法规或规章,明确各自的权利义务(从行政管理到法人治理),从而使机构成为独立的事业法人,在独立承担民事责任的同时,能够自主行使权力,灵活处理事务,寻求多元发展空间,适应社会发展需要,满足社会公众需求,不断提升自身服务水平。由此可见,政府职能的转变是公共文化机构法人化、理事会发挥作用的前提条件,法人治理结构的核心问题归根结底是政府与公共文化机构法人的关系问题,以及政府部门、理事会、管理层的权责划分问题。

目前,“政事不分”的体制特征仍是制约我国各级政府主管部门在法人治理结构建设过程中的瓶颈,“去行政化”还有待时日。主管部门从自身利益考虑,不愿放权、不想改革,怕失去对事业单位的话语权,因此权力下放不彻底。理事会的定位不是真正的决策权力机构,而是定位为议事和决策机构,能实际发挥作用主要是依靠部分重大业务事项的审议权,对于人、财、物的管理决策权难以发挥。这一问题具体表现在两个方面,一方面既没有政府主管部门对公共文化机构的权力清单,从而导致了政府行为越位;另一方面也没有政府主管部门对公共文化机构的责任清单,从而导致了政府行为缺位。

(2)法人治理难以突破现行管理体制

章程规定,遇到重大问题管理层要向理事会报告,但理事会的理事长都是由主管部门的分管领导兼任,理事长作为主管部门的副职需要再向主要领导汇报才能决策,造成层次多、效率低。如目前广州图书馆重大事项的决策权,仍然在市文广新局,业务或其他事情的决策权则由文广新局和理事会共同决定。

(3)法人治理缺乏相应的配套政策

理事会的整体框架虽已搭建完成,但对于许多需要整体统筹和推进的核心内容,尚未形成完整的配套方案和制度。法人治理建设的目的是要理顺举办单位与事业单位的关系,落实事业单位法人自主权,使事业单位真正成为依法自主运作、独立承担法律责任的公益服务主体。现实是法人治理的架构搭建后,人事、财政等相应的配套政策不完善,原有管理体制没有改变或改变不彻底,无法体现法人治理结构的优越性。另外,理事会章程的修订与地方立法也未能及时跟进。

(4)缺乏专业委员会的支撑

理事会成员尽管有不同的专业背景与能力,但从国外实践来看,理事会通常还需要专业机构、专业人员的支撑。如大英图书馆理事会设立的常务委员会有审计委员会、薪酬委员

会、资本项目委员会和投资委员会①。波士顿公共图书馆的理事会由四个委员会和两个特别小组构成,分别为资金项目委员会、馆藏委员会、财政和审计委员会、市场营销和筹资特别小组、社区服务委员会以及技术特别小组②。

(5)缺少治理文化与社会荣誉机制

理事会制度是西方发达国家普遍通行的文化机构治理方式,但在治理文化缺失的我国,这种制度却是新的舶来品,尚显得水土不服。理事作为不受薪的社会公益职位,其社会价值没有得到广泛宣扬,理事的社会荣誉机制不健全,人们对此普遍缺乏了解,参与社会事务治理的意愿不强烈,导致担任理事的动力不足③。

五、公益性文化事业单位法人治理结构框架

2013 年党的十八届三中全会《中共中央关于全面深化改革若干重大问题的决定》中提出,"明确不同文化事业单位功能定位,建立法人治理结构,完善绩效考核机制。推动公共图书馆、博物馆、文化馆、科技馆等组建理事会,吸纳有关方面代表、专业人士、各界群众参与管理"。概括来说,文化事业单位法人治理结构的核心要素有三个:一是决策层建立理事会制度;二是管理层实行行政首长负责制;三是管理和运行实现"章程化"。框架分为内部治理和外部监督两大部分,内部治理的决策主体是理事会,执行主体是管理层;外部治理则受利益相关者、公众、媒体等主体的监督和影响。如图 7－4 所示:

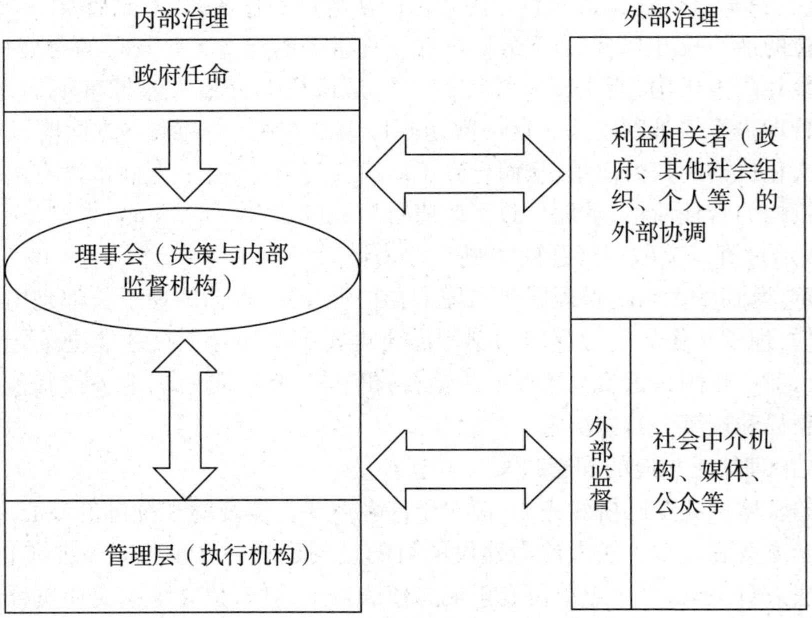

图 7－4　公益性文化事业单位法人治理结构框架图

① 梁奋东. 西方图书馆理事会[J]. 深图通讯,2008(2):15—17.

② 冯佳. 国外公共图书馆理事会制度及启示——以美国波士顿公共图书馆理事会制度为例[J]. 图书馆建设,2010(6):93—97.

③ 肖容梅. 我国公共图书馆法人治理结构建设现状与分析[J]. 国家图书馆学刊,2014(3):22—28.

在我国建立公益性文化事业单位的法人治理结构，一方面要坚持政府在公共文化服务体系建设中的主导地位；另一方面要贯彻“政事分开”的原则，推动文化事业单位组建理事会，使政府从“办文化”向“管文化”转变。同时通过治理方式的转变，激发公益性文化事业单位的社会活力，使其能够独立健康运行。

1. 理事会

理事会是公益性文化事业单位法人治理结构的决策权力机构，负责确定机构的发展战略和发展规划，行使机构的重大事项决策权。理事会是法人治理结构的核心，对其举办主体负责。

理事会的职能包括：审议决定组织机构章程、理事会章程、基本管理制度及组织机构的长期发展战略和发展规划；提名或通过公开招聘推荐负责人人选；审议决定机构年度工作计划、工作任务、工作目标、绩效指标、服务标准和年度报告；审议组织机构的用人计划、激励考核机制、财务预算方案、薪酬分配方案、重大资产处置方案；聘任和更换专业委员会或咨询委员会组成人员，评估法人和管理层的工作，评估专业委员会或咨询委员会的工作；促进组织机构与政府、社会公众的沟通，履行章程规定的其他职权等。

理事会成员由政府部门代表、社会人士、行政执行人等组成，并以社会人士为主。理事采用选任制或委任制产生。理事长由举办主体提名，按照干部管理权限报批或备案；其他理事由举办主体履行任免程序，其中，政府部门代表由与组织机构服务领域相关的政府职能部门推荐，社会人士由组织机构所处行业的行业组织或举办主体认可的其他民间组织推荐。

理事会可设立咨询委员会或人力、财务、审计等各类专业委员会，聘请社会专业人士担任委员，为理事会决策提供专业咨询和管理咨询服务。委员会成员的具体职能、选聘办法和权限应经理事会会议审议批准，并予以公示。委员会成员受聘期间，向理事会负责。

2. 管理层

管理层是法人治理结构中的管理执行机构，具体负责组织机构的日常运行与业务管理，由一把手及其副职组成管理层。一把手作为行政执行人，是组织机构的法定代表人，全面负责组织机构的日常工作，参与理事会决策，定期向理事会汇报机构运行管理状况，对理事会负责。

理事会与管理层的关系是：理事会通过理事会章程和理事会会议行使议事权和决策权，支持管理层工作，不直接参与图书馆管理；管理层执行理事会决议，接受理事会监督，为理事会工作提供便利和保障。

管理层的基本职责包括制订发展规划、绩效指标和服务标准，实施年度工作计划，编制年度报告；决定聘任或解聘除应由理事会决定聘任或解聘以外的人员；提出组织机构的用人计划、激励考核机制、财务预算方案、薪酬分配方案、重大资产处置方案等。管理层的成员任选可由举办主体协商理事会提名产生，也可由理事会通过公开招聘产生，并上报主管部门批准备案。

3. 参与和监督机制

法人治理结构要求建立内外结合的监督约束机制。内部监督包括理事会的监督和职工民主监督。理事会对法人实施监督，并对财务进行审计监督；职工民主监督是要加强职工的民主参与，积极发挥工会作用，对涉及全体职工切身利益的重大事项，按照有关规定提请职工大会讨论或审议。理事会在决策时应充分考虑职工代表大会的意见。

外部监督包括政府主管部门的监督,以及由公众、媒体所形成的社会监督。政府主管部门的监督通过委派理事会成员并出席理事会会议来实现,同时可通过行使对高层重要职位的人事管理权及对账务、账目的定期审计进行管理。公众监督则主要通过年度报告制度、绩效评估制度、信息公开制度实现。

第三节　文化非营利组织及其培育

一、政府、市场失灵与非营利组织的出现

一般而言,非营利组织(Non-profit Organization,简称 NPO)是指介于政府和企业之间的社会组织。目前学界对"非营利组织"的概念界定意见尚未统一,还有许多相关称谓或近义术语混用或并用,如"社会团体""第三部门""非政府组织""独立部门""免税组织""志愿组织"等。但许多国家的法律对非营利组织的含义均有界定或界定标准。如美国法律对非营利组织的界定是通过组织是否具有免税资格加以认定的,即满足免税条件的组织在法律上被认可是非营利组织。英国对非营利组织的认定标准如下:该组织为公众而非私人利益设立;该组织雇用一些志愿服务、不领薪水的人员;领薪水的人员放弃应有的报酬(如接受比一般行情低的薪水);盈余不得分配给会员;不支薪会员的理事负责管理该组织事务;其资金来自不同的组织。日本法律规定,非营利组织是指不以营利为目的,并且其收入不得用于分发给成员的社会组织,但非营利并不意味着不能参加营利性经营活动,而是必须把各种收入用于公益事业①。

西方学者认为,政府和市场的双失灵导致了非营利组织的出现和存在。美国经济学家伯顿·韦斯布罗德最早从这一角度进行阐释,采用剩余分析的策略论证非营利组织存在的必要性。他认为,政府、市场和非营利组织在满足个人物品的需求(包括私人物品和公共物品)方面存在相互替代性。政府在提供公共物品和服务上存在缺陷,不能满足不同消费者对公共物品的异质需求,即政府失灵;同时,公共物品也无法由个别消费者或生产者通过市场交易提供,即市场失灵。政府和市场的双失灵导致了对非营利组织的功能性需求,这也是非营利组织存在的原因。在韦斯布罗德的分析框架中,政府、市场和非营利组织都是满足个人对于公共物品需求的存在,具有相互替代性;非营利组织在捐赠人的资助、志愿者的无偿劳动以及政府的支持下才得以存在,政府和非营利组织在满足公众需求的背景下共同存在,是互补关系。

事实上,随着社会的不断发展和进步,发达国家的社会三大部门(政府部门、企业和社会公益组织)的结构和运行机制发生了变化,按照市场化的要求进行改革和分工调整,促使社会公益组织以"非营利"的方式迅速发展。"非营利组织"作为社会公益组织,区别于政府部门和企业,以"民间"身份从事社会公共服务,但在经济上独立核算、自主经营、自负盈亏。由于它的"非营利"性质,发达国家在法律上为了使其区别于营利性的商业组织,对其有所限制:一是不以营利为目的;二是任何单位和个人不能因为出资而拥有非营利组织的所有权,收支结余不得向出资者分配;三是非营利组织一旦清算,清算后的剩余财产应按规定继续用

---

① 李晓明. 国内外非营利组织研究述评[J]. 西北大学学报(哲学社会科学版),2007(9):130—147.

于社会公益事业，即非营利组织的资产在一定意义上是“公益或互益资产”，属于社会，不归组织经营者所有。也就是说，非营利组织要同时具备非政府性、非营利性、志愿公益性三大基本特征。

二、国内外的文化非营利组织

在推动文化艺术事业发展方面，欧美国家确立了一整套相关的赞助和投资保护法，赞助与投资文化艺术的组织或企业可获得减免税收的制度，这是各类非营利组织得以存在和发展的最根本原因。例如美国拥有世界上最多的非营利组织，其原因有两个：一是税收优惠政策；二是高额遗产税的压力，促使了基金会的成立，以捐赠形式减轻税务负担。美国的税法规定，年利润和遗产收入等本该交税部分，可以有30%捐给私人基金会或50%捐给公立基金会，而且捐款人不仅可以成为基金会的董事，有权参与基金会政策制定等事务，同时慈善捐赠也是社会地位的象征，加之美国公民较强烈的社会参与与奉献意识，使得非营利性质的基金会等组织不断出现。

在我国，2006年《国家“十一五”时期文化发展规划纲要》中提出鼓励社会力量捐助和兴办公益性文化事业单位。2013年党的十八届三中全会《中共中央关于全面深化改革若干重大问题的决定》中提出，要“引入竞争机制，推动公共文化服务社会化发展。鼓励社会力量、社会资本参与公共文化服务体系建设，培育文化非营利组织”。一直以来，在公共文化服务体系的建设过程中，虽然强调政府主导，但并不排斥资源供给和服务提供手段的市场化。在公共文化服务领域引入市场竞争机制，并非是对政府和公共财政在发展公共文化服务事业方面的主导作用的否定，也不意味着我国公共文化服务事业的改革发展要以市场化为目标趋向。恰恰相反，这样做的目的是针对长期以来我国公共文化服务领域存在的单一国有资本投资体制和投资效益低下、基础设施落后与覆盖面窄的城乡“二元结构”问题，以及国有文化事业单位机制死板、服务数量不足、服务质量普遍较差的问题。如果用市场化手段供给公共文化产品和服务，就必须有竞争主体存在，因而要培育一批文化非营利组织，这些组织实际上就是公益性文化事业单位的竞争对手，其目的是通过引进市场竞争机制和非公有制资本，优化公共文化服务事业的微观主体，提高公共财政的投资效益，推动国有文化事业单位的改革和机制转换，由此制造出竞争态势，激活公益性文化事业单位的活力，同时拓宽公共文化服务渠道和范围，增强公共文化服务的开放性，从而有利于发挥政府和公共财政在发展公共文化服务事业进程中的主导和主体作用，加快我国公共文化服务事业的发展步伐。另外，2008年1月实施的《中华人民共和国企业所得税法》第九条明确规定，“企业发生的公益性捐赠支出，在年度利润总额12%以内的部分，准予在计算应纳税所得额时扣除”。第二十六条第四款又规定，符合条件的非营利组织收入为免税收入①。这些政策导向，都为推动中国本土文化非营利组织的建立与发展提供了保障。

1. 英格兰艺术委员会

在英国，中央政府采取经“一臂之距”，即经由中间环节拨款的方式，把资金间接地分配给艺术组织或艺术家。具体而言，就是中央政府主管部门——文化、媒体与体育部，只负责制定文化政策和财政拨款，没有直接管辖的文化艺术团体和文化事业机构，具体管理事务交

① 引自《中华人民共和国企业所得税法》。

由中介机构——非政府公共文化机构,即各类艺术委员会负责执行,对文化团体和组织进行评估和拨款。这些中介性质的非政府公共文化机构实际上就是文化非营利组织,它们通过具体分配拨款的形式,负责资助和联系全国各文化领域的文化艺术协会、组织、团体、机构和个人,形成全社会文化事业管理的网络体系。政府虽然不能对文化单位直接提供资金支持,但可以通过具体拨款方式对非政府公共文化机构在政策上加以协调,体现政府对文化艺术的管理目标和支持重点。在履行"一臂之距"原则的37个非政府公共文化机构中,又分为31个执行性非政府公共文化机构、5个咨询性非政府公共文化机构和1个仲裁性非政府公共文化机构。其中起决定性作用的是31个执行性非政府公共文化机构,这些机构的工作人员是半官方或非官方的文化从业人员、文化志愿者以及某一文化领域的专家学者,由其组成执行性非政府公共文化机构来代表政府具体管理文化事务。在具体执行文化政策的过程中,对文化机构和文化个人应该如何给予支持或给予何种程度的支持,都是由执行性非政府公共文化机构的专家决定的,而不是由政府文化主管部门的负责人决定。但与此同时,这些执行性非政府公共文化机构也必须向政府、议会和公众说明和解释其所做决定的合理性与正确性。

英格兰艺术委员会(Arts Council England,简称ACE)就是与英国文化、媒体与体育部合作的31个执行性非政府文化机构之一,也是排在第一位的文化非营利机构,肩负着发展并投资公共文化艺术、丰富民众生活的任务。其前身是1940年根据皇家宪章成立的英国音乐艺术促进委员会。英格兰艺术委员会支持一系列的艺术、博物馆和图书馆活动,且内容形式多样,包括数字化、艺术、阅读、舞蹈、文学、音乐、手工艺、艺术收藏品等方面。

英格兰艺术委员会是英国文化艺术领域最大的投资者,2011—2012年间,共向文化艺术领域投入了来源于国家财政补贴的3.93亿英镑和来源于国家彩票基金的2.11亿英镑,共计6.04亿英镑。其具体支出如表7-1所示:

表7-1　英格兰艺术委员会2011—2012年度机构经费支出情况

赞助项目	金额(亿)	所占比重(%)	备注
机构定期资金	3.14	52	分配给包含南岸艺术中心、北方歌剧院在内的共计831个文化艺术组织和团体
发展资金	0.32	5.3	给予新的文化艺术团体或项目,并建立新的合作关系
艺术与其他彩票项目资助	1.72	28.4	由国家彩票基金负责提供资金的开放式获取资金项目
创意、文化与教育	0.17	2.8	通过创造性学习和文化教育拓展提升孩子和家庭的事业和能力
博物馆与图书馆	0.018	0.3	逐步接管原博物馆、图书馆和档案馆委员会职能中的博物馆与图书馆事业发展部分
奥运会交付基金	0.29	4.8	2012英国伦敦奥运会相关项目投入
维持费用	0.39	6.4	机构自身运营费用,包括人员、房屋、技术等

数据来源:英格兰艺术委员会年度报告(Arts Council England Annual Review,2011—2012)。

根据其五年规划，2011—2015 年间，英格兰艺术委员会计划共投入来自政府的 14 亿英镑资金，以及来自国家彩票基金的 10 亿英镑资金用于发展文化艺术事业，并惠及全民①。其优先考虑发展的领域与项目包括商业模型与管理、儿童与青少年、创意经济、艺术家天赋发展、数字创新与创意媒体、文化多样性等方面。

2010 年起，英格兰艺术委员会采用了新的非执行董事会②的治理结构，成立了非执行董事会——国家委员会，全面负责组织的管理运行。英格兰艺术委员会的国家委员会由 16 位成员组成，同时也是基金的受托人；其中 1 人为国家委员会主席。成员均由国家文化、媒体与体育部长任命，任期 4 年，最多可连任一届。委员会要求所有成员均以组织的目标和宗旨为己任，为发展繁荣英国艺术文化而努力。

委员会的资金来源主要有两个，一是政府财政投入，二是国家彩票基金的分配收入；其他收入还包括分配基金的投资获利、社会及个人捐助等。如 2012—2013 年度委员会的总收入为 7.46 亿英镑，其中有 4.69 亿来自于财政拨款，占比例为 62.87%；2.7 亿来自于国家彩票基金，占比例为 36.19%；二者之和超过了 99%。另外还有分配基金投资获利收入 145 万英镑，其他收入共 560 万英镑③。

从目前情况看，英格兰艺术委员会所面临的最严峻的问题是经费的削减。2010 年 3 月，新的联合政府上台后随即宣布削减政府支出，大多数政府部门被要求实现 25% 及其以上的经费缩减目标，文化部门也不例外：英格兰艺术委员会即被要求在 2011 年 3 月底前裁掉 15% 相当于 640 万英镑的管理费。针对这一局面，英格兰艺术委员会也采取了相应的措施予以应对。早在 2009 年，委员会就开始针对经济危机对文化的影响问题展开研究，其中期结果表明，尽管会出现收入紧张问题，但仍会有一定的文化艺术观众群。因此，委员会积极拓展融资渠道，多方引入资金、开展项目合作，用以保护艺术组织团体、艺术家及从业人员。

2. 上海文化发展基金会

上海文化发展基金会成立于 1986 年 11 月，是应上海文化事业发展战略需要而建立的国内首家地区性（市级）文化类基金组织，也是上海地区成立最早、规模及影响最大的几家基金组织之一，接受上海市委宣传部的指导协调。基金会的宗旨是：筹措文化发展资金，资助公益文化，扶植文化人才，推动文化创新，促进文化交流，致力于上海文化事业的繁荣发展。其功能表现在四个方面：

（1）主导示范功能

以鲜明的政治导向、积极的社会效益、广泛的公益服务、国际化的操作规范，通过对优秀文化艺术项目的资助和支持，体现先进文化的主导示范作用。

（2）吸纳资源功能

通过基金会运作，将社会上有意资助文化的分散资金和资源集中起来，有效地投入文化事业的发展中去，为发展民族文化和人类进步做出积极共享；同时可以使分散的资金发挥规

---

① Who we are. Arts Council England[EB/OL].[2013 - 12 - 09]. http://www.artscouncil.org.uk/who-we-are/.

② 其成员是不在组织内担任职务的独立董事，对组织及事务起着监督、检查和平衡的作用。

③ Arts Council England. Annual Review[EB/OL].[2014 - 02 - 28]. http://www.artscouncil.org.uk/who-we-are/annual-review/.

模效益,使资助风险得到有效的规避和化解,使资助者支持文化发展的良好愿望得以实现。

(3)鼓励创新功能

通过对原创性、创新性、实验性项目的资助和支持,有力地推动文化新人的成长,吸引更多优秀的文化项目向上海汇集。

(4)扩大交流功能

通过吸纳"长三角"的资金和资源,促进上海与整个"长三角"的文化协作、融合和创新;同时通过与境外文化基金会的项目合作、相互委托、交叉资助,推动上海文化走向世界,参与国际竞争和交流,与各国的优秀文化成果共存共赢。

2003 年 3 月,基金会进行了重大改革,力求建立符合国际惯例的、规范的资助模式和运作机制。经过近一年全面的调整改革,自 2004 年起,基金会开始接受政府委托,按照"公平、公正、公开、高效、规范"的原则,面向社会开展对文艺创作和公益文化项目的资助、奖励、扶持贷款和投资,组织专家对申报项目进行评审,并对项目实施监管。其机构设置如图 7-5 所示:

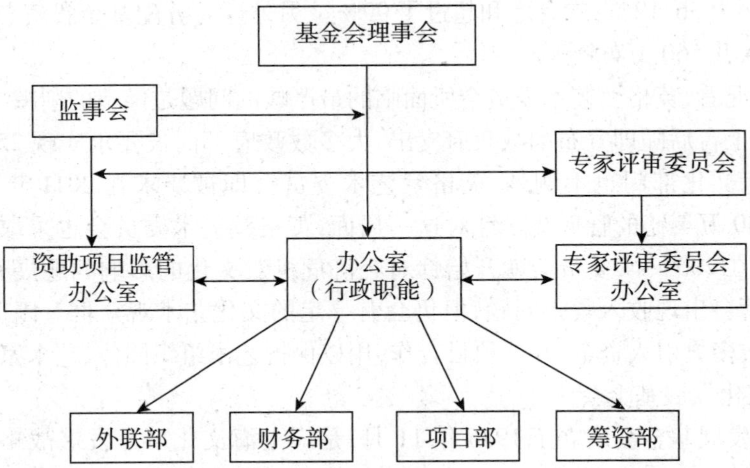

图 7-5　上海文化发展基金会组织架构图

目前,基金会理事会成员由主管部门负责人、国内外著名文化艺术家、社会知名人士以及企业家共同组成,共有理事 12 人,其中名誉理事长 1 名,理事长 1 名,秘书长由理事长兼任,另有副秘书长 1 名。每年召开理事大会一次,须有 2/3 以上的理事出席方能召开,其决议须经出席会议理事半数以上表决通过方为有效。理事会休会期间,由常务理事会负责工作。常务理事会由理事长、副理事长、秘书长及其他常务理事组成,并向理事会负责。

基金会的资金来源主要有三种途径:政府资助文化的资金、海内外组织或社会各界人士的捐赠,以及其他合法收入。资金使用首先需制订资助计划、方案、规划,并将资助范围、资助额度、申请办法、评审程序以及受资助者的义务向社会公布;随后,资助项目由专家评审委员会进行评审,并将结果报上级主管部门和常务理事会批准后,通过媒体向社会公布;同时,为了保障资助的有效性,对资助项目进行跟踪评估以及必要的调控。另外,理事会还制定了《上海文化发展基金会专项基金管理办法》《上海文化发展基金会资助项目监管办法》《上海文化发展基金会资助项目监管实施细则》等政策文件,经由上级委托部门批准,对基金使用和资助项目的实施过程进行监管。

基金会的资助项目涉及文化艺术的多个领域,同时鼓励创新并注重培养新人。2013 年度第二期上海文化艺术资助项目共有227项，其中上海市重大文艺创作资助项目21项，上海文化艺术资助项目60项，青年编剧资助扶持项目14项，上海大剧院艺术中心艺术发展基金资助项目13项，上海戏曲艺术中心艺术发展基金资助项目17项，上海文艺人才基金资助项目28项，上海图书出版专项基金资助项目74项①。

3. 国家艺术基金

国家艺术基金旨在繁荣艺术创作，培养艺术人才，打造和推广精品力作，推进艺术事业健康发展。国家艺术基金为公益性基金，资金主要来自中央财政拨款，同时依法接受自然人、法人或其他组织的捐赠。国家艺术基金重点围绕创作生产、宣传推广、征集收藏和人才培养四大方向进行资助，其中艺术创作是基金支持的重点。与人文领域其他类型的基金相比，艺术基金具有多样性、开放性、广泛性、复杂性的特点。和其他同类政府基金相比，艺术基金打破了体制、系统、行业和地域的局限，具有开放性和广泛性的特点，面向全社会，国有、民营、机构和个人。

国家艺术基金的成立有着深远的历史意义和重要的现实意义。首先，是贯彻落实十八届三中全会精神，“推进国家治理体系和治理能力现代化”的具体举措。国家艺术基金的成立，体现文化部门转变职能、创新艺术创作生产引导方式，推进我国艺术治理“管”“办”分离、激发全社会文化创造力。其次，是我国艺术资助评审体制转型的里程碑。国家艺术基金的成立形成了国家设立、政府主导、专家评审、面向社会的公益性基金模式。在资金来源上，它既发挥国家财政资金的主导作用，又充分调动社会力量的积极性；在申报和资助范围上，打破了行业、系统、体制和地域的限制，搭建了一个面向全社会的开放平等的平台；在评审主体上，它改变了主要由行政权力决策的格局，确立了各类专业、专家评估的重要作用，使评审更加科学合理；在运行机制上，实行决策、协调、执行、监督适当分设，实行公开、公正、公平的程序和操作，充分尊重广大公众的知情权、参与权，提升了管理部门的权威性和公信力。再次，国家艺术基金的成立，是完善文化投入模式的新探索。国家艺术基金改变了以往财政投入直接“养人”的模式，通过间接赞助、专家评审、社会监督、绩效考评等手段，充分发挥了财政资金的导向作用，保证资金投入和资金使用的公开、公平、公正、透明，也有利于督促被资助者努力提高资金使用效率。

国家艺术基金在组织管理上设立了理事会、管理中心、专家委员会。国家艺术基金理事会是基金的决策机构。国家艺术基金管理中心为文化部直属事业单位，具体负责基金管理和组织实施。国家艺术基金设专家委员会，建立专家库，承担基金的咨询、评审、监督等相关职责。目前，该基金已经审议通过了《国家艺术基金章程》《国家艺术基金理事会工作制度》《国家艺术基金财务管理办法》《国家艺术基金专家委员会管理办法》和《国家艺术基金项目资助管理办法》五个制度文件，这些文件均是国家艺术基金开展工作的准则；同时已于2014、2015年连续两年出台多个国家艺术基金年度项目申报指南，不断拓展资助领域，力求艺术领域和门类的全覆盖。

---

① 2013年度第二期上海文化艺术资助项目名单[EB/OL].[2014－02－28].http://www.shcdf.org/eastday/whjjh/node570211/node570232/u1a7802628.html.

三、文化非营利组织的优势与培育

文化非营利组织一般从事国民文化教育、提供文化消费服务，扶植传统文化和民族特色文化等方面的业务，已经成为社会文化领域中不可忽视的力量。如城市文化中心、社区图书馆、电视台、报社、博物馆、歌舞乐演出团体，以及一些中介性文化机构，都可以是非营利组织。这些文化非营利组织在公共文化服务中发挥着十分重要的作用，其优势也是不可替代的。第一，文化非营利组织区别于传统的事业单位，在体制和机制上更具有社会及市场的弹性和适应性，有利于持续不断地丰富公共文化服务内容，提高服务水准，优化服务结构；第二，文化非营利组织具有不趋利性，可针对社会低收入人群、边缘发展区域、不同知识群体开展分类服务，满足公共文化服务多层次多样化的需求；第三，文化非营利组织宜于将政府资源和市场资源对接起来，既可以充当政府和企业的"中间人"，又可以起到监督政府和市场的作用；第四，通过文化非营利组织，可以搭建起社会化平台，建立和健全相应行业标准与评价体系，逐步提高文化设施的投资、运营和管理水平；第五，文化非营利组织具有"民间"身份，有利于促进国际文化交流，扩大中华民族优秀文化的影响力。

在我国，"培育文化非营利组织"已经成为文化体制改革下一阶段的重要任务和工作。培育文化非营利组织，不仅是现代公共文化服务体系多元共治理念的具体体现，是现代社会公共文化服务提供主体多元化的必然要求，也是实现服务型政府更多地以市场手段配置资源、提供服务的必然要求。培育的关键是各级政府管理的公共文化资金、项目、服务向所有社会组织开放。从非营利组织的优势特点与自身需求来看，可以尝试通过下述六条途径，为文化非营利组织营造良好的生长环境与发展空间。

1. 建立文化非营利组织登记注册制度

允许符合条件的从事公共文化服务的组织和机构以"非营利组织"的身份合法运营。积极支持区县级以上的文化基金会发展成为"枢纽型"的文化非营利组织。

2. 制定和完善关于文化非营利组织的法律法规

要制定与文化非营利组织相关的政策法规，明确文化非营利组织在公共文化服务中的功能定位，建立服务标准和评价体系，创新和丰富公共文化服务社会化、专业化管理模式。

3. 科学制定文化非营利组织的税法监督和管理制度

通过区别不同性质收入的税收政策，规范引导文化非营利组织的经营活动。对于直接来源于公共文化服务的非营利性收入和相关收入，及其直接用于公共文化服务开支的结余，可减免税；与公共文化服务非营利性目的无关的商业收入，应该按有关法律纳税。对文化非营利组织收入及使用加以限制，超越了有关限制，不仅会影响减免税资格，而且还可能受到直至被撤销的不同程度的处罚。

4. 在政府主导下建立并完善文化非营利组织的社会监管机制

非营利公共文化服务组织的设立及运行实施要受政府全程严格监督，尤其是财务要接受政府税务部门的监督并且向社会公开。当组织发展到一定规模时，必须接受包括律师、审计师、注册会计师在内的第三方审计。同时，要建立文化非营利组织的服务标准和评价体系，加强行业自律。

5. 制定并出台有关文化非营利组织员工就业和社会保障方面的法规政策

非营利组织难以留住人才是目前非常普遍的现象，这不仅在于工资待遇的差距，更重要的在于人事制度上的不规范。由于非营利组织在编制问题上缺乏与其他部门的衔接，非营利组织的专职就业人员在户口、档案管理、人事流动、职称、工资、福利、社会保障等方面的一系列困难，都成为制约非营利组织吸引和留住优秀人才的重要因素。解决非营利组织员工就业和相关的社会保障等问题，关键在于建立非营利组织自己的人力资源管理体系和相关的制度规范，并将之纳入市场经济条件下社会整体的人事、福利、社会保障体系，包括建立人才交流中心对非营利组织的档案管理制度，在医疗、退休养老、劳动、失业等保险金的缴纳方面制定非营利组织相应的标准等。

6. 加强政府采购对文化非营利组织的财政支持

美国霍布金斯大学曾对 42 个国家的非营利组织进行研究，其结果显示，非营利组织的平均收入来源构成为：服务收费 49%、政府资助 40%、慈善捐助所得 11%，其中包括文化在内的社会服务领域政府的资助尤为显著[①]。政府采购，尤其是公开招标的方式，应是文化非营利组织获得财政支持的重要渠道之一，但目前的实际运行中，大部分文化非营利组织还并未被纳入采购对象的范畴。因此，有必要将文化非营利组织作为政府采购公共文化服务的对象之一，并在购买过程中坚持公开透明、公平竞争、公正和诚实守信等原则，推进文化非营利组织的发展和公益性文化事业的开展。

第四节　公共文化领域的行业组织

一、行业组织存在的必要性及其权力来源

行业组织是由法人、其他组织或公民在自愿基础上，基于共同的利益要求所组成的一种民间性、非营利性的社会团体。行业组织种类繁多，名称不一，包括行业协会、商会、同业公会、企业联盟、经济组合等形式，具有同业性、非营利性、公益性、中介性、自治性等特征。行业组织是行业成员利益的代言人和维护者，同时也是行业成员与政府之间的沟通者和协调者。

行业组织的出现是对传统国家管理的修正，是社会发展的必然产物。第一，行业组织是现代公共管理的需要。以行业组织为代表的社会中介组织是作为一种中间调节机制出现的，可以弥补市场调节和政府管理的不足。第二，行业组织是提高管理效率的需要。现代行政管理专业性、技术性较强，需要多种相关的专业技术知识，如果政府承担所有行政管理职能，一方面加大了管理成本，另一方面则难以保证其质量以及技术的竞争发展。因而，与专业技术相关的管理工作应由行业组织承担，政府通过监管达到目标，从而降低管理成本、提高管理效率。1997 年世界银行关于变革中政府的报告指出了两条战略方案：一是将政府精力更集中于基础性工作，以便提高政府的有效性；二是在基础工作之外，政府不必是唯一的提供者，社会其他组织甚至私人机构也可以参与到提供公共管理和公共服务的队列中来[②]。第三，行业组织是民主参与、公民自治的需要。行业组织建立在自治的基础上，依法自主管

---

① 王名，贾西津．中国 NGO 的发展分析[J]．管理世界，2002(8)：30—45.

② 世界银行《1997 年世界发展报告》编写组编．1997 年世界发展报告：变革世界中的政府[M]．北京：中国财经经济出版社，1997：2.

理,无论是其机构、人员还是经费都不依赖于政府。在这样一种自治组织中,个人可以通过直接的方式参与决策和管理,从而参与决定与自己利益相关的事情。第四,行业组织是有效控制行政权的需要。行业组织的存在,一方面是对政府权力的限制和制约。行业组织承担部分行政权,可以避免政府因权力过度集中而带来腐败和专制。行业组织可以作为某些利益集团的代表,影响政府的方针政策。当政府越权侵害社会特定团体的利益时,行业组织可以通过法律手段维护权益。另一方面,行业组织享有的权利也受到政府的监督和控制。行业组织在履行有关公共职能时适用公法规则,其行为受司法控制,从而确保其权力运行合法公正。

在我国,行业组织通过外部获得权力的方式分为两种,即法律授权方式和政府委托方式,而公共文化领域行业组织的权力则主要来自于后一种,即政府委托授权①。现代民主法治社会所要求的“小政府、大社会”发展模式要求政府职能的转移下放,政府将一部分公共文化事务管理权转移给具有资质的社会中介组织机构承担并行使,文化类行业组织作为其中之一,就承担了政府转移出来的部分公共文化事务管理权。

二、加拿大图书馆协会的组织架构、任选办法与运营机制

加拿大图书馆协会(Canadian Library Association/Association canadienne des bibliothèques,简称 CLA/ACB)成立于 1946 年,并于 1947 年 11 月 26 日在《公司法》的规定下成为社团法人组织,得到加拿大联邦政府的确认。CLA 是一个全国性的非营利志愿(自发)组织,由选举出的委员会和董事会(理事会)负责管理。总部设在加拿大首都渥太华,现有 9 名常驻的全职及兼职工作人员②,现任主席为来自加拿大曼尼托巴大学图书馆的克伦·亚当斯③。

1. 协会的组织架构

加拿大图书馆协会的最高权力机构是全体会员大会,其选举产生的执行理事会(Executive Council)全面负责和领导协会的各项工作和事务。执行理事会下设 12 个委员会(Committees)④,分管不同领域的具体事务。这些委员会协助执行理事会实现协会宗旨和目标,开展重要工作,并为会员创造和提供分享专业知识的机会与平台。CLA 正是在这些委员会的支撑下,才得以良好运行的。这些委员会分为顾问委员会和常务委员会两大类。

(1)顾问委员会(Advisory Committees)

由执行理事会设立,为协会提供专业性的战略建议,可以根据需要长期设立,也可在咨询完成后撤销。现有的顾问委员会有:版权顾问委员会、信息政策顾问委员会、知识自由顾问委员会、为书写困难人群提供图书馆服务的顾问委员会、学校图书馆顾问委员会。

---

① 张婧飞. 行业组织权力问题研究[D]. 长春:吉林大学,2005.

② History[EB/OL].(2012 - 03 - 07)[2014 - 03 - 11]. http://www. cla. ca/AM/Template. cfm?Section = History&Template = /CM/HTMLDisplay. cfm&ContentID = 9948.

③ Governance[EB/OL].(2012 - 03 - 07)[2014 - 03 - 11]. http://www. cla. ca/AM/Template. cfm?Section = Governance&Template = /CM/HTMLDisplay. cfm&ContentID = 12036.

④ Committees[EB/OL].(2012 - 03 - 07)[2014 - 03 - 11]. http://www. cla. ca/AM/Template. cfm?Section = Committees&Template = /CM/HTMLDisplay. cfm&ContentID = 12347.

(2)常务委员会(Standing Committees)

由执行理事会设立,长期协助协会开展管理工作,由于其功能性是协会不可缺少的,因此是常设部门。CLA 建立了如下常务委员会:会议规划常务委员会、选举常务委员会、财政常务委员会、成员沟通常务委员会、任命常务委员会、参与委员会、决议委员会。

另外,CLA 还设有奖项评审委员会(Awards Juries)和学生分会(Student Chapters)。CLA 建立有自己的荣誉体系,奖项评审委员会就是专门负责年度荣誉评选的部门。1999 年,CLA 的第一个学生分会在西安大略大学建立。至今已建立了阿尔伯塔大学、不列颠 - 哥伦比亚大学、达尔豪西大学、麦吉尔大学、多伦多大学、西安大略大学、新斯科舍社区大学共 7 个分会①。

2. 协会的管理机制

(1)最高常设管理部门——执行理事会

加拿大图书馆协会的日常运营管理由执行理事会全权负责,执行理事会依据协会章程、细则及政策来管理和处理协会的各项事务,依据《公司法》和章程细则行使全部权力,是协会的核心行政主体。同时,执行理事会还是协会的"立法"主体,它决定了协会的所有政策规定,并保证其能够有效约束协会及其各职能部门。另外,执行理事会有权根据协会事务需要加入任何法律或财务谈判,并任命本方代表。

如图 7 - 6 所示,执行理事会的 7 位成员组成了协会的最高管理层,具体职位包括主席、副主席/当选主席、财务主管、直选委员和执行理事。

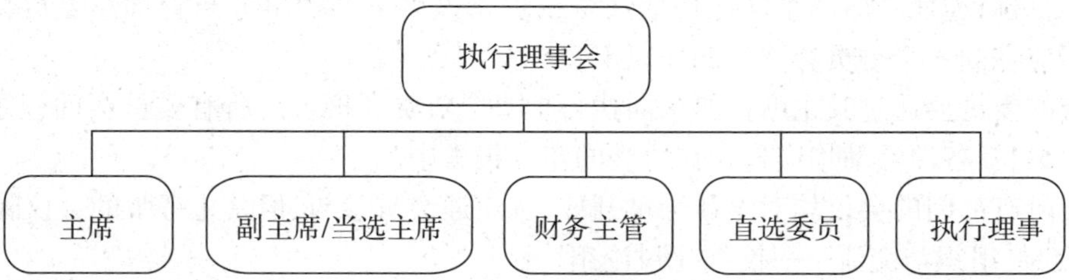

图 7 - 6　CLA 执行理事会架构图

五个职位的具体职能分别如下:

①主席:负责领导执行理事会;同执行理事或其他由执行理事会任命的官员一同,保证协会所有记录、文档的齐全完整;主席是协会所有部门的当然委员②。

②副主席/当选主席(尚未就职的下届主席):当选后第一年以副主席身份服务协会,第二年正式就任成为主席(但当主席职位空缺或不作为时,由副主席行使主席权力);担任决议委员会的召集人;完成其他由主席委派的任务或职责。

③财务主管:负责协会的财务和基金;针对协会的一切财务事项向执行理事会和会员做出解释;担任财政常务委员会的召集人;完成其他由主席委派的任务或职责。任期两年,期限至选举出或任命新的财务主管为止。财务主管不能连任。

① Student Chapters[EB/OL]. (2012 - 03 - 07)[2014 - 03 - 11]. http://www.cla.ca/AM/Template.cfm? Section = Student_Chapters&Template = /CM/HTMLDisplay.cfm&ContentID = 12676.

② 当然委员:一般情况下,委员应该由选举产生,但是一些有专业能力或者是部门主管人员根据上级或者委员会的主管部门建议或者批准不经选举产生的委员,或者有法律规定不经选举或批准产生的委员称为当然委员。

④直选委员[①]:共3名,协会所有事务的参与者、管理者与监督者。直选委员的任期为两年,且采取交替更新机制,即避免三位委员的任期同时到期;直选委员不能连任。

⑤执行理事:由选举产生的执行理事会直接任命;同时还是全体会员大会的首席执行官、秘书;负责协会总部的日常运行;贯彻落实执行理事会的决策决议;定期向执行理事会提交协会财务报告。执行理事是协会各部门的当然委员,但无选举权。协会的印章和资质证明文件由执行理事保管,在至少有两名执行理事会成员签名授权的情况下方能动用该印章和文件。

执行理事会每年至少召开两次会议。会议可以随时召开,地点由主席确定,会议通知由执行理事提前四周向各成员发出。大多数执行理事会成员参会即可召开会议。电子媒介会议也可以召开,前提是委员同意,且会议期间确保委员可以完整流畅地听到会议内容和参与会议全程。委员会还可以通过电子邮件、讨论组或其他电子媒介进行商议和决策,前提是成员赞成这种决策方式,且电子媒介可以保证所有成员与其他任何一位成员进行有效沟通,参与时间充分。

执行理事会成员不应接受定期报酬,但接受出席执行理事会会议的费用是允许的。

(2)顾问与常务委员会

CLA的12个顾问与常务委员会按照职能设置,分门别类、各负其责地处理协会的内部与外部事务。委员会的构成、服务宗旨与条款、期限等内容在其各自成立之初就已明确,并写入其部门职责范畴中。所有委员会的设立须经执行理事会批准。每个委员会的主席任期均为两年,可以连任一届。主席在任期间全权负责该委员会的事务与管理。委员会的成员原则上不应在同一个委员会连任两届以上。

所有的委员会通过其主席按要求向执行理事会负责和报告。所有委员会的记录应向执行理事备案,其各项活动均应包含在协会的年度报告中。

协会所有部门的会议均对全体会员开放,且欢迎会员参与,但禁止旁听的会议除外。

(3)会员组织与交流——网络化讨论组

CLA的网络讨论组是由成员定义、成员驱动的草根性质的专业工作组,是根据会员需求,由执行理事会向会员大会提请书面请求,表决通过所建立的。网络讨论组的类型有很多,如一种类型的活动、一种材料、一类图书馆、一类图书馆赞助人、一个区域、一个社群、一个工作群体等。CLA的会员可以根据自身兴趣,选择参加任何一个或多个网络讨论组。执行理事会十分相信并且依赖这些讨论组对于所关心问题的专业探讨、研究与建议。所有的网络讨论组都有一个明确的讨论主题或研究兴趣点,并在名称上予以标识,例如:商业图书馆、RDA用户、机构知识库管理员、青少年服务馆员、服务土著人群、乡村图书馆等。

一个网络讨论组成立的必备条件是:至少10名会员提议、确定一个主持人(版主)、确立职责范畴、制订活动计划(短期还是长期依据讨论组的主题而定)。所有网络讨论组的成立须向执行理事会提请一个详细的计划书,内容包括其项目大纲、具体计划、经费等。计划书可随时提交。成立某个讨论组的提议必须经由一个执行理事会下属的顾问委员会来提请,以确保讨论的主题与专业相关且避免重复。长期设立的讨论组主持人任期为两年,可以连任一届。主持人向执行理事会负责和汇报工作,所有文档均向执行理事备案。讨论组主持

① 直选委员:是指由拥有投票权的所有个人会员每人一票直接选举出的当选委员,使用“直选”是为了与“选区”概念相对应。

人需参加协会年会并主持分会议，以保证并为讨论组成员创造面对面的交流机会。所有网络讨论组的活动均向所有会员开放。根据章程细则规定，执行理事会有权在与主持人商议后解散那些活动次数少、不活跃的讨论组。网络讨论组职能及与执行理事会、顾问委员会的关系如图 7－7 所示：

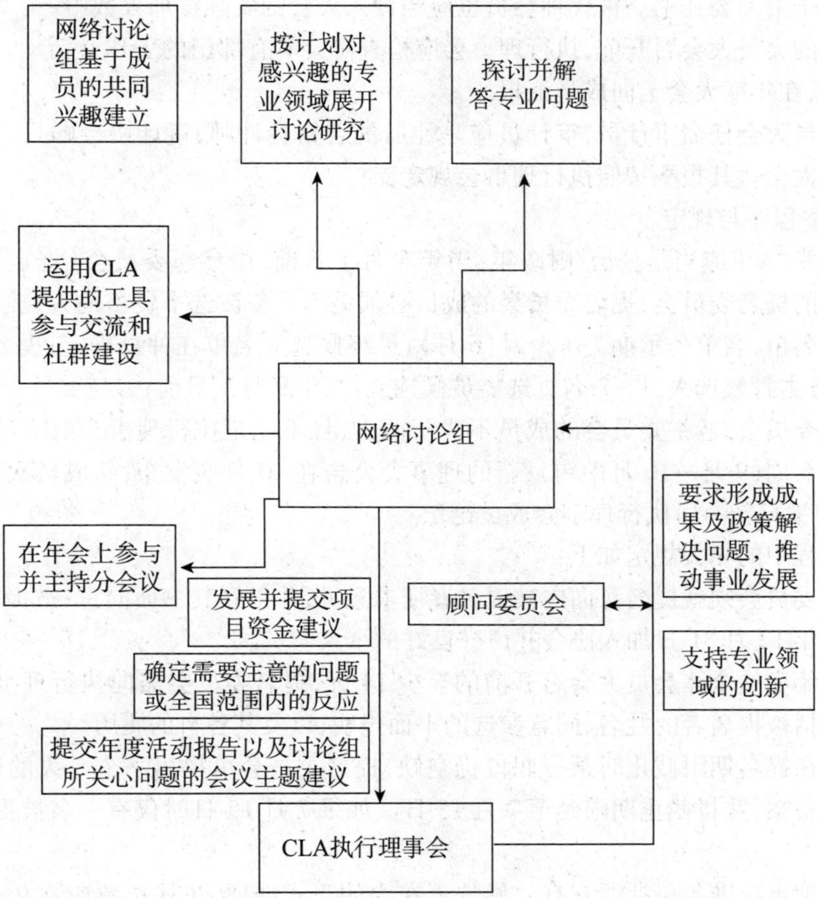

图 7－7　网络讨论组功能关系图

资料来源：CLA 执行理事会. CLA 发展计划建议案，2010 年 12 月提交。

3. 协会的选举与人选产生办法

（1）全体会员大会

加拿大图书馆协会的最高权力机构是每年召开一次的全体会员大会，目前 CLA 共拥有 2000 余名注册会员。其主要职权包括审议协会年度财政报告、董事工作报告和财务审计报告，董事的任选，审计人员的酬劳分配等。全体会员大会的时间地点由执行理事会决定，会前要确保会员收到协会及各部门的年报。大会法定人数为 100 人，即 100 名会员参加即可召开。主席或执行理事会有权在任何时候召开特别全体大会，主席书面请求 100 个会员并获得同意回复时即可召开特别全体大会，地点由执行理事会决定，法定人数也为 100 人。

会员大会或特殊会员大会没有公告或广告，但应提前 14 天书面告知各会员。个别会员未收到会议通知，不影响会议进程或决策。协会通过实时通信工具刊登的通知是邮寄的有效补充。

执行理事会中除执行理事以外的所有职位人选均在全体会员大会上，由全体会员根据协会章程投票表决通过并正式生效，即进行程序性确认；参与投票选举的会员需是协会合法拥有投票权的个人会员。

任何会员均可经授权代表其他会员在年度或特别会员大会上行使选举等权利，但需出具纸质或电子书面委托书。被代理会员也应当计入大会的实际参加人数中。

在每年的会员大会召开前，执行理事会应检查协会所有部门的工作及活动，并迅速形成报告或建议，在年度大会上向成员汇报。

全体会员大会任命审计员，审计员应是注册的合格会计师，审计协会账目，并担任此职务至下一次大会。其报酬按照执行理事会规定支付。

(2)选举程序与规定

CLA 选举“年”应当是公历/财政年；当年 3 月 1 日前，由参与委员会①选定并组建一个不少于 3 人的提名委员会，提名委员会的成员必须是不具备被选举资格的人；提名委员会提出候选建议名单，名单公示期为 1 个月(6 月)；最终候选人名单在仲夏确定；提名副主席/当选主席、财务主管候选人，1—2 名直选委员候选人；当年 9 月 1 日前，参与委员会需选定并成立一个选举委员会，选举委员会的成员不少于两人，且不能是执行理事会的成员；选举投票持续时间为 6 周(9 月—10 月中旬)；新的理事会公告在 10 月底发布；新成员次年 1 月份就职，1 月中旬举行新一届执行理事会成员论坛。

选举过程中的相关规定如下：

①提名委员会须就提名意向向被提名者征求意见，并得到其书面同意；被提名者必须是不晚于上一年 12 月 31 日加入协会并声誉良好的个人会员。

②在每年度的全体会员大会召开前的至少 14 天，提名委员会需向执行理事登记备案，备案内容包括被提名者的姓名、同意参选的书面声明，以及其各自的履历。

③如果在提名期限截止时某一职位仍空缺，提名委员会可提出一个 5 人的请求名单并向执行理事备案，并将截止期限延至 7 月 15 日。如果 7 月 15 日时仅有一名被提名者，则直接当选。

④执行理事应准备包括所有有效候选人在内的正式选票，正式选票应在 9 月 1 日前向所有协会的合法成员发出。选票应在选举人标注后按照要求返回执行理事处。会员标注的选票应在寄出日期后的 30 天内寄回执行理事处。执行理事负责确认只有会员参与投票，确保其保密性，交给选举委员会时信封以及匿名选举的报告应是密封完好的。选举委员会负责计数、制表和核实选票。

⑤获得票数最多的候选人当选，选票相同时抽签决定。选举委员会的成员无权提名候选人。选举委员会须向协会简报的编制部门及时报告选举结果，报告中应包含选票具体结果以及作废的票数等信息。

⑥任何选举产生的执行理事会职位人选辞职需要向执行理事递交辞职报告，并经由执行理事会 2/3 成员投票表决通过；出现死亡等不可抗拒因素时，其职务自动解除。如果细则

① 参与委员会：不是常设机构，每年会员大会开始筹备时由执行理事会任命，副主席/当选主席负责召集。该委员会主要负责设立如常务委员会、咨询委员会等机构，并配合协会开展相关必要的工作。参与委员会将拟组建机构的名称、职责范围、成员等内容向执行理事会报告。

中未做详细规定,执行理事会可通过决议填补该职位,直到下次选举。

4. 协会章程的修订程序

执行理事会或25位有投票权的会员即可提请对协会章程进行修订,书面修正案需在全体大会召开前至少60天提交给执行理事;执行理事会应审阅全部修正提案,并将所有合法提案提交全体大会;所有提案原则上均被视为合法,除非协会律师指出其中有与加拿大法律相违背之处;一旦提案被认定为不合法,应由执行理事在第一时间书面通知提案发起者;所有合法提案应至少在全体大会召开前14天分发给会员;须有超过2/3的与会会员投票赞成,该章程修订案方能通过;其正式生效须经联邦企业与非营利组织部长批准。

5. 协会细则的修订程序

执行理事会或25位有投票权的会员即可提请对协会细则进行修订,书面修正案需在全体大会召开前至少60天提交给执行理事;执行理事会应审阅全部修正提案,并将所有合法提案提交全体大会;所有提案原则上均被视为合法,除非协会律师指出其中有与加拿大法律相违背之处;一旦提案被认定为不合法,应由执行理事在第一时间书面通知提案发起者;所有合法提案应至少在全体大会召开前14天分发给会员;须有超过半数的与会会员投票赞成,该细则修订案方能通过;其正式生效须经联邦企业与非营利组织部长批准。

6. 会员制度

(1)个人或组织加入协会成为会员需提交会员申请并按要求支付会费;

(2)会费收取标准由执行理事会制定,并经由协会全体会员大会投票表决,获多数成员赞成方可生效;

(3)加入协会成为会员无须支付其他额外费用;

(4)会员分为:个人会员、机构会员(图书馆、企业、协会及其他感兴趣的组织)、荣誉会员(包括CLA图书馆事业杰出服务奖的获得者);

(5)所有会员拥有的权利包括:选举权、获得协会官方会员出版物的权利、其他协会设立的福利与服务、在协会委员会工作的权利(对于机构会员,在一个委员会中只可有一人来自该机构)等。

三、国外图书馆行业协会的特征

根据调研并综合比较美国、英国、加拿大、澳大利亚等国家的图书馆协会运作概况,以及参考国际图联的有关情况,国外图书馆协会大致呈现出以下几方面的重要特征。

1. 组织性质

国外图书馆协会,一般以独立运行的民间非营利组织类型(第三部门)存在,在组织架构、管理运行和职能行使等方面拥有很强的自主权。它们主要通过提供专业服务或产品获得收入,交易行为基于自愿性原则,享受税收减免政策的优惠,不追求组织经济收益的最大化,一般也不直接接受政府资金的资助。

国外政府依据通用的政策法规,对图书馆协会进行一定程度的监管。国外图书馆协会依据本国政策法规,获得独立注册的法人资格;一般实行理事会制度,设有专职工作人员;根据工作需要和内容性质,一般设立常设机构(或委员会)和临时性工作机构,分别承担各自的任务。政府与图书馆协会之间,一般不存在领导和被领导的关系。

2. 基本职能

国外图书馆协会成立的目的,旨在提升图书馆服务水平、促进图书馆事业发展。一般而言,它们至少承担着以下基本职能:

(1)推动图书馆事业发展的职能

国外图书馆协会通常代表图书馆行业,与政府、立法机构及其他社会组织之间协调关系,通过游说及活动等影响相关立法和政策,为图书馆事业谋取更大发展空间。领导与组织各类图书馆更好地发挥"保存人类文化遗产、开展社会教育、传递科学信息、开发智力资源"等作用,致力于提升所有公民学习的能力,确保所有公民自由获取信息,捍卫所有公民的基本文化权益。

(2)维护图书馆行业共同利益的职能

国外图书馆协会一般是由图书馆(及相关信息机构)与图书馆员(及相关人员)等会员基于自愿原则而注册成立的。它们既是图书馆行业的组织协调者,也是图书馆行业利益的维护者和代言者。在开展行业自律、提供专业服务、制定规范标准、提升服务水平、维护从业人员合法利益等方面,发挥着重要的作用。

(3)开展图书馆从业人员资格认证与继续教育的职能

为了保障图书馆服务能力与服务水准,国外图书馆协会普遍推行图书馆从业人员资格认证与继续教育制度。图书馆协会,一方面专门负责图书馆从业人员的资格认证,只有符合条件的人员才能从事相关工作(通常需要具有由协会认证的大学专业教育学位,则可以不必再重新学习考试就可以获得职业资格认证);另一方面还提供各类项目计划和学习指南,以满足图书馆从业人员继续教育的需要。

(4)组织开展学术研究的职能

国外图书馆协会经常以各种形式组织专家学者与从业人员就图书馆行业共同面临的重大问题开展合作攻关研究。通常还主办一种或几种专业刊物,刊载专业研究内容和相关信息,面向行业内外进行广泛传播。

(5)聚图书馆领域相关产业的职能

国外图书馆协会通过各种方式和渠道为图书馆领域中各类企业提供了沟通联系的平台。图书馆协会,可以接受企业的申请,成为协会的企业会员;可以与企业合作,成为协会有关项目或活动的合作伙伴;可以在协会的出版物、网站等各类媒介上,为企业提供刊登广告的平台;可以接受企业的各类捐赠,包括指定项目或活动的款项;可以在协会年会等重大会议场合,为企业提供图书馆领域贸易展览的机会等。

3. 资金来源

国外图书馆协会的资金来源途径主要有以下几种:

(1)会费收入:以年费的方式缴存,一般机构会员费用远高于个人会员费用,会员的会费,在不同国家的协会资金来源总额中,比重在15%(美国)至42%(英国)之间不等。

(2)社会及个人捐赠:在英国,来自社会的慈善捐赠,占协会资金来源总额的50%—60%。其他国家通常占很小比重。

(3)会议及展览等收入:在美国、加拿大,通常占协会资金来源总额的30%以上。

(4)教育培训等收入:通常占很小比重。

(5)投资收入:通常占很小比重。

(6)出版物发行收入:通常占很小比重。

(7)项目或活动的政府补助收入:通常占很小比重。

(8)其他收入。

4. 年会组织

年会是国外图书馆协会组织行业内外信息交流的重要活动之一,通常设立专门的工作班子组织协调开展年会工作。

英国、澳大利亚一般两年举办一次,美国、加拿大每年在夏季举办一次,美国还在冬季举办一次仲冬会(规模较夏季年会小)。其中,英国、澳大利亚、加拿大的年会参加人数规模一般在1000人以下;美国年会规模很大,一般参加人数一般在25 000人左右。

年会的主题通常与图书馆行业的专业内容关系密切,一般会组织邀请有关专家学者与会做主题演讲,从而吸引了图书馆从业人员的广泛参与。

美国年会通常还承担着图书馆领域贸易展览的功能,每年吸引上千商家参展。

5. 荣誉体系

国外图书馆协会,通常设立多项奖项,用于褒奖在图书馆领域做出了突出成绩和贡献的个人与单位。

奖励范围包括面向图书馆行业外部,表彰为推进社会阅读和图书馆事业发展做出重大贡献的作家及其他人士;面向图书馆行业内部,表彰服务杰出的图书馆从业人员;面向图书馆专业教育领域,表彰学业卓越的学生等。

奖励资金通常来源于社会捐赠。

四、行业“学会”与“协会”之争——以图书馆行业为例

当前国外设置图书馆行业组织的惯例和通行做法是:一个国家或地区的图书馆协会和学会是“1＋N”的建制,即1个能够代表该国或该地区发挥组织协调功能的协会,和多个各类型学会。协会一般由多个机构和个人会员共同组成,是该国家或地区整个行业的组织协调者和利益维护者;学会通常是行业内志同道合者的学术研究团体,一般数量都较多。在职能分工上,协会具体负责图书馆行业组织协调的各项相关事务,学会只需要通过开展学术研究为行业的可持续发展提供理论与技术的支撑。

而在我国,图书馆行业还没有建立起组织协调全国图书馆的行业协会。中国图书馆学会是目前我国图书馆行业中,唯一覆盖各系统、各类型图书馆的全国性社会组织,是党和政府联系图书馆工作者的桥梁和纽带,客观上已经在行使图书馆行业协会的部分职能,在图书馆界影响卓著。会员数量规模可观,目前拥有事业单位会员216家,企业单位会员67家,个人会员11 384人,广泛分布在全国各系统、各类型图书馆和相关机构之中;已经建立起全国会员代表大会、理事会、常务理事会,设有秘书处,成立了4个专门工作委员会和8个分支机构,拥有独立的办公场所和专职工作人员,积累了丰富的社会团体管理经验。

但是,由于中国图书馆学会的业务主管单位是中国科协,而中国科协并不具备指导全国图书馆事业发展的职能,从而大大影响了中国图书馆学会行业组织协调职能的发挥。另外,中国图书馆学会的办事机构(秘书处)挂靠在国家图书馆,而国家图书馆只是中国图书馆行业内的一个具体单位,也不具备指导全国图书馆事业发展的职能;同时,受挂靠单位“行政主导”的影响,特别是近些年来,“大馆意志”影响明显,中国图书馆学会的独立性受到挑战,民

主办会作用的发挥受到限制,行政化办事风格日益明显。在目前的管理体制下,中国图书馆学会的权威性日益受到削弱,难以真正充分承担起全国图书馆行业的组织协调职能。

在全国各地,通常由省级图书馆学会部分行使图书馆行业组织协调职能。其中,北京市没有图书馆学会,但有图书馆协会,其实际职能类似于其他省市的图书馆学会。上海既有图书馆学会,又于2005年成立了上海图书馆协会,这本身就充分表明,原有的“学会”不能真正承担起行业组织协调的职能。但是,由于受到目前管理体制上还未能理顺,政府职能还未能转移到位,行业组织自身职能还未能得以强化等因素的影响,不论是上海图书馆协会还是上海图书馆学会,相对文化主管部门而言,更多的是带有决策咨询性质的社会团体。由于未被赋予更多的实质性的职能,如评估定级、职称评审、职业准入资格认定等,因此协会或学会在组织协调上海图书馆行业时,更多的是凭借挂靠单位(上海图书馆)的地位,更多的是凭借会长、理事长或秘书长的个人魅力推动相应的工作,从而在一定程度上弥补制度层面上的缺失。另外,在实际运作中,上海图书馆协会与上海图书馆学会,有相当一部分功能存在着交叉重复的情况。

综上所述,根据我国目前的实际状况,应当打造真正独立的具有组织协调图书馆行业职能的“协会”。首先在体制上理顺协会的业务主管单位、提升协会办事机构挂靠层次,有效解决协会的独立性;其次,在行业职能上,应不断强化,树立起协会的权威性。具体的实现途径,一是政府职能彻底转移至协会,树立协会权威性,包括图书馆评估定级职能、基层人员在职培训职能、从业人员职称评审职能等;二是强化行业协会自身应有的职能,维护协会权威性,包括维护图书馆行业利益、加强图书馆行业自律等;三是进一步拓展行业协会职能,增强协会权威性,包括授权行业协会认证职能、建立图书馆行业的国家荣誉体系等。

五、行业组织自身存在的问题及解决途径

随着经济体制和文化体制改革的深入,以及政府职能的转变和逐步下放,行业组织获得迅速发展,但是由于各种原因,我国公共文化领域行业组织的发展还不能完全适应公共文化服务体系建设的要求,其中存在的问题主要有以下四个方面:

1. 不合理的双重管理体制导致组织政治色彩浓厚

所谓“双重社团管理”就是申请登记的社团或组织必须经过其业务主管单位的审查同意后,才有资格获得民政部门批准。这意味着成立社团组织要经过业务主管单位的和登记管理单位机关的实质性审查,会员、财产、发起人及负责人、接受捐助情况等都需要得到业务主管部门的认可,客观上赋予管理部门过大的权力,而且“社团登记条例”中规定,每个行业组织必须有一个政府主管部门。这种行政许可之下的行业组织不仅自主性受到很大的约束,而且必然带有典型的政府主导的倾向。这就使得行业组织行政治色彩浓厚,变相地成为政府部门的附属机构。

2. 组织功能不健全

这是制约行业组织进一步发展的最大障碍之一。目前大多数行业组织的功能仅停留在为行业内机构提供信息,咨询服务,组织行业内部交流,开展业务培训等浅层次的服务,而行业规划、行业自律、行业政策制定、争端协调等功能很不健全,这就使得行业组织不能在政府与行业内机构之间发挥桥梁和纽带的作用。因此,行业组织应着眼于组织功能作用的延伸和强化,担负起自身在文化体制改革中应实现的作用。文化行业组织不仅要为行业服务,更

应该通过自己的内聚力，发挥人才荟萃、智力密集、联系广泛的优势，为推进文化建设和文化体制改革服务，促进文化事业发展壮大。从根本上夯实组织基础，真正地提升行业的竞争力，树立起行业权威，参与各地的文化活动和文化项目竞争，争取成为办文化的主体之一。

3. 缺乏法律和规范保障

从总体上看，整个公共文化领域的法制化建设是落后于社会发展与改革进程的需要的，其领域内行业组织的立法工作更是严重落后。目前行业组织在履行职能、承担政府转移职能时大多是在“摸着石头过河”，缺乏法律规范的保障。尤其是行业组织的法律地位、其与政府和挂靠单位之间的关系等问题，也亟须由相应的法律条文或规范来理清和解决。因此应当尽快制定并出台公共文化领域内行业组织的建设和工作规范，同时以法律条文的形式保障其存在与运行的合理性与合法性。

4. 政府职能转变不到位，限制了行业组织的作为

我国传统的行业管理模式是国家管行业，计划配置资源，政府担当着企业、行业全能管理者的角色。我国的行业组织是伴随着国家行业管理职能的改革自上而下产生的。因而，从一定意义上说，作为市场经济发展和政府机构改革的产物，行业组织的发育程度依赖于政府机构改革的深度与进程，政府职能的转变是决定行业组织发育程度的一个重要参数。目前的情况是，一方面政府职能转移需要一个过程；另一方面，职能转变涉及部门利益，行业组织应有的管理职能仍被行政管理部门牢牢抓在手中，因此其作为民间中介组织的独立地位尚未完全确立，根本无法发挥管理、协调等作用，部分行业组织有名无实。这就是当前我国行业组织没有得到很好发展，没能充分发挥作用的主要原因。

要解决目前存在的问题，改变公共文化领域行业组织“有名无实”的现状，可以通过五条途径：

1. 加快较高层次的行业组织立法

目前我国现行法律对行业组织的某些规定非常笼统，实践性不强。这些规定当中只有一小部分属于针对行业组织制定的规章，大部分都是行政机关内部的文件，是上级对下级机关的指导性意见及工作指示。另外，已颁布的法律对行业组织民事关系的规定非常薄弱，而行业组织的民事法律关系在各国的相关法律中向来是最重要的部分。因此，要加快我国行业组织立法的步伐，尽早出台一部立法层次较高、统一完善的行业组织专门法《行业组织法》，对行业组织实施法律分类，制定相应的配套措施，使行业组织的每项活动都有法可依、有法必依。

2. 适当降低门槛，简化组织组建流程

当前我国法律对行业组织成立的要求过于苛刻。行业组织的成立是否合法，首要条件就是必须要拥有足够多的财产金额、固定的挂靠部门等非常严格的限制条件。与此相比，国外很多发达国家对行业组织的要求则宽松得多，大多数采取的是登记备案制度和登报申明制度，不需要政府有关部门的批准。其次，还可以适时放松对行业组织组建的程序要求，扩大行业协会的规模，积极促进公民社会的稳步发展。

3. 完善行业组织的工作职能

强化政府部门的职能转移，将应该让行业组织履行的责任切实转移给行业组织，如行业规划、行业统计、行业标准制定、职业资格认证、职业技术培训等。

4. 建立政府购买行业组织服务的制度

政府机构可以对行业组织提出提供公共文化相关服务的要求,但是要通过购买的方式予以相应的经济补偿。

5. 完善行业组织内部治理结构

行业组织应当实行法人治理结构,其内部组织架构包括理事会、秘书处/办公室、监事会以及会员大会。并在组织内部建立严格的管理制度,包括会员入会制度、日常办公管理制度、专职工作人员纪律规范等。

第五节　公共文化服务的绩效评估

一、从公共部门绩效评估到公共文化服务绩效评估

公共部门绩效评估始于20世纪50年代美国的绩效预算制度。20世纪70年代以来,西方国家普遍进行了政府改革,学界称之为"新公共管理运动",其显著成果之一就是使绩效评估在公共部门管理中得到了广泛应用。公共部门绩效评估的设计和实施,在很大程度上是西方国家社会发展和公共行政领域新理念发展共同推动的结果。"新公共管理运动"主张将价格机制、成本与收益概念引入公共部门,建立公共部门内部以及公共部门与私营组织之间的竞争机制,效率和顾客导向是其核心;民主行政强调市民社会的自治性和权力的多中心,追求行政的"公平性"和"民主性",更多地强调公民参与;而治理理念的兴起则强调行政行为的透明性和回应性等。这些不同理念的变化有着一些共同的趋势,如注重回应性、顾客导向、服务导向以及政府行为的透明性和可控性等①。

近年来,我国政府正在从传统意义上的经济建设型政府向公共服务型政府转变,从以经济建设为中心转变到为全社会提供基本且有保障的公共产品与公共服务中来。也就是说,实现以公共服务为中心的政府转型,构成了我国政府未来改革的核心环节、根本方向与目标。当政府提供公共服务的功能愈渐扩大时,一方面,政府为社会公众所提供的越来越多的公共服务必须由纳税人所承担;另一方面,社会公众期望政府以最经济的手段提供更优质的服务。此时,对政府进行绩效管理的要求也就应运而生了,它提出政府必须注重加强公共部门在提供公共物品和公共服务中的全面质量管理。

在中文语境中,公共文化部门既包括政府文化行政主管部门、文化事业单位,也包括向社会提供公共文化产品和服务的民间非营利文化机构和组织。随着我国文化体制改革的不断深化,公共部门绩效评估作为行政管理制度创新和有效管理工具,越来越受到重视。认真研究、制定全面科学的绩效评估体系,是公共文化管理中贯彻落实科学发展观的需要。以绩效评估的方式衡量文化事业的发展状况,就是强调对公共文化资源和公共文化服务进行有效的监督和约束,建立起公众、公共文化部门和政府三者间的约束框架,保证有限的公共文化资源不被浪费,使公众能够获得尽可能多的文化服务,确保弱势群体的文化权利得到基本保障。要想达到这一目标,必须首先了解和评估现有体系的绩效水平,应用科学的方法、标准和程序,对相关公共文化部门的业绩、成就和实际工作做出尽可能准确的评价,在此基础

① 周凯.政府绩效评估导论[M].北京:中国人民大学出版社,2006:57.

上对公共文化管理绩效进行改善和提高。因此,我国现代政府的转型、文化体制改革的深化以及公共文化服务体系的完善,均亟须我们建立和健全遵循国际惯例、适合中国特殊国情的包括评估原则、评估指标体系、评估模型、评估依据、评估技术与方法、评估程序等在内的完整有序、切实可行的公共文化服务绩效评估的理论、方法和实践体系。这一路径也是我国行政管理现代化的必然选择①。

与现代公共文化服务体系相适应的评估体系,需要从两个维度加以建设。一是以需求为导向,建立群众评价和反馈机制,目的在于促进公共文化服务和群众需求有效对接;二是以效益为导向,完善绩效考核机制,目的在于促进公共文化服务提高效能。评价方式、手段的多样化,特别是引入第三方独立评估,建立健全有效支撑评估体系的指标统计体系是建立现代评估体系的重要任务。

二、公共文化服务绩效评估的主体

政府文化主管部门、社会公众、第三方评估机构是公共文化服务绩效评估的三大主体。

1. 政府

由于历史原因,致使我国政府在绩效评估过程中处于超然的权威地位,成为公共部门绩效评估唯一的主体构成。评估对象自身作为评估主体,是具有争议性的,作为一种传统的考核方式,单一的评估主体能力有限,且其本身具有"自利性"特征,易导致不科学的评估,使公共部门绩效评估流于形式。但是,政府作为评估主体,只要指标设计合理,其内部评估还具有一定优势,由于政府了解内部运作机制,便于把握业绩,可以发挥简化评估程序、节约评估成本的作用。为保证农村公共文化绩效多元评估主体的有序运作,政府在多元主体中有必要保留权威和主导地位,但其作为唯一的评估主体地位需要改进。

2. 社会公众

社会公众作为公共文化服务的对象,与公共文化服务的质量有着息息相关的利益关系。社会公众有权参与公共文化绩效评估,其参与程度也直接影响公共文化服务供给的质量。美国国家公共生产力中心主任马克·霍哲教授曾经指出,只有政策制定者和公众积极地参与绩效评估过程,这样评估的多重目标才能实现。社会公众作为公共文化服务对象,一旦成为公共文化服务绩效评估主体,可以最直接地体现出评估的满意性特征。

3. 第三方评估机构

第三方评估机构包括各种行业性、部门性评估机构,各类专家委员会,高校研究评估机构以及由专家学者、公民代表等组成的综合性委员会。作为外部评估主体,其特点是评价活动由与政府部门无隶属关系和利益关系的第三方主持和组织实施,评价的标准或内容也主要由主持方拟定。这样就发挥着不同于公众满意度评估的独特作用,例如反映社会诉求、捍卫公众公共文化利益、合理高效配置公共文化资源,从事评估、监督、协调等专业性服务活动,形成政府与社会之间的良性互动等。

三、国外政府的公共文化服务绩效评估实践与特点

进入20世纪90年代,部分发达国家和地区的公共部门绩效管理运动进入鼎盛时期,英

① 任珺.深圳公共文化服务绩效评估初探[J].深圳文化研究,2007(1):20—24.

国、美国、加拿大、澳大利亚、新西兰、荷兰、德国、法国等国和地区都对公共部门开展了绩效评估实践。在这一背景下,公共文化服务的绩效评估也在公共部门绩效管理的整体框架内得以开展,进而发展成为考察政府施政绩效一个重要的领域。

国外在提到公共文化主管部门或服务机构的绩效评估时,常使用"审计"(Audit)一词。其审计体系一般分为政府审计、机构内部审计和民间审计,主要涉及议会、审计部门、文化主管部门、文化中介机构、文化运营机构、民间审计机构等。在政府审计中,审计部门处于重要位置,负责对文化管理部门及其下属的文化机构进行财务和工作绩效评估,审计部门高度独立,直接向立法机关负责。文化主管部门一方面接受立法机关和审计部门的质询和审计,一方面也负有对下级文化中介和运营机构进行管理、评估的责任。为保证审计的公正,民间审计力量,即第三方审计机构也会介入审计流程。绩效审计的结果直接关系到对文化机构的业绩评价、文化机构负责人的工作评估、财政拨款、文化政策的调整等,得到了各级立法机关、审计部门、文化部门的重视和配合,一个从中央到地方,覆盖全面的文化服务绩效评估体系也得以形成。

1. 英国

作为主要负责国内文化事务管理的政府机构,英国文化、媒体与体育部每年要受审计署审计评估,主要涉及资金使用效率、服务效益的审计。根据《英国审计署2005年年报》(*National Audit Office Annual Report* 2005)发布的数据,从2004年4月至2005年3月的一年间,审计署完成的报告中涉及文化、媒体与体育部的共有五篇:《皇家公园:作为执行代理机构的审计》(*The Royal Parks-An Executive Agency*)、《英国体育:支持优秀运动员》(*UK Sport:Supporting Elite Athletes*)、《游览英国:将游客带到英国来》(*Visit Britain:Bringing Visitors to Britain*)、《英国图书馆:超越阅览室的远程服务提供》(*The British Library-Providing Services beyond the Reading Rooms*)、《国家彩票发行基金的平衡管理》(*Managing National Lottery Distribution Fund Balances*)①。其中针对英国图书馆所提供远程服务的调查报告对图书馆远程服务的质量、收费等问题进行了分析与评估。

文化、媒体与体育部也会定期对其下所设立的公共文化中介机构以及具体的公共文化服务机构开展绩效审计与评估工作。2001年4月,文化、媒体与体育部下属的图书信息档案司制订并发布了《全面、高效与现代的公共图书馆:标准与评估》(*Comprehensive,Efficient and Modern Public Libraries-Standards and Assessment*),提出了一套针对公共图书馆的绩效评测框架,按此标准,文化传媒体育部对英国所有的公共图书馆开始了为期3年(2001—2004年)的评估达标工作,并且取得了明显成效。此外,早在1999年,文化、媒体与体育部还发布过《政府资助的博物馆与美术馆效率与效益评价》(*Efficiency and Effectiveness of Government-sponsored Museums and Galleries*),针对由政府提供资助的博物馆和美术馆提出了绩效管理的理念和方法。在2005年发布的《最有价值绩效指标:2005/06》(*the Best Value Performance Indicators*:2005/06)中,关于博物馆、美术馆的评价指标框架又有新的发展,并作为对地方政府的绩效要求加以推广。

---

① National Audit Office Annual Report 2005[EB/OL].[2014-02-28].http://wenku.baidu.com/link?url=luvGQcV4skviI9QmF58aNdxqOm03JjAED4HUOdRIs8hGWDtbMGGqmu4RRWzkxstE8Aw7pNnbziduKvBOa9On8oYz0ZexMboH_5_dCf2LC3O.

在具体的绩效评估指标与框架方面,英国国家审计署于2002年发布了“地方政府全面绩效评估”(Comprehensive Performance Assessment,简称CPA)指标体系,并依照该框架对地方政府进行考核评估。CPA指标体系框架主要包括三部分:一是资源利用评价,二是服务评价,三是市政评价,后又增加了旅游指南评价。2006年,国家审计署对该框架又进行了修订与完善,并于2007年8月公布了新的《2007年CPA测试:单一政府与郡议会服务评估指南》,其中设定的“文化服务”评估指标有17个,还有多个二级指标,分别涉及公共文化服务的获得、参与、质量、投资效益四个方面。如表7-2所示:

表7-2　2007年英国CPA指标体系中的文化指标①

指标代码	指标说明	低标准	高标准
	获得		
C1	公众常用步行道的总里程及其比例		
C2	公共图书馆服务标准中“获取”标准PLSS1,2&6		
C2a	固定图书馆一定距离内能覆盖的家庭比例		
C2b	平均每千人享有的图书馆固定累计开放时间		
C2c	平均每千人访问图书馆次数		
C3	公共图书馆服务标准中网络资源标准PLSS3&4		
C3a	提供数字网络信息资源的固定图书馆所占比例		
C3b	每千人拥有的供读者使用的电子阅览室数量		
	参与		
C4	积极借阅者/借阅者在总人口中的比例		
C18	每周至少在体育和娱乐场所服务一小时的人口比例	5.0%	6.5%
	质量		
C5	居民对体育/康乐设施的满意度	49%	60%
C6	居民对图书馆的满意度	63%	72%
C7	居民对博物馆/美术馆的满意度	31%	50%
C8	居民对剧院/音乐厅的满意度	36%	56%
C9	居民对公园/其他公共空间的满意度	66%	77%
C11	公共图书馆服务标准中馆藏标准PLSS5,9&10		
C11a	预约所需时间	7日、15日、30日内比例不同	
C11b	平均每千人每年新增藏量		
C11c	外借馆藏翻新所需时间		

① 周玉红.英国中央政府如何考核地方政府的公共文化服务[R/DB].[2013-12-20].http://www.istis.sh.cn/list/list.aspx?id=5125.

续表

指标代码	指标说明	低标准	高标准
C14a	公共图书馆服务标准中有关满意度的标准——16 岁以上读者对图书馆服务的评价		
C15	博物馆资质水平		
	投资效益		
C13	图书馆每人次的平均访问成本	3.46 英镑	2.53 英镑

英国通过对地方政府进行全面绩效考核,极大地调动了地方政府提升管理水平、提高服务质量的积极性和创造性。同时也加强了中央政府对地方政府的宏观调控,保证了中央的重大政策在地方的执行和落实。这一评估制度的特点体现在以下六个方面:

(1)由独立的、权威的部门执行评估

英国国家审计署是一个独立机构,具有很高的权威性。审计署官员拥有对地方政府进行绩效审计的专门知识和丰富经验,他们通过对地方政府的财政收入与支出的审计,掌握了地方政府各项管理活动和服务项目的成本效益情况,从而达到考核地方政府整体绩效水平的目的。事实上,绩效考核是一项政策性、专业性很强的工作,必须由权威的、专门的机构来进行。

(2)CPA 指标体系是一个开放、透明的体系

审计署在网页上公开考核指标设计的原则、方式与方法,政府官员、专家学者、社会团体乃至普通公民都可以根据这些原则和方法,提出自己认为科学、合理的考核指标体系。事实上,2006 年考核指标的部分修正,正是吸收了被考核者以及有关方面的意见和建议。目前使用的考核体系也仍然欢迎公众讨论,合理的建议可以纳入下一次的修正范围之内。除了整个考核体系的公开透明之外,考核结果也是高度透明的,地方政府在绩效考核中的各项成绩以及最终结果,任何人都可以在政府网站或有关政府部门获取。同时,其开放性还体现在评估过程中非常重视政府官员、专家学者、社区机构、商业组织、社会团体、志愿组织、普通居民的参与和合作,使考核过程成为民主协商、参政议政的过程,从而扩大了考核体系的覆盖面和影响力。

(3)注重考核结果的追踪检查,督促地方政府落实整改建议

考核结果的公布,并不意味着考核过程已经结束。地方政府必须根据国家审计署的考核报告,拟订详细的整改落实方案,审计署会针对方案再次进行"整改建议评估"。

(4)注重考核地方政府的可持续发展战略及其执行情况

在考核过程中非常注重将当前绩效与长远绩效的考核相结合,注重分析地方政府的可持续发展能力。例如,在考核地方政府的交通运输管理和服务能力时,强调发展公共交通体系,使公众可以少用或者不用私家车;在垃圾处理方面,将废物循环利用作为重要的考核指标;对政府的主要投资项目进行成本效益审计,不允许短期行为的存在等。

(5)严格考核地方政府提供公共服务的水平和能力

随着生活水平的提高,公众对政府的服务要求也越来越高。英国政府为地方政府设置了严格、详细的公共服务考核指标。这些指标涵盖了公共服务的各个领域,每个领域都有定量要求。例如,每千人利用图书馆的人次,20 分钟内可以到达的体育场馆的数量及

设施配备情况，房屋非紧急维修的平均等待时间等。对于所有公共服务项目，考核时都必须测评公众的满意度。此外，评估还强调公共服务必须体现“公共性”，覆盖所有人群和为所有人服务，特别是黑人和少数民族群体以及其他弱势群体。对那些由于某种原因而暂时游离在公共服务之外的困难人群，地方政府必须逐步解决问题，将其纳入服务体系之中。

（6）通过特殊的激励机制最大限度地发挥绩效考核的效果

英国政府采用星级评定的方法对地方政府进行考核和评定，使地方政府绩效考核容易为被考核者接受和重视，也容易产生广泛的社会影响。当星级评定方法运用于地方政府考核时，地方政府有了努力的方向和标准，不断向最高标准看齐，并因为获得较高级别的荣誉称号而自豪。同时，当地居民熟知本地政府的星级，会对较低级别的政府施加压力，政府不得不向更高目标努力。如果采用优秀、良好、合格、不合格的评定方法，并将优秀和不合格控制在一定的比例内，其产生的激励效应远远无法和星级评定相比。除了精神激励之外，英国政府也给最高级别即四星级政府较大力度的物质奖励，更大程度地调动地方政府的积极性和主动性①。

2. 美国城市研究院 ACIP 体系及其应用

美国城市研究院（The Urban Institute）成立于 1968 年，其创始人为时任美国总统林登·贝恩斯·约翰逊，其目的是为了解决当时美国城市化进程中的一系列问题，该机构坚持无党派的中立原则，独立开展调研与分析。城市研究院社区艺术与文化指标项目（The Urban Institute's Arts and Culture Indicators in Communities Project，简称 ACIP）对“社区文化活力”（Cultural Vitality）进行了全方位的定义和量化，针对不同社区的实际状况建立指标体系，并通过结合计量工具开展艺术文化测评与估算，从而帮助社区建立起更为精确的发展目标，并帮助政府、文化机构和公众理解社区艺术文化的重要性与影响力。

目前，这一项目已经在波士顿、中央山谷、加利福尼亚、芝加哥、洛杉矶、费城、西雅图和华盛顿开展，并在当地设有项目部门。这些项目部门依据 ACIP 的原则和标准，帮助当地社区建立起综合的艺术文化评估体系，并开展评估活动。以费城的“大都市费城指标项目”为例，2006 年，项目组联合威廉·宾基金会和天普大学共同发布了《我们的立场：大都市费城社区指标》（*Where We Stand：Community Indicators for Mertopolitan Philadelphia*）报告，其中第 13 章为艺术与文化领域的评价指标。在艺术文化领域共设计了 6 个一级指标，分别为：艺术文化组织、艺术文化与儿童、文化展演的参与程度、艺术文化职业的变化（1990—2000）、联邦和州的艺术文化资助、地方艺术文化的支持者与税收。根据对不同社区进行实地调研后取得的数据进行统计分析，绘制出相应的指标地图，例如不同社区非营利艺术与文化组织的分布状态如图 7－8 所示：

① 陈宏彩. 英国地方政府全面绩效考核体系及其借鉴意义［J］. 国外社会科学，2007（2）：61—67.

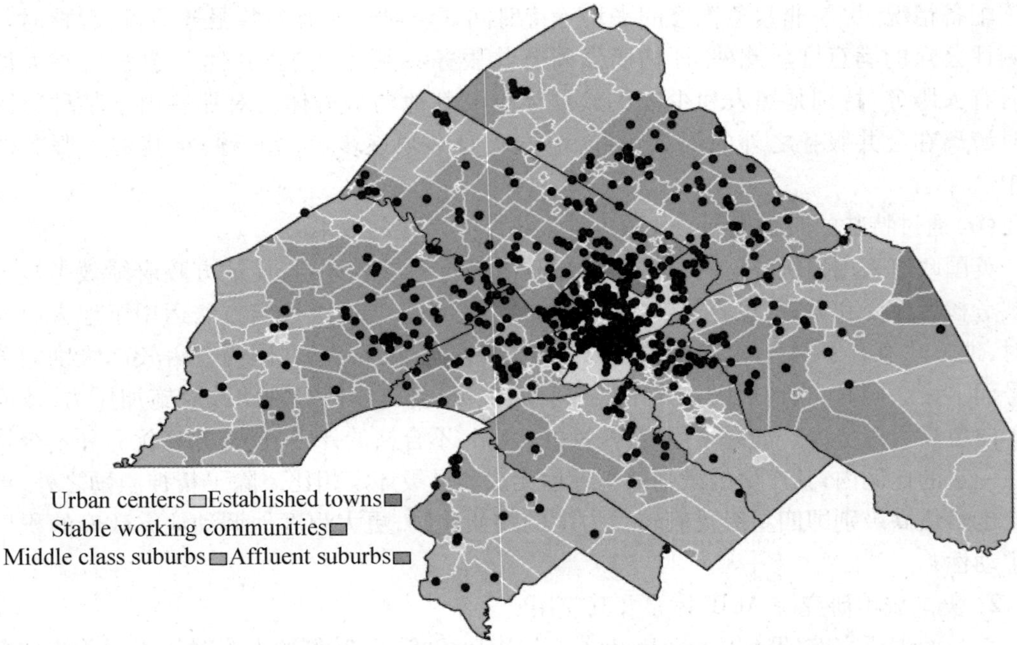

Sources:National Center on Charitable Statistics,2003;
Center Philadelphia Cultural Alliance,2003;State Council on the Arts,2003.

图 7-8　不同社区非营利艺术与文化组织分布状态图

图中密集不同的圆点则代表非营利艺术与文化组织。从图中可知，在费城市区的中心区域，艺术文化组织最为集中，相对偏远的地带则较少，部分社区尚未有该类组织。

ACIP 项目中的各绩效评估体系因地制宜，根据城市的实际状况设计评估框架，使评估开展的过程有的放矢，结果也更加真实可信。同时，评估结果还为改进以及未来的规划发展提供了有力的借鉴。

事实上，用于评估文化的指标体系和框架还有很多，如联合国教科文组织的文化统计框架，主要包括文化遗产、印刷品和文学、音乐、表演艺术、视觉艺术、电影和摄影、广播、社会文化活动、体育游戏、自然与环境。美国国家艺术基金会则将收集的文化数据分为六类：文化参与、对艺术的态度、文化艺术提供的文化艺术基金、文化艺术类就业以及艺术、人文学科教育。2006 年，新西兰文化部和统计部联合发布了《新西兰 2006 年文化指标》(*Cultural Indicators For New Zealand* 2006)，首次尝试对当地文化活动进行全景统计描述，提出了包括文化参与、文化差异、文化济贡献、社会凝聚力、文化差异等方面五大主题，下设数十个主要指标①。

3. 国外公共文化领域绩效评估的特点

(1)公共文化服务绩效评估体系建立在法制保障基础之上

西方国家都有着较为悠久的法制传统，其公共服务绩效评估的整体框架也建立在相应的法律制度基础之上。为了与绩效评估的整体法律架构相配合，公共文化服务项目也都设立了相应的法案，对文化服务机构的权利和要求都做出了规定。如 1999 年，英国在《地方政

① 窦亚南. 中外各国政府开展公共文化服务绩效评估的实践[J]. 深圳文化研究,2007(1):36.

府最佳服务效果法案》(*The Best Value Provision of the Local Government Act* 1999)中,对地方政府提出了文化绩效方面具体的指标和要求。美国多个州的地方政府法案中也有针对文化艺术开展绩效评估的规定。

(2)评估指标注重体现投入与产出比,重视效率和效益

不论具体的管理方式为何,国外公共文化服务的运营和发展在很大程度上都依赖于外部资金和资源的投入。资金来源主要是政府财政拨款与社会捐赠,而财政拨款归根结底来自纳税人。因此,对公共文化主管部门和文化机构进行财务绩效审计和服务业绩评估是十分必要的,其目的就在于确保所投入的公共资源能更有效地运用于实现公民文化权利、完善文化设施、传播文化艺术、扶植文化精英等。在此基础上,对文化部门和机构的资金使用效率、资源利用效率、公众满意度等方面的评估就成为绩效评估的主要方面①。

(3)评估过程与结果公开透明

保证评估过程与结果公开透明是扩大公众参与和监督的有效途径。借助信息公开,将评估原则、标准、方式、结果、整改建议等公之于众,鼓励社会团体、专家学者和普通民众积极参与和监督,可以充分调动各方面的积极性和创造性,实现评估效益的最大化。

(4)重视追踪考核结果,实现管理和服务的真正改进与提升

绩效评估是手段而非目的,评估结束不等于工作完结,而进一步的改进与提升才是工作新的起点。国外政府的绩效评估中,除了设有对管理与服务的具体考核指标,还设置有整改建议考核体系,规定在一定的时间内进行追踪评估,督促被评估对象切实改进与提升自身管理和服务水平。

四、绩效评估指标体系的构建原则与要点

《国家"十二五"时期文化改革发展规划纲要》明确提出,要"制定公共文化服务指标体系和绩效考核办法,明确服务标准和服务规范,加强评估考核"。在我国,构建公共文化服务绩效评估指标体系首先应当结合我国社会、经济和文化的发展现状,秉持"以人为本、注重实效"等原则,建立起符合国情和发展需要的指标体系,并根据其发展态势不断修订与更正。

(1)以人为本原则

根据人民群众的实际文化需求确定和设计评估指标。

(2)注重实效原则

不仅要考察政府部门和公共文化服务机构提供公共文化产品与服务的数量与种类,还要考察其供给产品和服务的实际效果,如资源利用率、公众满意度。

(3)动态发展原则

评估应根据现实情况与公众需求的变化进行动态的调整。

(4)规范化、制度化原则

针对不同类型的公共文化服务机构,制定并建立客观公正、科学合理的评估方法、程序和指标体系。

(5)常态化原则

成立由多元评估主体组成的评估小组,定期开展绩效评估,并依据结果及时调整工作方

---

① 窦亚南.中外各国政府开展公共文化服务绩效评估的实践[J].深圳文化研究,2007(1):36.

向与方法。

在公共文化服务绩效评估指标体系的具体制定中,应重点关注两个维度:其一,关注公众需求,建立起公众参与评价和监督反馈机制;其二,关注对服务效能的评估。在公共文化管理中引入新公共服务理论,使得管理实践中的公民导向再次凸显,"公平性""民主性"和服务对象的最大满意度成为公共文化行政追求的目标。可以看到,近些年西方国家在公共文化机构管理绩效评估标准的制定和修订过程中,十分注重服务的高效率和服务对象的参与和监督反馈。通过对服务效能的关注,可以有效节约资金与资源,提升公共文化服务建设的投入与产出比。而吸纳公众参与并监督评估过程,使其意见得以反馈,可以建立起与公众良好的长期互动关系,针对公众多元的文化需求结构对文化产品或服务进行改进,进一步提升产品与服务效能。

五、公共文化服务的第三方评估

第三方评估源自英美等发达国家20世纪80年代兴起的政府绩效管理实践,其实质是政府的外部评估,即由民间组织评估政府绩效。"第三方"应当具备三个基本条件:独立性、专业性和权威性。在西方国家,第三方评估一般由专业的评估公司或非政府组织实施完成。

在我国,第一方评估是指政府及其部门组织的自我评估;第二方评估是指政府系统内上级组织对下级的评估,在实际中通常由代表上级的考核办或评估办组织实施;第三方评估是指由独立于政府及其部门之外的机构组织实施的评估。由此引申,公共文化服务的第三方评估是指由与政府文化主管部门无隶属关系和利益关系的社会团体、社会舆论机构、中介性评估机构等制定评估标准并组织实施评估过程。

第三方评估机构作为评估主体,体现了政府从"行政为本"到"服务为本"的观念转变,有利于形成政府与社会的沟通机制、社会对政府工作的监督促进机制以及政府政策落实的推动机制,因此是现代公共治理的一种有效形式。其重要意义表现在以下方面:

(1)第三方评估可以弥补政府绩效评估的不足

长期以来,基于传统观念,依托体制内的监督和制衡来实现体制外的利益调整预分配收效甚微,而第三方评估作为体制外评估的一种,可以弥补内部评估在立场、理论知识等方面的弊端,使评估结果更为客观和准确。

(2)第三方评估有利于转变政府职能,提高行政效率和效能

第三方评估组织所设置的相对科学的指标体系和相对客观的评估结果反馈,会引导政府行为更加追求提高效率和效能,提供更为优质的公共文化服务和产品。

(3)第三方评估可以促进公民社会的健康成长

一方面,第三方组织的兴起与发展就得益于公民社会的建立;另一方面,发挥第三方组织在公共文化服务绩效评估中的作用,又可以反过来促进公民社会的发展。一个有效的第三方评估过程就是政府机构与公民社会之间的良好互动。

事实上目前在我国,公共文化服务的第三方评估才刚刚起步,还面临着许多现实困境。如第三方评估组织自身缺乏独立性和自助活动能力,缺乏资金、人才等组织发展的基本条件;加之外部法律法规不健全,公众对第三方评估的认同度不高等,都制约着第三方评估组织的作用发挥与评估活动的开展。

反观西方发达国家的第三方评估经验,其民间评估机构高度发达,组织发育较为完善,

可以对政府及其部门的绩效进行独立评价。同时，国外的第三方评估机构拥有法律保障，政府绩效评估已成为社会和公众对政府机构的法定要求。其第三方评估机构主体也具有多样性，不仅仅局限于专业的评估机构，还有高校研究所、专业会计机构、调查机构等都可以成为第三方评估的主体，其优势也各不相同。另外，以专业审计机构为主的政府绩效审计在西方国家日渐成熟，在提升政府服务质量、提高公共资金使用效率方面作用明显。

因此在我国公共文化服务的第三方绩效评估工作中，首先要转变认识，不仅官员和行政人员要转变认识，积极主动接受第三方机构的考评，社会公众也应加强认识，参与配合第三方评估机构的调查，反馈有效意见，同时评估者也要克服“民考官”的心理障碍，坚持从客观事实出发，保证评估的真实性。其次，要将评估规范纳入制度化体系，通过法制化手段使评估具有制度性保障，规定第三方评估主体的权利和义务，使其成为政府绩效评估体系的必要组成部分。再次，要从法律上规范并提升第三方评估主体的权威性；对于第三方评估主体自身而言，还应提升专业化水平，建立社会和公众的公信力。由此三方面来加强和提升公共文化服务领域的第三方评估工作。另外，在第三方评估机构的选择上，应当通过规范的政府公开招标选出，该机构应具备独立法人资格、健全的管理制度、专业背景与人才，并在业内具有良好业绩和声誉。

参考文献

中文：

[1] 陈威.公共文化服务体系研究[M].深圳:深圳报业集团出版社,2006.
[2] 陈昌盛,蔡跃洲.中国政府公共服务:体制变迁与地区综合评估[M].北京:中国社会科学出版社,2007.
[3] 曹爱军,杨平.公共文化服务的理论与实践[M].北京:科学出版社,2011.
[4] 陈瑶.公共文化服务:制度与模式[M].杭州:浙江大学出版社,2012.
[5] 迟福林.政府转型——中国改革下一步[M].北京:中国经济出版社,2005.
[6] 戴珩.公共文化服务体系120问[M].南京:南京师范大学出版社,2011.
[7] 范柏乃,段中贤.政府绩效评估[M].北京:中国人民大学出版社,2012.
[8] 范柏乃.政府绩效评估——理论与实务[M].北京:人民出版社,2005.
[9] 菲利普吉尔领导的工作小组代表公共图书馆专业委员会.公共图书馆服务发展指南[M].林祖藻,译.上海:上海科学技术出版社,2002.
[10] 王列生,郭全中,肖庆.国家公共文化服务体系论[M].北京:文化艺术出版社,2009.
[11] 公共图书馆研究院.中国公共图书馆发展蓝皮书[M].深圳:海天出版社,2010.
[12] 李国新,冯守仁,鹿勤.公共图书馆规划与建设标准解读[M].北京:国家图书馆出版社,2009.
[13] 凌金铸.公共文化行政学[M].上海:上海交通大学出版社,2012.
[14] 马特尔.论美国的文化:在本土与全球之间双向运行的文化体制[M].周莽,译.北京:商务印书馆,2013.
[15] 苏精.美国国家艺术暨人文基金会法案之立法与修正[G]//当代图书馆事业论集.台北:正中书局,1994.
[16] 孙维学.美国文化[M].北京:文化艺术出版社,2004.
[17] 孙晓莉.中外公共服务体制比较[M].北京:国家行政学院出版社,2007.
[18] 于群,李国新.中国公共文化服务发展报告(2012)[R].北京:社会科学文献出版社,2012.
[19] 中华人民共和国文化部.中国文化文物统计年鉴(2012)[R].北京:国家图书馆出版社,2012.
[20] 卓越.公共部门绩效管理[M].福州:福建人民出版社,2004.
[21] 祁述裕.中国文化政策研究报告[M].北京:社会科学文献出版社,2011.
[22] 苏旭.法国文化[M].北京:文化艺术出版社,2001.
[23] 中华人民共和国文化部.中国文化文物统计年鉴(2013)[R].北京:国家图书馆出版社,2013.
[24] 周凯.政府绩效评估导论[M].北京:中国人民大学出版社,2006.
[25] 国家统计局.中国统计摘要2011[M].北京:中国统计出版社,2011.
[26] 北京志愿者协会.志愿组织建设与管理[M].北京:中国国际广播出版社,2006.
[27] 世界银行《1997年世界发展报告》编写组.1997年世界发展报告:变革世界中的政府[M].北京:中国财经经济出版社,1997.
[28] 周叶中.加快文化立法是建设社会主义文化强国的必然选择[J].求是,2012(6).
[29] 朱兵.建立和完善中国特色社会主义文化法律制度[J].中国人大,2012(10).
[30] 张廉,周晓军.文化建设法制化:当代价值、现实困境及实现路径[J].新远见,2012(7).
[31] 石东坡.文化立法基本原则的反思、评价与重构[J].浙江工业大学学报(社会科学版),2009(6).
[32] 肖金明.文化法的定位、原则与体系[J].法学论坛,2012(1).
[33] 文友华.文化建设法制化研究[D].武汉:武汉大学,2013.

[34] 唐明良. 论文化立法的基本原则与基本规律[J]. 观察与思考,2012(6).
[35] 崔璨. 中国文化立法的基本框架及其构建[J]. 内蒙古社会科学(汉文版),2012(11).
[36] 周伟. 我国文化立法研究的问题与展望[J]. 中共四川省委省级机关党校学报,2012(4).
[37] 杨奎臣,谭业庭,李凤兰. 公共文化服务立法基本问题定位:社会法范畴与促进型模式[J]. 云南行政学院学报,2013(1).
[38] 陈柳裕. 文化立法研究:共识、争议、进展及其评判[J]. 浙江工商大学学报,2011(5).
[39] 刘武俊. 法律是人民基本文化权益的保护神[J]. 人民政坛,2011(12).
[40] 商思刚. 论我国公共文化服务体系立法的改进与完善[D]. 北京:中国社会科学院研究生院,2012.
[41] 刘彦武. 当前我国文化政策设计中的不足与完善[J]. 中华文化论坛,2009(4).
[42] 郭灵凤. 变化中的瑞典文化政策:地方化与欧洲化[J]. 欧洲研究,2008(1).
[43] 彭微,张柯,金武刚. 当代瑞士文化法制建设新进展——《文化促进联邦法》述略[J]. 山东图书馆学刊,2012(6).
[44] 周亚. 爱沙尼亚文化政策的主要特点[J]. 山东图书馆学刊,2013(1).
[45] 沈军. 现代与传统的融合发展——法国文化法律制度评析[J]. 浙江学刊,2011(1).
[46] 黄培光. 欧盟各国文化立法及其对我国的启示[J]. 四川文理学院学报,2012(7).
[47] 李敏. 欧美文化政策转变的方向、特征及启示[J]. 现代经济探讨,2012(3).
[48] 姜广华. 公共文化服务政策选择[J]. 特区实践与理论,2010(1).
[49] 李国新. 关于公共图书馆立法及其支撑研究[J]. 中国图书馆学报,2010(2).
[50] 荣跃明. 公共文化的概念、形态和特征[J]. 毛泽东邓小平理论研究,2011(3).
[51] 巫志南. 公共文化资源供给的主体、方式、渠道和机制研究[M] //于群,李国新. 中国公共文化服务发展报告(2012). 北京:社会科学文献出版社,2012.
[52] 吴九思,张乾瑾. 论构建公共文化服务体系中的公民参与[J]. 中国经贸导刊,2012(2).
[53] 周正刚. 文化事业与文化产业关系辩证[J]. 东岳论丛,2010(11).
[54] 李国新. 立法保障是最根本的保障[J]. 图书与情报,2007(5).
[55] 肖燕. 中国图书馆立法的基础与需求[J]. 图书与情报,2006(1).
[56] 付立宏. 我国图书馆立法成就述评[J]. 图书馆,2005(3).
[57] 黄锐. 美国文化资助体系研究[D]. 上海:上海市社会科学院,2006.
[58] 冯佳,李彦篁. 美国文化管理体制研究[J]. 山东图书馆学刊,2012(6).
[59] 李河. "一臂之距"原则与艺术理事会[N]. 中国社会科学院院报,2008 - 05 - 08.
[60] 奉永桃,张洪铭. ISO 与 IFLA 图书馆绩效评估指标体系比较研究[J]. 图书馆论坛,2012(7).
[61] 四川大学公共管理学院课题组. 成都市城乡一体化公共文化服务体系构建研究[J]. 中共四川省委省级机关党校学报,2013(1).
[62] 徐中华,丁轲. 城市居住区级公共体育设施规划布局方法研究[J]. 南阳师范学院学报,2012(6).
[63] 石国亮. 慈善组织公信力重塑过程中第三方评估机制研究[J]. 中国行政管理,2012(9).
[64] 豆洪青. 公共图书馆辐射力评价研究[J]. 中国图书馆学报,2009(9).
[65] 李国新. 公共图书馆"用地"与"建设"标准的性质、作用和特点[J]. 中国图书馆学报,2009(1).
[66] 谯进华. 公共文化场馆的免费开放及路径选择[J]. 特区实践与理论,2012(1).
[67] 林敏娟,贾思远. 公共文化服务供给中的政企关系构建[J]. 深圳大学学报(人文社会科学版),2013(1).
[68] 崔吉磊,李少惠. 公共文化服务均等化视角下政府主体角色的重塑[J]. 商业时代,2011(32).
[69] 周武旺. 公共文化服务均等化问题研究[D]. 湘潭:湘潭大学,2012.
[70] 陆勤毅,庆跃先,吴冬梅. 公共文化服务人才队伍建设的调查与思考[N]. 安徽日报,2013 - 06 - 03(B03).

[71] 范丽娟.公共文化人才队伍建设的问题和对策[N].安徽日报,2013-06-03(B03).
[72] 刘娟,余红.加拿大公共图书馆绩效评估体系及启示[J].图书馆,2013(5).
[73] 李少惠,王苗.农村公共文化服务供给社会化的模式构建[J].国家行政学院学报,2010(2).
[74] 王春英.浅议我国NGO管理中的第三方评估机制[J].学会,2009(6).
[75] 潘旦,向德彩.社会组织第三方评估机制建设研究[J].华东理工大学学报(社会科学版),2013(1).
[76] 程岚.实现我国基本公共服务均等化的公共财政研究[D].南昌:江西财经大学,2009.
[77] 突破公共文化服务体系建设“最后一公里”——广东东莞创建国家公共文化服务体系示范区纪实[N].中国文化报,2012-10-11(8).
[78] 史砺.政府购买公共服务:理论和实践研究——兼论公共服务供给多元化[D].成都:西南财经大学,2009.
[79] 徐双敏,李跃.政府绩效的第三方评估主体及其效应[J].重庆社会科学,2011(9).
[80] 曹峰旗,贾小鹏,张国昌.英国“臂距”文化管理模式与启示[J].商场现代化,2007(11).
[81] 熊澄宇.英国创意产业发展的启示[J].求是,2012(7).
[82] 田珊珊.法国的文化政策:一个基于民族文化视角的研究[J].法国研究,2010(2).
[83] 张敏.“法国模式”应对金融危机下的文化事业[J].法国研究,2010(1).
[84] 徐向昱.德国文化产业概观[J].青岛职业技术学院学报,2006(9).
[85] 蔡玉军,邵斌,魏磊等.城市公共体育空间结构理想模式研究[J].天津体育学院学报,2012(5).
[86] 罗志勇.法国富有特色的汽车流动图书馆[J].图书馆论坛(双月刊),1998(2).
[87] 梁建生.法国阿尔岱什省的汽车图书馆[J].图书馆杂志,2000(2).
[88] 李政军.萨缪尔森公共物品的性质及其逻辑蕴涵[J].南京师大学报(社会科学版),2009(5).
[89] 王嘉.我国民营美术馆超过美术馆总量三分之一[N].成都日报,2013-09-16(9).
[90] 张健华.统筹服务设施网络建设,促进基本公共文化服务标准化、均等化[N].天津日报,2014-01-06(理论版).
[91] 陈晓曼.我国基本公共文化服务均等化问题研究[D].济南:山东大学,2013.
[92] 沈丽云.日本公立图书馆“指定管理者制度”实施五年的变化[J].图书馆杂志,2009(9).
[93] 贾西津,苏明,韩俊魁等.中国政府购买公共服务研究[J].财政研究,2010(1).
[94] 陈霞.政府购买公共服务的国际经验借鉴及思考[J].中国政府采购,2013(9).
[95] 韩丽荣,盛金,高瑜彬.日本政府购买公共服务制度评析[J].现代日本经济,2013(2).
[96] 张少春.加大经费保障力度,支持“三馆”免费开放[J].中国财政,2011(8).
[97] 方标军,丁宏,陈立.免费开放要求下江苏公共文化单位公益性服务的难点与重点研究[J].艺术百家,2013(2).
[98] 胡智锋,杨乘虎.免费开放:国家公共文化服务体系的发展与创新[J].清华大学学报(哲学社会科学版),2013(1).
[99] 英国博物馆美术馆免费开放还能维持多久[N].中国文化报,2011-12-21(3).
[100] 翟建雄.法国公共财政对文化事业投入情况分析[J].地方财政研究,2012(1).
[101] 李雪梅.文化发展是民生之魂——文化部部长蔡武回顾“十一五”展望“十二五”[N].人民日报,2010-11-30.
[102] 范子英.降低转移支付对地方政府和地方经济的负面影响[N].中国社会科学报,2011-02-22.
[103] 初景利,李麟.美国图书馆员职业资格认证体系[J].国家图书馆学刊,2005(3).
[104] 冯佳.美国威斯康星州公共图书馆员认证制度研究[J].图书馆杂志,2011(9).
[105] 黄磊.法国博物馆管理体制、发展现状的启示[N].中国文物报,2005-07-22(5).
[106] 刘志宽,连海燕.基本公共文化服务均等化的理论溯源[J].产业与科技论坛,2013(12).
[107] 冯佳.国外公共图书馆理事会制度及启示——以美国波士顿公共图书馆理事会制度为例[J].图书馆

建设,2010(6).
[108] 梁奋东.西方图书馆理事会[J].深图通讯,2008(2).
[109] 廖世铢.建立健全事业单位法人治理结构[N].福建日报 2012-03-20(13).
[110] 肖容梅.公共图书馆法人治理结构初探[J].深图通讯,2008(2).
[111] 李晓明.国内外非营利组织研究述评[J].西北大学学报(哲学社会科学版),2007(9).
[112] 王名,贾西津.中国 NGO 的发展分析[J].管理世界,2002(8).
[113] 张婧飞.行业组织权力问题研究[D].长春:吉林大学,2005.
[114] 任珺.深圳公共文化服务绩效评估初探[J].深圳文化研究,2007(1).
[115] 陈宏彩.英国地方政府全面绩效考核体系及其借鉴意义[J].国外社会科学,2007(2).
[116] 窦亚南.中外各国政府开展公共文化服务绩效评估的实践[J].深圳文化研究,2007(1).
[117] 赵志杰.公共文化服务体系建设的财政政策研究——从公共文化服务均等化的角度[D].济南:山东财经大学,2013.
[118] 邱维民.公共图书馆立法对于均等化服务发展的促进作用[J].图书情报论坛,2011(5).
[119] 赵强社.城乡基本公共服务均等化制度创新研究[D].杨陵:西北农林科技大学,2012.
[120] 王富军.农村公共文化服务体系建设研究[D].福州:福建师范大学,2012.
[121] 郑丽萍.社会力量参与公共文化服务研究——以浙东南地区的实践为例[D].上海:华东理工大学,2012.
[122] 柳汨.文化竞争力提升背景下政府文化管理职能创新研究[D].长沙:湖南大学,2011.
[123] 周万春.文化体制改革背景下的政府文化行政职能转型研究[D].湘潭:湘潭大学,2012.
[124] 蒋名未.中国公共文化服务绩效评估研究——以博物馆文化服务为例[D].北京:中国社会科学院研究生院,2010.
[125] 李建华,袁超.城乡文化一体化:理念、机制与路径[J].湖南城市学院学报,2012(7).
[126] 唐亚林,朱春.当代中国公共文化服务均等化的发展之道[J].学术界,2012(5).
[127] 孙怡然.非营利剧院的委托经营管理——上海城市剧院管理模式的研究[D].上海:上海音乐学院,2010.
[128] 政管学院.深入基层拓眼界,科研教学新形式——教育部重大攻关课题《我国公共文化服务保障机制研究》项目调研表彰会召开[EB/OL].(2013-10-29)[2014-03-18].http://www.cupl.edu.cn/html/news/col173/2013-10/29/20131029105236817291228_1.html.
[129] 协同创新中心.协同创新中心文化发展研究院承担《公共文化服务保障法》基础研究工作[EB/OL].[2014-03-18].http://news.cuc.edu.cn/article/32169/.
[130] 十七大以来我国公共文化建设成就综述.[EB/OL].(2012-06-14)[2013-07-22].http://www.mcprc.gov.cn/xxfbnew2011/xwzx/lmsj/201206/t20120614_254332.html.
[131] 中华人民共和国财政部预算司.2011、2012 年全国公共财政支出决算表[EB/OL].(2012-07-10)(2013-07-15)[2013-12-25].http://yss.mof.gov.cn/2011qgczjs/201207/t20120710_665233.html,http://yss.mof.gov.cn/2012qhczjs/201307/t20130715_966261.html.
[132] 文化部财务司.2011 年全国文化发展基本情况[EB/OL].(2012-04-11)[2013-12-25].http://www.gov.cn/test/2012-04/11/content_2110583.htm.
[133] 文化部财务司.按年份全国文化事业费基本情况[EB/OL].(2013-12-13)[2013-12-25].http://www.ccnt.gov.cn/sjzz/sjzz_cws/whtj_cws/tjsj/201312/t20131213_424909.htm.
[134] 文化部财务司.全国财政对文化投入基本情况(按城乡分)[EB/OL].(2013-12-13)[2013-12-25].http://www.ccnt.gov.cn/sjzz/sjzz_cws/whtj_cws/tjsj/201312/t20131213_424909.htm.
[135] 文化部财务司.全国财政对文化投入基本情况(按区域分)[EB/OL].(2013-12-13)[2013-12-25].http://www.ccnt.gov.cn/sjzz/sjzz_cws/whtj_cws/tjsj/201312/t20131213_424910.htm.

[136] 文化部财务司. 2011 年全国文化发展基本情况[EB/OL]. (2012 - 04 - 11)[2013 - 12 - 25]. http://www. gov. cn/test/2012-04/11/content_2110583. htm.

[137] 吴宇,张辉. 日本文化产业的发展与启示[EB/OL]. (2008 - 06 - 05)[2013 - 12 - 25]. http://www. douban. com/group/topic/3368445/.

[138] 国家“十一五”时期文化发展规划纲要(全文)[EB/OL]. (2006 - 09 - 13)[2013 - 07 - 18]. http:// news. xinhuanet. com/politics/2006-09/13/content_5087533_10. htm.

[139] 中华人民共和国宪法(全文)[EB/OL]. (2004 - 03 - 15)[2013 - 07 - 22]. http://www. people. com. cn/BIG5/shehui/1060/2391834. html.

[140] 胡锦涛在中国共产党第十七次全国代表大会上的报告[EB/OL]. (2007 - 10 - 24)[2013 - 07 - 22]. http://news. xinhuanet. com/newscenter/2007-10/24/content_6938568. htm.

[141] 关于深化文化体制改革,推动社会主义文化大发展大繁荣若干重大问题的决定[EB/OL]. (2011 - 10 - 25)[2013 - 07 - 22]. http://www. gov. cn/jrzg/2011-10/25/content_1978202. htm.

[142] 国家“十二五”时期文化改革发展规划纲要[EB/OL]. (2012 - 05 - 10)[2013 - 07 - 22]. http://59. 252. 212. 6/auto255/201205/t20120510_28451. html.

[143] 博物馆条例(征求意见稿)征求意见(全文)[EB/OL]. (2008 - 02 - 29)[2012 - 02 - 06]. http:// news. xinhuanet. com/legal/2008-02/29/content_7692799. htm.

[144] 创意产业在美、英、韩、加的现状和发展[EB/OL]. (2009 - 09 - 26)[2013 - 12 - 27]. http://artbank. people. com. cn/GB/209286/14170072. html.

[145] 维基百科. 法国行政区划[EB/OL]. [2013 - 12 - 27]http://zh. wikipedia. org/wiki/法国行政区划.

[146] 卢娟. 国外政府文化资助模式及对中国的启示[EB/OL]. (2011 - 12 - 06)[2013 - 12 - 19]. http:// www. ccnt. gov. cn/sjzz/sjzz_zcfgs/whzcydy/201112/t20111206_341526. htm.

[147] 中国传媒大学文化发展研究院.“创意澳大利亚”对中国文化发展的启示——范周教授对话中国驻澳大利亚公使衔文化参赞舒晓、澳大利亚国立大学教授肯·泰勒[EB/OL]. [2013 - 10 - 14]. ht-tp://www. cdi. net. cn/readArticle. aspx? id = 1020&bsh_bid = 301693041.

[148] 乌克兰历史文化[EB/OL]. [2013 - 12 - 29]. http://hi. baidu. com/younghowst/item/da28228228c55f5f26ebd933.

[149] 新加坡行政区划[EB/OL]. [2013 - 12 - 29]. http://zh. wikipedia. org/wiki/新加坡行政区划.

[150] 杨荣斌,陈超. 世界城市文化发展趋向——以纽约、伦敦、新加坡、香港为例[EB/OL]. (2004 - 03 - 14)[2013 - 12 - 29]. http://www. china. com. cn/chinese/zhuanti/2004whbg/503891. htm.

[151] 新加坡:鼓励多元文化,打造地区文化中心[EB/OL]. (2011 - 12 - 10)[2013 - 12 - 29]. http://news. xinhuanet. com/world/2011-12/10/c_111232670. htm.

[152] 福利国家[EB/OL]. [2014 - 02 - 10]. http://zh. wikipedia. org/wiki/.

[153] 章星球. 文化本位的福利国家初探[EB/OL]. [2014 - 02 - 10]. http://club. kdnet. net/dispbbs. asp? id = 2689016&boardid = 1.

[154] 艺术之旅法国篇[EB/OL]. [2013 - 12 - 22]. http://www. vsbook. com. tw/PLAY-1. html.

[155] 蓬皮杜中心的流动帐篷,为期三年的“艺术下乡”计划[EB/OL]. [2013 - 12 - 29]. http://news. zhuokearts. com/newsview. aspx? id = 175597

[156] 太原市征收社区公共文化设施建设资金实施办法[EB/OL]. [2014 - 03 - 15]. http://baike. baidu. com/link? url = idHLvk514VSUwVqEsYCOZ1b_ljSBenJXfthd66vpNFkkAUwME9AjdkI3nv6WxoQLFp11UI-6vgG1KzyuwDwxHq.

[157] 咸宁市人民政府. 咸宁市社区公共文化设施建设费征收管理实施办法[EB/OL]. (2012 - 07 - 27)[2014 - 03 - 15]. http://www. xianning. gov. cn/zwgk/zfwj/201207/t20120727_484765. htm.

[158] 娄底市文化广电新闻出版局. 从城市住房开发投资中征收社区公共文化设施建设费的管理办法[EB/OL]. [2014 - 03 - 15]. http://www. ldwgxj. com/ViewInfo. asp? id = 311.

[159] 广东省公共文化服务促进条例[EB/OL].[2014-03-15]. http://baike.baidu.com/link? url=KzEcKDC-Nv4vu_lDX3mPF-RQACe8--U0msyxhEbMs98XbbAZUyK77dSnNwDn6fcmfNRwYDdMUBWM88wecbAuXLK.

[160] "四位一体"与"末端创新"江苏吴江公共信息服务引关注[EB/OL].(2013-05-24)[2014-03-15]. http://www.ccdy.cn/wenhuabao/bb/201305/t20130524_652285.htm.

[161] 许滢冰. 新加坡的社区文化中心[EB/OL].(2008-03-17)[2013-12-27]. http://www.wygls.com/Article/200803/1388.html.

[162] 张永兴. 新加坡:"政府的手"让物管更有效[EB/OL].(2004-12-06)[2013-02-18]. http://business.sohu.com/20041206/n223348766.shtml.

[163] 王景新. 城乡一体化理论和实践的新趋势[EB/OL].(2006-08-17)[2014-02-11]. http://www.snzg.cn/article/show.php? item/page-1.html.

[164] 综述:英国博物馆免费开放,细化服务[EB/OL].(2008-02-28)[2013-12-29]. http://news.xinhuanet.com/newscenter/2008-02/28/content_7682508.htm.

[165] 李慧君. 英国博物馆免费开放走过10年历程,艰辛多争议多[EB/OL].(2011-12-22)[2013-12-29]. http://www.bjd.com.cn/10jsxw/201112/22/t20111222_1312976.html.

[166] 驻法国使馆文化处. 法国试行博物馆免费开放始末[EB/OL].(2012-07-24)[2013-12-29]. http://daode.youth.cn/ywjj/201207/t20120724_2285073.htm.

[167] 文化部财务司. 文化部关于三馆一站免费开放督查工作情况的通报[EB/OL].(2012-10-11)[2013-12-29]. http://59.252.212.6/auto255/201210/t20121011_29127.html? keywords=免费开放.

[168] 边维慧,李自兴. 财政分权:理论与国外实践[EB/OL].(2008-09-27)[2014-02-10]. http://www.mof.gov.cn/zhengwuxinxi/diaochayanjiu/200809/t20080927_78778.html.

[169] 美国财政部. 美国联邦政府2010财年财政报告(汉译本)[EB/OL].[2014-02-10]. http://wenku.baidu.com/link? url=S4XadUSNP9Z14Zl1OWVxLxvZf48PpE6F7YfINKakStx2_gLVQHmGqSJgWHELZ-vQI9wGJke_2qYAQwZPm1YelqZHLkjLKXsFVAZBA-fqbBua.

[170] 刘剑文. 央地财政分权重在"权责统一"[EB/OL].(2013-11-20)[2014-02-10]. http://opinion.cntv.cn/2013/11/20/ARTI1384913008142156.shtml.

[171] 崔洪建:外国政府是如何讲故事的[EB/OL].(2011-11-29)[2014-02-11]. http://www.nxnews.net/wj/system/2011/11/29/010151394_02.shtml.

[172] 谢武军. "所有部长都是文化部长"——法国公共文化一瞥[EB/OL].[2014-02-11]. http://theory.people.com.cn/GB/49157/49165/9216141.html.

[173] 中华人民共和国驻哈萨克斯坦共和国大使馆. 哈萨克斯坦文化[EB/OL].[2014-02-13]. http://www.fmprc.gov.cn/ce/ceka/chn/zhgx/HSKSTGQ/t1065972.htm.

[174] 深圳市文化志愿者工作机制研究[EB/OL].[2014-02-20]. http://wenku.baidu.com/link? url=No4lm6oP7RUv940LSakA0uxLNBTygw39svBXrI_yNgailTsnSIaR9gLT-9LUa0llcuiBz1w5jU4vco7pWixYs4brbCKEyqM-krWmi3uMaxO.

[175] 日本博物馆法[EB/OL].[2014-01-21]. http://wenku.baidu.com/link? url=ujb_XoRz2ajvq4r3iNKqRO1NzKhbUANmBXwM3C2Bg1CrwxllbbClSif-jTsyCGiLm473VSvMyr0eGohZojhrURRsPG69ubu2-zuiCh0reRC.

[176] 贺亚民. 事业单位法人治理结构研究[EB/OL].[2014-02-23]. http://www.360doc.com/content/09/0111/14/85772_2309932.shtml.

[177] 周玉红. 英国中央政府如何考核地方政府的公共文化服务[R/DB]. 上海情报服务平台 http://www.istis.sh.cn/list/list.aspx? id=5125.

[178] 中共中央关于全面深化改革若干重大问题的决定[EB/OL].(2013-11-15)[2014-02-12]. ht-

tp://www. sc. xinhuanet. com/content/2013-11/15/c_118164288. htm.

[179] 中国互联网络信息中心(CNNIC). 第33次中国互联网络发展状况调查与统计报告[R/OL]. (2014 - 01 - 16) [2014 - 02 - 24]. http://www. cnnic. cn/hlwfzyj/hlwxzbg/hlwtjbg/201401/t20140116_43820. htm.

[180] 国土资源部. 关于印发《工程项目建设用地指标编制工作暂行办法》的通知(1989 国土〔建〕字第169号)[EB/OL]. (2008 - 06 - 06)[2013 - 12 - 21]. http://www. mlr. gov. cn/sy/rdtj/201002/t20100209_137143. htm.

英文:

[1] Swanson J. What Would Mary Douglas Do? A Commentary on Kahan et al. ,Cultural Cognition and Public Policy:The Case of Outpatient Commitment Laws[J]. Law and Human Behavior,2010(34).

[2] Lee D J,Oakley K,Naylor R. The Public Gets What the Public Wants? The Uses and Abuses of 'Public Value' in Contemporary British Cultural Policy[J]. International Journal of Cultural Policy,2011(6).

[3] Bhabha F. Experimentalizing Multiculturalism[J]. Mcgill Law Review,2009(53).

[4] Mulcahy K V. Public Culture and Political Culture:La Politique[J]. Journal of Arts Management,Law & Society. 1995,25(3).

[5] Spennemann D H R,Clancy L,Thwaites R. An Exploration of the Public Face of Indigenous Cultural Tourism in the Australian Media[J]. Journal of Vacation Marketing,2007(6).

[6] Hany C,Claire M. The Arms Length Principle and the Arts:An International Perspective Past,Present and Future,in Milton C. Cummings,Jr. and J. Mark Davidson Schuster,Whops to Pay for the Arts? [M]. New York:ACA Books,1989.

[7] Anthony E. The Governance of Culture:Approaches to Integrated Cultural Planning and Policies,Cultural Policies Research and Development Unit,Policy Note No. 5[M]. Beigium:Council of Europe publishing,1999.

[8] Sujian G,Baogang G. Thirty Years of China-U. S. Relations:Analytical Approaches and Contemporary Issues [M]. New York Rodopi,2007.

[9] Rice M F. A Post-modern Cultural Competency Framework for Public Administration and Public Service Deliver[J]. International Journal of Public Sector Management. 2007,20(7).

[10] Grummell B. The Educational Character of Public Service Broadcasting:From Cultural Enrichment to Knowledge Society[J]. European Journal of Communication. 2009,24(3).

[11] Dougherty G. Cultural Variations and Understandings of Public Service[C]. Chicago:Midwestern Political Science Association,2005 Annual Meeting.

[12] Atkinson R. London Councils Funding Shake-up May Hit Culture[J]. Museums Journal,2011,111(2).

[13] Libraries[EB/OL]. [2013 - 08 - 07]. http://www. imls. gov/applicants/libraries. aspx.

[14] ALA,StoryCorps receive IMLS planning grant to develop library outreach program[EB/OL]. (2011 - 10 - 13)[2013 - 08 - 08]. http://www. ala. org/news/pr? id = 8294.

[15] Evans G. European Funding of Culture:Promoting Common Culture or Regional Growth? [J]. Cultural Trends,1999,9(36).

[16] Grady J. ALA Library Support Staff Certification Program[J]. College & Research Libraries News. 2010,71(5).

[17] 21st Century Museum Professionals[EB/OL]. [2013 - 08 - 15]. http://www. imls. gov/applicants/detail. aspx? GrantId = 1.

[18] Helena. Indian Culture Master Plan. A Master Plan for Enriching the Background of Public School Personnel in Native American Cultures[R]. Montana:State Board of Education,1975.

[19] France. Cultural Policies and Trends in Europe[EB/OL]. [2013 - 12 - 29]. http://www. culturalpolicies. net.

[20] Australian Bureau of Statistics. Counts of Australian Business Operator 2011 to 2012[EB/OL]. [2013 - 12 - 29]. http://www. abs. gov. au/websitedbs/D3310114. nsf/home/home? opendocument.

[21] The Canada Council for the Arts[EB/OL]. [2014 - 01 - 03]. http://en. wikipedia. org/wiki/Canada_Council.

[22] Australia Council for the Arts[EB/OL]. [2013 - 12 - 29]. http://www. australiacouncil. gov. au/about.

[23] The Chicago Metropolitan Agency for Planning. About CMAP[EB/OL]. [2013 - 12 - 29]. http://www. cmap. illinois. gov/about.

[24] Background of Idea Stores, Tower Hamlets Transforming Local Library and Learning Serices[EB/OL]. [2013 - 02 - 20]. http://www. homesandcommunities. co. uk/idea-stores-tower-hamlets.

[25] Percent for Art. Public Art[EB/OL]. [2014 - 02 - 18]. http://en. wikipedia. org/wiki/Public_art.

[26] Sheppard Mullin. Public Art Programs: 1% for the 99%[EB/OL]. [2014 - 02 - 16]. http://www. artlawgallery. com/2012/10/articles/artists/public-art-programs-1-for-the-99-part-one/.

[27] 1% for Public Art. City Arts[EB/OL]. [2014 - 02 - 16]. http://www. bop. org/index. cfm? page = artscouncil&id = 15.

[28] Public Art. Better Denver Bond Program[EB/OL]. [2014 - 02 - 13]. http://www. denvergov. org/AbouttheProgram/tabid/PublicArtComponent/tabid/429721/Default. aspx.

[29] 1% for Art. Public Art[EB/OL]. [2014 - 02 - 16]. http://www. nebraskaartscouncil. org/public_art/onepercent/.

[30] Kate Wetherow. 1% for Public Art on Ottawa Streets[EB/OL]. [2014 - 02 - 17]. http://spacing. ca/ottawa/2010/03/22/1-for-public-art-on-ottawa-streets/.

[31] Time Series on Population(Mid-Year Estimates)[EB/OL]. [2013 - 12 - 01]. http://www. singstat. gov. sg/stats/themes/people/hist/popn. html.

[32] Interest Groups[EB/OL]. [2013 - 12 - 05]. http://www. pa. gov. sg/interest-groups. html.

[33] Our Volunteers[EB/OL]. [2013 - 03 - 06]. http://www. pa. gov. sg/our-volunteers. html.

[34] County Profile France. Cultural Policies and Trends in Europe[EB/OL]. (2010 - 10 - 21)[2013 - 06 - 27]. http://ec. europa. eu/culture/policy/strategic-framework/index_en. htm.

[35] Country Profile Switzerland. Cultural Policies and Trends in Europe[EB/OL]. (2010 - 10 - 21)[2013 - 06 - 27]. http://ec. europa. eu/culture/policy/strategic-framework/index_en. htm.

[36] Arts Council of England. Policy Research and Planning Department. International Data on Public Spending on the Arts in Eleven Countries[M]. Ann Arbor: University of Michigan. 1998.

[37] Standards for Accreditation of Master's Programs in Library&Information Studies[EB/OL]. (2008 - 01 - 15)[2010 - 04 - 26]. http://www. ala. org/ala/educationcareers/education/accreditedprograms/standards/standards_2008. pdf.

[38] Accreditation Process, Policies, and Procedures (AP3), 2nd edition, revised[EB/OL]. (2009 - 11 - 20)[2010 - 05 - 31]. http://www. ala. org/ala/educationcareers/education/accreditedprograms/standards/index. cfm.

[39] CPLA Participant FAQ[EB/OL]. [2010 - 04 - 22]. http://www. ala-apa. org/certification/cplafaq. html.

[40] National Librarian Certification[EB/OL]. (2008 - 10 - 07)[2010 - 05 - 31]. http://www. ala. org/ala/mgrps/divs/ascla/asclapubs/interface/archives/contentlistingby/volume27/nationallibrariancertification/certification. cfm.

[41] ALA-APA seeker providers for Public librarian certification[EB/OL]. (2005 - 08 - 09)[2010 - 05 - 31].

http://www. ala. org/ala/newspresscenter/news/pressreleases2005/august2005/certificationproviders. cfm.

[42] Course Providers[EB/OL]. [2010-04-26]. http://ala-apa. org/lssc/courseproviders. html.

[43] President and Leadership [EB/OL]. [2014-01-05]. http://www. nypl. org/help/about-nypl/president-and-leadership.

[44] National Gallery of Canada. Gallery Management[EB/OL]. [2014-02-28]. http://www. gallery. ca/documents/planning% 20and% 20reporting/orgEN. pdf.

[45] National Gallery of Canada. Summary of the Corporate Plan for 2013-14 to 2017-18 and Operating and Capital Budgets for 2013-14[EB/OL]. [2014-02-28]. http://www. gallery. ca/documents/planning% 20and% 20reporting/NGC_CorpPlan13_EN. pdf.

[46] Who we are. Arts Council England[EB/OL]. (2012-12-09)[2014-02-28]. http://www. artscouncil. org. uk/who-we-are/.

[47] Arts Council England. Annual Review[EB/OL]. [2014-02-28]. http://www. artscouncil. org. uk/who-we-are/annual-review/.

[48] History[EB/OL]. (2012-03-07)[2014-02-28]. http://www. cla. ca/AM/Template. cfm? Section = History&Template = /CM/HTMLDisplay. cfm&ContentID = 9948.

[49] Governance[EB/OL]. (2012-03-07)[2014-02-28]. http://www. cla. ca/AM/Template. cfm? Section = Governance&Template = /CM/HTMLDisplay. cfm&ContentID = 12036.

[50] Committees[EB/OL]. (2012-03-07)[2014-02-28]. http://www. cla. ca/AM/Template. cfm? Section = Committees&Template = /CM/HTMLDisplay. cfm&ContentID = 12347.

[51] Student Chapters[EB/OL]. (2012-03-07)[2014-02-28]. http://www. cla. ca/AM/Template. cfm? Section = Student_Chapters&Template = /CM/HTMLDisplay. cfm&ContentID = 12676.

[52] National Audit Office Annual Report 2005[EB/OL]. [2014-02-28] http://wenku. baidu. com/link? url = luvGQcV4skviI9QmF58aNdxqOm03JjAED4HUOdRIs8hGWDtbMGGqmu4RRWzkxstE8Aw7pNnbziduKvBOa9On8oYz0ZexMboH_5_dCf2LC3O.

附录:英文缩略语表

缩写	英文	中文
ALA	American Library Association	美国图书馆协会
ALA-APA	ALA Allied Professional Association	美国图书馆协会联合职业协会
ALA-MLIS	ALA-Master of Library and Information Studies	美国图书馆协会认可的图书馆学情报学硕士学位
ALA-MLS	ALA-Master of Library Science	美国图书馆协会认可的图书馆学硕士学位
ACA	Australia Council for the Arts	澳大利亚艺术委员会
ACE	Arts Council England	英格兰艺术委员会
ACIP	The Urban Institute's Arts and Culture Indicators in Communities Project	美国城市研究院社区艺术与文化指标项目
BAK	The Swiss Federal Office of Culture	瑞士联邦文化办公室
CCA	The Canada Council for the Arts	加拿大艺术委员会
CPA	Comprehensive Performance Assessment	英国地方政府全面绩效评估
CC	Community Club/Community Centre	新加坡民众联络所
CPLA	Certified Public Library Administrator Program	美国公共图书馆管理者认证项目
CLA	Canadian Library Association	加拿大图书馆协会
DCMS	Department for Culture, Media and Sport	英国文化、媒体与体育部
IMLS	Institute of Museum and Library Services	美国博物馆和图书馆服务署
IFACCA	The International Federation of Arts Councils and Culture Agencies	国际艺术委员会和文化机构联盟
LSSC	Library Support Staff Certification Program	美国图书馆辅助人员认证项目
MCC	Ministry of Culture and Communication	法国文化与通讯部
MCHOL	Minister of Canadian Heritage and Official Languages	加拿大文化遗产与官方语言部
MCU	Ministry of Culture of Ukraine	乌克兰文化部
MCCY	The Ministry of Culture, Community and Youth	新加坡文化、社区与青年部
NEA	National Endowment for the Arts	美国国家艺术基金会
NEH	National Endowment for the Humanities	美国国家人文基金会
NMLSB	National Museum & Library Services Board	美国国家博物馆与图书馆服务董事会
NDPBs	Non-Departmental Public Bodies	非政府公共文化机构
NHB	National Heritage Board	新加坡国家文化遗产委员会
NPO	Non-profit Organization	非营利组织
PLCS	Public Librarian Certification Standards	美国公共图书馆馆员资格认证标准
PHC	The Public Humanitarian Council at the Presidency	乌克兰总统公共慈善委员会
PA	People Association	新加坡人民协会

后 记

本书是在我博士学位论文的基础上修改完成的。我的博士论文选题来源于导师李国新教授担任首席专家的2012年度国家社会科学基金第一批重大项目(文化类)“加快公共文化立法,提高文化建设法制化水平研究”(项目批准号12&ZD032)的子课题之一:“公共文化服务保障法”立法的可行性、必要性和法律内容体系研究。当初和老师讨论论文选题时,老师郑重地建议我尝试以《“公共文化服务保障法”立法支撑研究》为题,系统梳理国内外公共文化管理体制和立法实践,深入思考和研究在我国“公共文化服务保障法”立法中应当重点建立的制度和解决的问题。今天想来,我是多么幸运,碰到了一位好导师,做自己感兴趣、喜欢做的研究,才成就了手头的这部尚显稚嫩的著作。

转眼间,我已经博士毕业工作近一年了。离开北大才发现,燕园是我永恒的精神家园。那里的春夏秋冬,那里的人和事,历历在目,温润如初。这一年间,我不断在修改充实论文内容,然而,社会科学研究本身就是一个永无止境的探索过程,由论文修改充实而来的本书仅仅是探索过程以及我科研生涯中一个踉跄的起步,但我期望与师长、同行、读者分享,期望得到更多的交流、意见、纠错与完善。

本书得以完成并付梓,首先要感谢我的恩师李国新教授。恩师温恭和蔼,德才兼具,恰如范仲淹《严先生祠堂记》所曰:“云山苍苍,江水泱泱。先生之风,山高水长。”五年前得以拜入恩师门下,我深感幸运。印象最深的是,一入门导师便告诫我牢记“言有易,言无难”的学术原则,慎下结论,这已成为我科研和学术写作中的信条。而在这五年的学习和科研过程中,每当我有一些问题向他请教时,他总能及时给予精准的答复并使我深受启迪;每当我有一些想法与他讨论时,他总能耐心地提出中肯的意见和切实的建议。尤其是在论文及书稿的整个创作过程中,他提出了许多高屋建瓴的修改意见,总能让我有拨云见日、柳暗花明之感。恩师不仅学识渊博、学风严谨,还待人谦和、平易近人,时时处处为学生着想,经常主动为学生创造实践机会、提供展现平台,并指引学生未来的发展方向。作为恩师贤内助的师母,亦是优雅沉静、温和亲切,对学生关怀备至,使人如沐春风。

此外还有更多的老师需要感谢。感谢北京大学信息管理系的吴慰慈老师、王锦贵老师、王余光老师、王子舟老师、刘兹恒老师、李常庆老师以及段明莲老师;感谢北京大学图书馆的高倬贤老师。感谢亦师亦友的信息管理系张广钦老师、清华大学图书馆肖燕老师和浙江大学李超平老师,您们不仅在项目合作中给予了我严谨的学术指导,在生活中也像朋友般相互倾诉与关怀。

师恩难忘,与同门同窗间的情谊亦难忘。

感谢李师门的各位成员,这里温暖融洽的氛围和浓浓情谊是我心灵另一个永恒的家园。感谢博士师姐刘璇、张丽、冯佳、于春明,师妹刘海丽,师弟柳英;感谢硕士师妹李秀敏、高梦楚、罗珊珊、梁丹妮;感谢虽比我低一年级,却是我称为老师的治学榜样金武刚。还要感谢已经走上了不同工作岗位的同门兄弟姐妹:王萱、唐开敏、高长伟、王学思、杨振铎……我们一起度过了人生中平凡却又最不凡的一段青葱岁月,因为有你们,我的人生更加丰富多彩!我会永远记得我们一起走过的每一个地方，我们一起看过的每一处风景，多年间与君同行，幸甚至哉！

同时还要特别感谢文化部公共文化司的白雪华处长和王珊珊，在我写作过程中为我提供了大量的第一手数据和资料，使我得以较为全面地掌握目前我国公共文化服务体系建设的现状与问题，为书稿创作奠定了坚实基础。

感谢本书中所引用、参考文献的作者们，无法逐一罗列，在此由衷感激，铭而致谢。

最后，还必须感谢我的父母、爱人和可爱的儿子，希望他们健康快乐，他们永远是我坚强的后盾和不懈前行的动力！

不忘初心，方得始终。前路漫漫，来日方长。

陆晓曦

2015 年 6 月 17 日夜于立水桥家中